2035
文化产业管理
竞争力模型构建

詹一虹 陈鹤 著

商务印书馆
The Commercial Press

本书受中央高校基本科研业务费项目"面向新质生产力——基于竞争力模型的文化产业管理专业及课程的改革创新"(CCNU24ZZ07)资助

目 录

前言 ··· 1

背景篇　全球视野下的学科嬗变与使命重构

第一章　学科史视阈下的专业演进考辨 ···················· 7
第一节　中国文化产业管理专业建制化进程(1949—2025) ··· 7
第二节　国外文化产业管理专业谱系化脉络(1960—2025) ··· 17
第三节　中国文化产业管理专业建设现状多维解析 ·········· 25

第二章　2035战略窗口期的专业使命升维 ················ 43
第一节　新常态格局驱动专业生态重塑 ···················· 43
第二节　新质生产力促进产教内容革新 ···················· 53
第三节　新教育战略锚定人才培养新标 ···················· 64

理论篇　竞争力主导的评估解构与模型创新

第三章　评估思维主导的专业排名实践 ···················· 73
第一节　中国专业评估发展历程 ··························· 73
第二节　中国专业评估三大问题 ··························· 80
第三节　主流专业排名比较研究 ··························· 87

第四章　模型思维主导的多域竞争测量 126
第一节　专业评估模型运行机理　126
第二节　竞争管理模型主研内容　154
第三节　专业竞争力模型的五类范式　164

第五章　文化产业管理专业竞争力模型的创新构建 181
第一节　专业模型构建动因探究　181
第二节　高校模型构建案例深描　188
第三节　模型"智能—组织—文化"要素辨析　211

应用篇　竞争力模型的课程应用与创新开发

第六章　基于专业竞争力模型的中国课程分析 245
第一节　一流"高校—学科—专业—课程"建设　246
第二节　课程开发竞争力模型的比较优势　256
第三节　文化产业管理课程竞争力研究　266

第七章　基于专业竞争力模型的国际课程分析 282
第一节　文化产业管理课程全球数据透视　282
第二节　亚太地区"文化表达型"课程实践　303
第三节　欧美地区"产业发展型"课程经验　315

第八章　专业竞争力模型驱动的文管课程创新 332
第一节　"高质—专识—开放—育人"创新原则　332
第二节　"知识—认知操作—竞争力"创新维度　340

第三节 "陈述—程序—策略—价值"创新框架 ………… 349

第四节 "数字—创意—艺术—空间—传播"创新主题 …… 359

附录 2003—2023年度我国文化产业管理专业名单 ………… 389

参考文献 ………… 400

后记 ………… 410

前　言

2035年，这一镌刻于国家战略蓝图的关键坐标，不仅承载着中华民族伟大复兴的文化愿景，更标志着全球文明秩序重构进程中中国话语权的历史性突围。当前，世界百年变局加速演进，文化价值体系的博弈已成为大国竞争的核心场域——西方中心主义的叙事霸权遭遇多极化浪潮冲击，非西方文明主体性重建需求空前迫切。在此背景下，中国将"建成文化强国"确立为2035年核心目标，既是对"文明冲突论"的实践回应，亦为文化产业管理专业锚定了服务国家战略的学科使命。

《"十四五"文化发展规划》清晰指出，文化强国建设亟须破解"西强我弱"的国际传播格局，这要求文化产业管理教育必须超越工具理性，深植中华文明基因，构建"全球视野—本土经验"双向互构的人才培养范式。2035年前后，全球文化产业将步入"多元文明竞合"新周期，中国能否在文化治理规则制定、文化贸易标准建构、文化遗产价值阐释等领域占据主导地位，直接取决于当下学科体系的战略前瞻性。本书试图在文明自觉与全球秩序的张力中，探索文化产业管理专业从"跟随者"向"领航者"转型的理论进路与实践方案。

文化产业管理专业（专业代码：120210）作为我国学科目录中唯一以"文化产业"命名的专业，自其设立肇始便承载着为提高国家文化软实力而培育复合型人才的使命。专业隶属管理学门类工商管理大类，既须回应文化产业的实践需求，又须构建管理学科的"三大体系"，其发展轨迹映射着中国文化产业现代化进程中的知识生产与制度探索。1998年,教育部于《普通高等学校本科专业目录》外特批设立"文化产业管理"试点专业(110310S)。经20余载耕耘,截至2023年,全国已有218所高校先后开设此专业,累计培育出数以万计兼具文化素养、管理能力与产业视野的复合型人才。这些人才投身于新闻出版、创意设计、广播影视、文物博物、文化旅游、游戏动漫、文化智造等行业,成为推动文化产业增加值年均增速超15%的重要智力支撑。

然而,专业发展亦面临深层结构性矛盾。教育部数据显示,近5年间有16所高校撤销该专业,此消彼长之势折射出三大核心困境:其一,学科定位在"管理"与"艺术"双重属性间游移,导致本硕博贯通式培养体系阙如;其二,师资队伍中"双师型"教师占比不足四成,兼具文化理论深度和产业实践广度的教师供不应求;其三,课程体系与产业新兴领域存在代际差,实践教学环节薄弱化倾向较为显著。这种专业建设的滞后性与文化产业日新月异的发展态势之间形成的张力,恰凸显出本书的问题意识与学术价值。

全书分为背景篇、理论篇与应用篇三部分,形成"问题—理论—实践"的闭环逻辑链。背景篇以历时性视角回溯专业发展历程,剖析国家文化战略转型、产业业态升级、教育政策调整三重动力对学科建设的形塑作用。通过对比218所院校的办学数据,揭示专业建设现实情况,为模型开发提供基础数据。理论篇聚焦专业竞争力模型的学理建构,创造性耦合教育评价理论与管理竞争力范式,构建三级体系:表层智能要素锚定人才培养、科研创新与社会服务效能;中层组织要素涵摄课程教学、师资矩阵与资源平台建设;深层文化要素凝练思政价值引领、学科范式革新与国际影响力塑造。应用篇以课程开发为试验田,基于全球30余国400余门专业课程的竞争力比较研究,提出竞争力驱动的文化产业管理课程创新框架,尝试破解"产业需求旺盛而专业供给乏力"的课程悖论。

本书的撰写始于2020年,成稿于2024年,其间跨越全球疫情引发的教育数字化转型、文化产业政策密集调整等关键节点。本书作者克服数据动态更新、专业撤并频繁、跨国案例采集等多重困难,最终完成这一跨学科、跨地域的系统性研究。我们期待,本书能为三类群体提供帮助:

教育管理者:通过竞争力模型诊断学科短板,优化资源配置;

一线教师:借助课程创新案例重构教学内容,提升教学效能;

政策制定者:依托全球经验与本土数据,完善文化人才培养政策设计。

本书更为深远的意义在于,尝试打破"西方理论+中国案例"的惯常研究范式,从中国文化产业管理专业实践中提炼理论框架,推动学科话语体系的本土化建构。在文化数字化战略全面推进的今天,文化产业管理专业既需回应技术变革的冲击,更应坚守文化价值引领的初心。本书愿作引玉之砖,唤起学界对学科命运共同体的深度思考,助力中国文化产业教育走向"量质并重"的新阶段。

詹一虹
2024年4月21日

背景篇
全球视野下的学科嬗变与使命重构

在背景篇中,我们将阐述本书的主要研究对象文化产业管理专业的发展历史和当代使命。第一章"学科史视阈下的专业演进考辨",通过梳理文化产业管理专业的形成背景和发展历程、剖析国内外文化产业管理专业的建设情况,更好地锚定了中国文化产业管理专业的特色定位。总体上,第一章为各位读者介绍了"什么是文化产业管理专业"。第二章"2035战略窗口期的专业使命升维",立足国际和国内发展大背景,联动"国家—产业—教育"三大维度,从"一带一路"倡议、国家安全观、文化强国目标、数字化建设等方面全方位分析国际国内新形势,从新技术更迭、新型组织兴起和社会角色转变等方面精准分析文化产业新质生产力的发展,从2035年教育远景、文化软实力、战略型人才等方面研判高等教育高质量发展新要求,向读者阐述国家发展、生产力变革、高等教育发展带来的专业建设"新使命"。

第一章
学科史视阈下的专业演进考辨

文化产业管理在成为一个专业之前,代表的是研究对象、学术概念和具体工作领域,在成为一个专业之后,则将所有的"身份"全部融合,形成独特的教育内容。专业在坚守文化产业"意识形态"本质特征的同时,利用产业经济的手段、现代管理的思维、数字技术的赋能,不断拓宽研究边界,培养多样化的人才。

第一节 中国文化产业管理专业建制化进程(1949—2025)

我国文化产业管理专业的发展历程与国家文化体制改革的步伐具有一致性,根据专业发展特征,大致可分为新中国成立后的萌芽期(1949—1977)、改革开放后的探索期(1978—2003)与成长期(2004—2012)以及新时代背景下的发展转型期(2012年至今)四个阶段。

一、萌芽期(1949—1977)

文化产业管理专业萌芽期,以1949年新中国成立为起点,以党的十一届三中全会召开前的1977年为终点,在这一时期,专业建设主要侧重文化教育和艺术专业的发展。新中国成立之后,文化建设也进入了一个新的时期。我国参照苏联文化管理模式,依托计划经济手段,确立了文化为政治服务的管理体制,凸显了文化服务于政治、文化服务于社会主义的意识形态功能。在这一时期,国家统筹并统一管理各项文化资源和文化要素,如文化的生产和传播均为国家财政出资并交由专门部门负责完成,文化的消费行为和思想教育、政治宣传相挂钩,文化产品和服务的内容、题材、风格以及供应时间、地点均受到国家的严格控制和管理。

在这种自上而下的管理体制下,政府长期将工作重心放在文化事业领域,虽然"文化产业"概念尚未形成,但在广大文艺工作者的积极实践下,我国文化事业发展取得了丰硕的成果。从文化建设的现实背景来看,新中国成立后,文化事业的发展出现了第一个高潮。1949年7月,我国召开了第一次中华全国文学艺术工作者代表大会,成立了中华全国文学艺术界联合会以及各艺术领域协会,对动员广大文艺工作者积极参加新中国社会主义文化事业建设起到了推动作用。1953年9月,我国召开了第一届全国电影剧本创作会议和第一届电影艺术工作会议。1956年,毛泽东同志提出"百花齐放,百家争鸣"的"双百"方针,促进了各类电影、小说、舞台剧等文学艺术作品的创作和发展,我国文化建设进入全新的阶段。同时在对私有制进行社会主义改造的过程中,我国逐步建立了与计划体制相适应的文化管理体制,进一步开拓了旧戏曲改造、国外古典艺术品种引进、出版机构改组、对外文化交流、文化设施建立、优秀图书出版等工作,新的艺术管理体制、新的艺术门类体系、新的文化合作协议、新的文化馆等逐步发展起来。①

从文化教育的现实实践来看,在萌芽期,艺术类专业建设取得了重要突破。1949年9月颁布的《中国人民政治协商会议共同纲领》明确了未来文化教育民族的、科学的、大众的总体发展要求,确立了提升人民文化水平和培养国家建设人才的总体目标。1953年2月,钱三强率领由19个不同领域的26位科学家组成的代表团前往苏联,进行为期3个月的学习访问。学习归国后,我国在教育制度设计方面开始全面学习苏联模式,进行院系调整、专业目录设置、科技规划和学部建设,首次将"专业"的概念引入学科体系,将专业视为某一行专门职业或一种专长。1954年11月,中华人民共和国高等教育部②在学习苏联专业设置的基础上,制定并颁布了第一个专业目录《高等学校专业分类设置(草案)》(以下简称"1954年草案")。1954年草案以行业部门进行专业分类,规定了工科、文科、理科、师范、财经、农科、艺术、医科、林科、政法、体育11个专业门类及257个专业,艺术类专业的数量为13个,占全部专业数量的5.1%。1963年9月,国务院批准发布了《高等学校通用专业目录》,采用了学科与行业部门相结合的专业分类法,艺术类专业的数量为36个,占比上升到8.3%(总专业数量为432个),成为增幅最大的专业类别。艺术类专业的增多表明我国需要大量文艺专业人才投入到文化和艺术事业的建设工作中,新中国开始有计划、有步骤地发展人

---

① 欧阳雪梅:《新中国70年社会主义文化建设及其经验》,2019年7月10日,http://theory.people.com.cn/n1/2019/0710/c40531-31224283.html。
② 中华人民共和国高等教育部曾是主管中国高等教育的部门,于1952年11月15日设立,1958年2月第一次被撤销,1964年7月恢复设立,最终于1966年7月被撤销,并入教育部。

民文化、人民教育、人民文艺。

二、探索期(1978—2003)

文化产业管理专业探索期,以1978年党的十一届三中全会的召开为起点,以2003年首届"全国高校文化产业研究与学科建设联席会议"的召开为终点。在这一时期,文化产业管理专业成为《普通高等学校本科专业目录》外的试办专业。探索期专业建设具有不断调整和改进的特点,建设重点从文化艺术事业管理发展到文化产业管理,教学的内容从文艺创作扩展到文化管理,管理的对象从事业建设转移到产业发展,整体上实现了专业定性和定型,基本上明确了专业主要服务的行业类别和涵盖的教学内容。

从文化产业管理的发展背景来看,改革开放后具有市场属性的文化产业逐渐兴起,文化产业成为市场中富有活跃度和成长性的力量之一,不仅丰富了人们的精神生活,也深刻影响着文化管理的内容和方式。1978年党的十一届三中全会召开,做出将工作重心转移到经济建设上来的战略决策,开启了改革开放的新篇章。1984年,国家倡导并推行了"以文补文"举措,鼓励文化事业单位利用知识开展有偿服务和经营活动,以此来补贴文化经费。1998年在政治体制改革背景下,中华人民共和国原文化部(以下简称"原文化部")设置"文化产业司",作为推动文化产业建设发展的官方机构。2000年《中共中央关于制定国民经济和社会发展第十个五年计划的建议》中明确要求,"加强文化市场建设和管理,推动有关文化产业发展"。由此可见,我国文化管理体制逐渐由政府统筹(计划控制)向政府管理(市场协调)转变,文化行为和文化活动获得了较强的自主权和能动性,文化的价值与功能也由为政治服务转向为以经济建设为中心,文化的经济属性不断凸显。2001年12月,中国正式加入世界贸易组织(WTO),为社会主义市场经济发展带来机遇,也为文化领域带来了一定挑战。加入WTO后,我国扩大了文化艺术市场的准入范围,以美国为代表的发达国家大肆输出裹挟着外来思想观念、生活方式和社会制度的文化资本、文化产品及服务,对我国文化安全产生持续性的影响与冲击。我国高等教育人才培养要服务于国家战略和现实需求,全球性的文化安全问题倒逼建立科学的文化管理体制和完善文化产业经营管理人才培养体系,加快了文化产业管理专业学科建设的步伐。

从专业建设的现实实践来看,在探索期,文化产业管理专业实现了"正名"的重要突破,从"文化事业管理"调整为"文化艺术事业管理",后又定为"文化产业管理",开启了专业目录外试点办学的新阶段。在1987年颁布的《普通高等学校社会学科本科专业目录》中,首次在艺术门类下设"文化事业管理"专业(代码为1250)。中华人民共和国原国家教育委员会自1989年开启了对专业目录的修订工作,并在1993年和1998年进行了两次更新。1993年,为了突出专业人才培养的艺术特性,教育部将"文化事业管理"专业更名为"文化艺术事业管理"(代码为050442)。同年,上海交通大学经国家教育委员会批准,设立了文化艺术事业管理专业(文化经济方向),率先明确了文化艺术人才培养目标和办学方向,同时吸收借鉴国外文化管理和艺术管理的办学经验,设置了符合中国国情的文化产业管理相关课程和培养体系,例如,开设了文化经济学、文化政策学、文化市场营销等核心课程。1998年,首次增设管理学门类,将"文化艺术事业管理"更名为"文化产业管理"(代码为110310S),归属于管理学门类下的公共管理类专业,由少数高校进行专业目录外试点办学。1999年,原文化部与上海交通大学共同创办了我国第一个国家级文化产业基地——国家文化产业创新和发展研究基地,标志着我国文化产业学科组织建设的突破性发展。2003年,该基地启动了"国家文化产业人才培养工程",正式开启全国范围的文化产业人才培养工作。2000年,华中师范大学历史文化学院在美国环太平洋教育基金会的支持下创办了文化管理学系,开设了文化产业相关专业。2003年10月,上海交通大学联合清华大学、北京大学、华中师范大学、山东大学、云南大学、山西财经大学等6所高校,召开了首届"全国高校文化产业研究与学科建设联席会议",包括复旦大学、深圳大学、中南大学、中央财经大学、北京师范大学、南京航空航天大学、南京艺术学院等在内的8所高校参加了会议。会议商定由以文史学科见长的山东大学牵头,以出席会议的文化研究机构名义联合向教育部提出在本科专业目录内增设文化产业管理专业的倡议。

三、成长期(2004—2012)

文化产业管理专业成长期,以2004年4所高校开设文化产业管理专业为起点,以2012年9月教育部印发《普通高等学校本科专业目录(2012年)》为终点。在这一时期,文化产业增加值突破了万亿元,文化产业管理专业实现了从试办专业到正式专业的关键性突破,获得了专业建设的"合法"身份,70余所高校纷纷开设文化产业管理专业,着力培养文化产业管理专门人才。

从文化产业发展的现实情况来看,专业建设既依托于良好的经济环境和政策环境,又服务于行业经济发展的最新要求。2002年党的十六大报告中,明确对文化事业与文化产业加以区分。2003年,全国文化体制改革试点工作会议举行。会议强调,要深化公益性文化事业和经营性文化产业的改革与发展,构建起能够充分激发文化工作者的积极性、创造力,多出精品、多出人才的文化管理体制和运行机制。2004年以来,随着《文化及相关产业分类(2004年)》的实施和统计制度的建立,我国文化产业进入快速发展期。2004年至2012年,文化产业逐渐成为国民经济新的增长点,主营收入增长了4.1倍,增加值增长了4.8倍。① 2009年原文化部发布《关于加快文化产业发展的指导意见》,意见指出:要加快发展文化产业,注重发展演艺业、动漫业、文化娱乐业、文化旅游业、艺术创意和设计业等十大行业,注重完成深化文化体制改革、延伸文化产业链、建设现代文化产业基地和园区、运用高新科技促进文化产业升级等十大任务。2012年,原文化部公布《文化部"十二五"时期文化改革发展规划》,提出"推动文化产业成为国民经济支柱性产业"②,在发展文化产业重点领域、优化文化产业布局、扩大文化消费、健全文化市场体系等方面进行了详细指导和要求。同年7月,国家统计局发布新的《文化及相关产业分类(2012年)》,进一步规范和界定了我国文化及相关单位的生产活动。无论是在文化经济的快速增长方面,还是在产业地位的明确和提升方面,此文件都对专业的人才培养目标、教学内容、职业构建等提出了新的要求。

2004年4月,教育部下发《关于公布2003年度经教育部备案或批准设置的高等学校本专科专业名单的通知》,正式批准北京广播学院(现中国传媒大学)、山东大学、中国海洋大学和云南大学4所高校开设文化产业管理专业。文化产业学界认为,这是我国文化产业管理专业正式设立的标志,意味着我国文化产业管理专业开始进入新的历史

---

① 光明日报:《我国文化产业10年发展对比分析报告》,2015年2月12日,http://cpc.people.com.cn/n/2015/0212/c83083-26554435.html。
② 中华人民共和国原文化部:《文化部"十二五"时期文化改革发展规划》,2012年5月7日,https://www.gov.cn/gongbao/content/2012/content_2218051.htm。

发展阶段。2005年,教育部论证确定了文化产业管理的本科自考认可。2006年,为了加快文化事业和文化产业的发展,推进文化产业理论研究和理论创新纵向延伸,原文化部命名清华大学、南京航空航天大学、南京大学、中国海洋大学、华中师范大学、云南大学等6所高校的文化产业研究机构为"国家文化产业研究中心"。设立研究中心旨在为我国文化产业发展提供理论支撑,培养各类文化产业专门人才,为国家和各级政府部门决策提供智力支持,承担国家和地方政府部门委托的文化产业课题研究任务。[①] 由此,全国开始大范围设立文化产业管理专业,开展文化产业管理人才培养工作的高校数量逐渐增多,如内蒙古师范大学(2007年开设)、厦门理工大学(2007年开设)、西南大学(2009年开设)、上海视觉艺术学院(2011年开设)等。共70余所高校先后开设了该专业,形成了文化产业管理专业建设的第一波高潮。

2004年以来,虽然全国范围内开设文化产业管理专业的高校持续增多,但在学科归属上,"文化产业管理"仍属于目录外试办专业。直到2012年,教育部颁布《普通高等学校本科专业目录(2012年)》,将"文化产业管理"专业从试办专业转为正式专业,学科归属从管理学门类下的公共管理类调整至工商管理类,专业代码变更为120210[②],明确可授予管理学或艺术学学士学位[③]。随着文化产业管理专业正式进入本科专业目录,以及文化市场对高质量管理人才的需求增加,越来越多高校开始设立文化产业管理专业。根据教育部官方数据,我国年度批

---

① 中华人民共和国文化部:《文化部关于命名国家文化产业研究中心的通知》,2006年12月7日,https://zwgk.mct.gov.cn/zfxxgkml/cyfz/202012/t20201206_916899.html。
② 中华人民共和国教育部:《教育部关于印发〈普通高等学校本科专业目录(2012年)〉〈普通高等学校本科专业设置管理规定〉等文件的通知》,2012年9月18日,http://www.moe.gov.cn/srcsite/A08/moe_1034/s3882/201209/t20120918_143152.html。
③ 我国高校本科教育专业设置按学科门类、专业类、专业三个层次设定,文化产业管理为专业。

准文化产业管理专业设置的数量从2003年的4所增加至2012年的39所,其中既包括山东大学、同济大学、暨南大学等"双一流"建设高校,也包括江西科技学院、北京城市学院、湖南涉外经济学院等民办院校。

四、转型期(2012年至今)

文化产业管理专业转型期,以2012年10月为起点。将该时间定为起点的主要原因有二:一是《普通高等学校本科专业目录(2012年)》于2012年9月颁布;二是党的十八大于2012年11月召开。从党的十八大开始,中国特色社会主义进入了全新的发展阶段,即新时代。文化产业管理专业在新时代的大背景下,在中国特色社会主义教育制度体系的主体框架下,不断探求实现教育现代化、教育内涵式发展和新文科建设的新路径,形成了丰硕的专业建设成果和经验。

2014年,国务院颁布《关于推进文化创意和设计服务与相关产业融合发展的若干意见》,而后"大文化"的发展理念随之兴起,文化产业不断向外延伸,形成了开放的多元发展格局。2015年,随着"互联网+"概念的推广,文化产业发展的新业态和新模式不断涌现,数字文化产业成为文化产业发展领域的新趋势,文化产业进入了与科技高度融合的机遇期。2018年3月,文化部和国家旅游局合并组成文化和旅游部,旨在"推动文化事业、文化产业和旅游业融合发展",标志着文化产业成为第三产业发展的助推器,其重要性被进一步提高。在文化产业快速扩张的同时,文化产业管理专业的建设现状和现存问题也受到越来越多学者的关注。针对文化产业管理专业的"本硕博一体化"设置和优化,学术界从不同角度出发,展开了多样化的讨论。

第一种讨论关注到文化产业管理人才缺口大、人才培养质量急需提高的现状,认为应提升文化产业管理专业的重要程度,将其提升为"专业类"(即文化产业管理类),仍属于管理学门类,授予管理学学士学位。有的学者指出,将文化产业管理专业提升为专业类,可以推动政府从政策层面解决目前专业教学中存在的课程设置、教材使用混乱现状。而在具体的设定模式上,为改变"文化产业管理"这一专业名称不适应培养文化事业和文化产业人才的现实矛盾,马健建议将其名称改为"文化经济管理",作为管理学学科门类下的专业类,下设公共文化服务与管理、文化企业经营与管理、文化创意与艺术管理三个专业进行发展。[1]

第二种讨论关注到文化产业管理学科交叉性强、产业融合度高的特点,提出将文化产业管理学科打造成一个学科群,支持从不同传统学科角度发展文化产业管理专业。刘志华、陈亚民认为,文化产业管理学科的核心构成应该是一个综合性的、多学科交叉的结构,包括文化艺术学、产业经济学、市场营销学、管理学四个方面,并提出将文化产业管理学科定位为管理型和应用型学科。[2] 尹鸿等则提出,文化产业管理学是作为文化产业的应用学科而存在的。他从文化产业管理理论、产业链和文化产业门类等角度划分文化产业管理学,认为文化产业管理学应更强调专业性和可操作性,以培养应用型人才为主。[3]

---

[1] 马健:《从"文化产业管理"到"文化经济管理"——文化产业管理专业设置的演变、问题与建议》,《中国文化产业评论》2020年第2期,第416—424页。
[2] 刘志华、陈亚民:《文化产业管理学科建设及人才培养模式初探》,《中国成人教育》2011年第10期,第23—25页。
[3] 尹鸿、孙俨斌、洪宜:《"文化产业学"的学科体系研究》,《民族艺术研究》2018年第5期,第54—59页。

第二节 国外文化产业管理专业谱系化脉络（1960—2025）

从国际视角来看，由于各国相关学科形成的历史阶段不同，中国和其他国家文化产业管理专业的形成路径迥异。国外文化产业管理专业建设经历了从艺术管理专业到文化管理专业再到创意管理专业的发展阶段，呈现出从行政管理向经营管理的演变过程。虽然文化管理的某些活动，如文化节目的编排、艺术品展览的策划等已经存在数千年，但文化管理是在特定的西方环境中才正式发展为一个专业或学科领域的，即专业发端于欧洲和美国。

一、艺术管理专业及学科的形成（20世纪60年代起）

艺术管理关注的根本问题是创造、生产、传播和管理艺术表达。艺术管理作为管理学的分支，与纯商业学科、纯管理学科有很大区别。艺术管理活动围绕艺术而展开，而艺术是非常主观、难以确定的对象。艺术组织的特殊性决定了艺术管理有别于工商管理，艺术管理处于艺术创作和管理经营的交叉领域，因此有别于管理学的其他分支。用管理学的角度接近艺术，视艺术为可以被管理体系辅助和塑造的对象，是艺术管理的重要立意;采用艺术管理技能,以最符合经济效益的方法鼓励艺术表达,实现艺术家或艺术团体的组织目标,繁荣私人及公共组织,是艺术管理的宏大目标。

艺术管理专业发源于 20 世纪 60 年代的美国,美国 1/4 的美术馆建立于 20 世纪 60 年代。在这一时期,美国艺术市场呈井喷式发展,艺术基金会制度开始建立,福特、卡耐基、洛克菲勒等巨型企业纷纷设立艺术委员会,为美国乃至世界的艺术计划提供支持。艺术市场繁荣与人才紧缺的矛盾爆发,促使一些高校开始设立艺术管理专业。而在同一时期的欧洲,艺术与文化教育也逐渐兴起。该时期欧洲艺术行业所处的法治环境和经济环境发生了巨大变化,执照、税务、公司法律等业务日趋复杂,资助系统日益机构化,所有国家资助的艺术机构不得不委托给能够管理政府资金的专业人员管理,以保障艺术和文化公共投资的有效性。为了培养出更多训练有素的文化组织管理者,政府开始大量支援艺术管理教育。

据劳克林(S. Laughlin)考证,1965 年加州大学洛杉矶分校开设的艺术行政硕士课程(工商管理学位)是第一个艺术管理课程。[①] 1966 年,耶鲁大学在艺术系设立了剧团管理硕士研究生专业[②],这是西方国家设立的第一个与艺术管理相关的专业。[③] 同年,哈佛大学在商学院设立了艺术管理研究中心,后又于 20 世纪 70 年代开设了艺术管理暑期课程。总体来看,国外许多综合性大学和艺术学院在 20 世纪 60 年代中期至 70 年代,陆续开始设置艺术管理的课程和专业,如伦敦城市

[①] S. Laughlin, "Defining and Transforming Education: Association of Arts Administration Educators", *The Journal of Arts Management, Law, and Society*, Vol. 47, No. 1, 2017, pp. 82-87.
[②] 陈鸣:《西方文化管理概论》(第 2 版),清华大学出版社 2014 年版,第 2 页。
[③] 因加州大学洛杉矶分校不久后便取消了艺术管理课程,耶鲁大学被认为是西方国家中第一所正式开设艺术管理专业的大学。

学院(1967年)、俄罗斯圣彼得堡戏剧艺术学院(1968年)、加拿大约克大学(1969年)、威斯康星大学麦迪逊分校(1969年)、纽约大学(1971年)、印第安纳大学(1971年)、卓克索大学(1971年)、佛罗里达州立大学(1973年)、美国大学(1974年)、芝加哥哥伦比亚大学艺术学院(1975年)、南澳大利亚大学(1979年)。据不完全统计,20世纪70年代美国约有18家高校开设了艺术管理专业或课程。在美国,最初发展的艺术管理专业大多是硕士研究生专业,到了20世纪80年代,艺术管理本科教育开始逐步发展。

欧洲第一个艺术管理课程于1967年在伦敦城市学院设立,专业名称为"艺术政策与管理"。随后加拿大约克大学在1970年开设了艺术管理硕士课程,南澳大利亚大学在1979年开设了艺术管理专业,欧洲逐渐形成了英国模式、法国模式、德国模式三种主要的艺术管理教育模式。具体来讲,英国模式受市场价值驱动,以集中的专业训练和劳动力市场为主,为英国、爱尔兰、比利时、荷兰等国家所追随;法国模式受人文价值驱动,以历史传统和学院训练为主导,为法国、西班牙、意大利、希腊等国家所追随;德国模式受综合价值观驱动,综合了人文、学术和管理的学习,为德国、奥地利、瑞士、克罗地亚等国家追随。

综观国外艺术管理项目的发展,艺术管理教育专业课程从1980年的30个到1999年的400个,再到2018年的760个,发展极为迅速,并孵化出文化管理、创意管理等专业。艺术管理教育的崛起为国外文化管理教育的发展奠定了基础。与传统艺术教育不同,艺术管理教育的培养对象不只是艺术创造者,更包括艺术管理者。在这一时期成立的美国国际艺术管理教育协会更是证明了艺术管理教育出现的历史必然性。

二、文化管理专业及学科的形成
（20世纪80年代起）

　　文化管理是一个复杂且具有多种含义的概念。一方面，文化管理是一个复合性词语，包含了文化和管理双重含义：文化指包括知识、信仰、艺术、道德、法律、风俗、生活方式等人类社会成员所获得的任何才能和习性的复合体，管理包含行政管理（administration）和经营管理（management）两层含义。另一方面，管理的对象亦具有双重性，既指向文化（艺术）生产和服务机构的经营管理，也指向国家、政府和"第三部门"的公共文化（艺术）管理。

　　20世纪80年代，西方国家出现了从"行政管理"向"文化管理"的转变。准确地讲，在20世纪70年代以前，西方的艺术管理教育偏重行政管理，直到80年代才开始将文化经营管理作为重要教学内容。对于这一点，学者们有几种不同的解释：第一种为加拿大主体视角。陈鸣认为在这一时期，加拿大为文化管理教育的发源地，西方国家艺术管理教育的中心由美国转移到了加拿大。1982年，加拿大教育部长理事会给移民和就业部（现更名为人力资源部）部长递交了一份建议优先发展艺术岗位、技术岗位和管理岗位三种文化人力资源岗位的建议书。[①] 随后，加拿大联邦政府根据建议书中的建议加强了对艺术管理教育的支持力度。1984年，加拿大滑铁卢大学设立了文化管理专业，标志着西方国家高等院校正式开启文化管理教育。随后，该校在1989

---

① 艺术岗位指创造艺术品的艺术家，技术岗位指提供艺术文化服务的技术人才，管理岗位指从事艺术文化领域内经营管理和教育培训的人才。

年建立了文化管理中心，1997年启用了文化管理专业发展讲坛的网络远程教育，为文化领域的管理者提供了强大的学习平台。

第二种为美国主体视角。20世纪80年代，随着精致艺术、商业艺术、应用艺术以及业余艺术和文化遗产之间的界限逐渐模糊，美国的艺术体系逐渐向文化领域扩展，率先关注到商业艺术（娱乐业）、应用艺术（工业设计、广告设计）、独立艺术（业余爱好者）等文化产业领域的内容。郑洁认为，美国院校的艺术管理专业开始设置艺术娱乐专业、传媒专业等，使传统的精致艺术教学逐渐向文化产业教学拓展。虽然加拿大成立了文化管理专业，但后期以艺术管理命名的专业课程仍广泛存在，课程易名的影响不大，并不代表开启了新学科的教学。[1] 反而是教学内容的改变，如真正涉及文化政策、文化产业的教学，实现了教育内容从艺术范畴扩展到整个文化领域，从行政管理拓展到经营管理，[2]这才能算作文化管理教育的出现和发展。

第三种为无主体视角。20世纪80年代以来，国外艺术成为进入公共领域、面向大众的文化产品和文化服务，教学内容自然而然地根据现实变化进行了调整和转向。重要的不是哪个国家最先开设文化管理专业，而是探索专业转向本身。西方国家艺术文化出现的转向主要表现在三个方面：其一，艺术的价值取向实现了从精英艺术到大众文化的转型。艺术不再只围绕作为精英知识分子的艺术家和艺术批评家展开，而成为每个公民的文化权利，每个人都可以根据各自的喜好和趣味来创作与欣赏艺术。其二，艺术的活动范围实现了从私人领域到公共领域的扩大。大众传媒的产生和应用，将艺术推向了大众传播的时代。

---

[1] 郑洁：《世界文化管理与教育》，中华书局（香港）2019年版，第66页。
[2] P. Dewey, "From Arts Management to Cultural Administration, *International Journal of Arts Management*, Vol. 6, No. 3, 2004, pp. 13-22.

西方的公共领域因传媒的力量而发生了转型,特别是第二次世界大战结束以后,艺术活动逐渐进入公共领域,形成了一个由传媒力量引导乃至主导的艺术文化公共空间。其三,艺术的理论研究实现了由传统到现代的转型。从"美的艺术""艺术哲学"等意识形态维度的解释,发展到"艺术是人类情感的符号形式的创造"等符号化的解释,艺术成为由符号内容构成的文化产品和文化服务。艺术所蕴含的价值观念和生活方式,可以通过文化产品和文化服务的形态得以创作、展示、传播、交换、消费和流通,从而形成了以文化产品和文化服务为载体的文化市场和文化产业。例如,1983年,英国学者尼古拉斯·加纳姆(Nicholas Garnham)提出将"文化产业"概念融入地方经济政策;20世纪90年代初,欧盟提出了"内容产业"概念;等等。

三、创意产业管理专业及学科的形成（20世纪90年代起）

20世纪90年代,国外掀起了文化及创意产业的发展热潮,英国、美国、澳大利亚、新加坡、日本、韩国等国家将创意经济作为新的发展赛道,尤其是英国和美国紧抓先机,将创意产业作为国家支柱产业之一。创意经济和创意产业作为超门类的范畴经济与产业形态,其核心在于通过人的智慧、创新精神和创造力带来新的经济增长点,培育具有新想法和新方法的创意人才、创新人才,这成为经济发展的关键。知识和思维的裂变不可能在短时间内完成,创意人才的培养也是一个长期且复杂的过程。为了培养出更多以知识产权为核心、以专业或特殊技能为手段的创意"专精人才",许多国家都把创意人才的系统培养、培训纳入国家人才战略体系之中,实施全民创新创业教育政策,搭建创意创新人才发展教育体系。于是,创意产业管理教育就逐渐成为文化管理教育版图中的重要内容,甚至冲破了文化管理教育仅围绕"文化"进行管理的限制,将信息、互联网、建筑设计等行业管理内容容纳进来。

创意产业的概念起源于英国,20世纪90年代,英国制定了完整的创意产业发展政策,以应对全球经济结构调整和产业变化。1993年,英国文化委员会公布的《创造性的未来》确定了以创造性为文化艺术领域实践的核心。1998年,依托创意产业特别工作组出台的《英国创意产业路径文件》清晰地定义了创意经济和创意产业的发展路径,强调了创意产业为"源于个人创造力、技能与才华,通过知识产权的生成和取用,可以创造财富并提供就业机会的产业"[①]。英国文化传媒与体育部在2001年界定了英国创意产业包括广告、建筑设计、艺术品与文物、电子游戏、音乐、出版、广播电视等13个类别,在2008年发布了《创意产业:新经济的新人才》战略性报告,并成立了英国文化创意技能学院。[②] 然而,从发展规模来看,美国始终处于世界创意经济发展的头部地位,在集聚多样化人才上具有天然优势。1999年,美国的专业创意类人才总数已超过500万人。经济学家理查德·佛罗里达(Richard Florida)提出创意阶层在美国兴起,包括:重点培养"创意核心群",如艺术、娱乐、媒介经营等人才;重点聚集"创意专业群",如技术管理、金融操作、法律服务等人才;重点打造"创意生活圈",吸引投资者、知识分子、艺术家、管理人员、政府决策者等集聚于某一空间,迅速交流、试验和推广新的创意和想法。

澳大利亚、新加坡、日本、韩国等国家对创意产业管理专业建设的

---

① 赵曙明、李程骅:《创意人才培养战略研究》,《南京大学学报(哲学·人文科学·社会科学版)》2006年第6期,第111—118页。
② 张京成主编:《中国创意产业发展报告(2006)》,中国经济出版社2006年版,第5页。

反应亦十分迅速,积极响应了创意产业发展的人才需求。澳大利亚从20世纪70年代开始培养文化产业,重视资讯科技给文化及创意产业带来的发展机遇,将文化聚焦于国家创新政策。在1994年发布的第一个国家文化发展战略中,澳大利亚就将创意产业发展作为一项国家战略予以实施。与英国不同的是,澳大利亚政府没有专门的部门负责管理创意产业,而是由大学推动(如布里斯班大学创意产业研究中心),其课程规划和研究都是在具有竞争性的政府资助环境中进行反复考察的。2001年,澳大利亚成立的传播、咨询技术暨艺术部和咨询经济国家办公室启动了创意产业聚群研究。

新加坡在1998年出台的《创意新加坡》中将创意产业定为21世纪的战略产业,在2002年全面规划了创意产业的发展战略和人才战略。在2003年发表的《新挑战:迈向充满活力的全球大都市》报告中,提出了文化发展的关键策略,即将新加坡打造成21世纪的创意、创新和创业中心。随后出台的《城市复兴计划》《设计新加坡》《媒体21世纪》《城市复兴计划》等都谈到了艺术和文化管理教育如何为创意经济输送大量人才这一重要问题。

日本从1996年开始实施"文化立国"战略,据联合国商品贸易统计数据库的数据,2005年,日本创意产品在世界创意产业市场中的份额已位居第二位。[1] 2000年以后,日本先后出台了多项有利于文化和艺术创造、保护与应用的文化产业政策法规,如2001年颁布实施的《文化艺术振兴基本法》和2004年颁布实施的《文化产业促进法》。《文化艺术振兴基本法》首次以基本法的形式明确了日本文化政策的基本理念,对日本国内的文化事业和文化产业进行了规制。《文化产业促进

---

[1] 高晗、闫理坦:《中日文化创意产业国际竞争力比较分析——基于创意产品及服务贸易变化的新测度》,《现代日本经济》2017年第1期,第66—80页。

法》针对保护和促进新型文化创意产业业态而制定,明确指出了文化创意产业从业人员的责任和义务。此外,《高度信息网络社会形成基本法》《知识产权基本法》《E-Japan 重点计划(2003)》《内容的创造、保护及活用促进法》等政策法规也从信息化发展、知识产权保护、互联网应用等方面促进了创意产业发展并引导了专业教育。

韩国是亚洲的另一个创意产业大国,作为首个实行"文化强国"战略的亚洲国家,韩国十分注重通过立法形式保障文化产业可持续发展,不仅出台了《影像振兴基本法》《文化产业振兴基本法》《内容产业振兴法》等多项基本法,还由文化产业局制定了《电影和录像振兴法》《游戏产业振兴法》《音乐产业振兴法》《新闻类振兴法》等具体领域的法律。韩国在创意产业发展过程中非常注重对媒体人才、专业技术人才和科技人才的培养。

第三节　中国文化产业管理专业建设现状多维解析

从 1993 年发轫至今,为了满足国家战略和现实需求,中国文化产业管理专业经历了从试办专业到正式专业的转变、从公共管理到工商管理的学科归属调整,目前已建立起相对稳定的学科体系。但从整体情况来看,针对文化产业学科建设的定量研究乏善可陈,已有的研究成果缺乏对文化产业管理及相关专业的数据统计和系统分析。有鉴于此,本节将对全国开设文化产业管理本科专业的高校信息进行描述性统计分析,力求科学、客观、真实地反映我国文化产业管理专业建设的基本情况，进而为构建文化产业管理专业竞争力模型奠定研究基础。

一、专业开设增速先升后降

根据教育部 2003 年至 2023 年公布的《普通高等学校本科专业备案和审批结果》，截至 2023 年年底，全国已有 218 所高校开设了文化产业管理专业，[1]其中"双一流"建设高校 18 所。包括中国传媒大学、上海交通大学、山东大学、中国海洋大学、南京艺术学院、暨南大学在内的 10 余所高校已经形成完善的本硕博一体化学科体系。

2003 年至 2012 年专业开设数量的增长速度整体呈现上升趋势，并于 2012 年达到峰值，有 39 所高校新设文化产业管理专业。这主要是因为在该时间段，文化产业的概念逐渐明晰，各高校在国家政策的引导下竞相申报文化产业管理专业，文化产业管理专业经历了从无到有、从有到好的发展过程。而 2012 年至 2021 年，文化产业管理专业开设数量的增长速度整体呈现下降趋势（详见图 1-1）。2021 年，全国仅景德镇陶瓷大学一所高校新增了文化产业管理专业。即使 2022 年开设数量有所上升，但对比 2012 年仍相差甚远。这可能是因为文化产业管理专业是一个交叉型专业，教学中需要大量的基础学科作为支撑，如经济学、管理学、哲学、历史学等，而目前我国文化产业管理专业仍存在师资队伍建设不足、课程设置不合理等问题。受到国家实施"双万计划"、建设一流本科专业的政策影响，各高校均希望建设尽可能多的本

---

[1] 详细高校名单见本书附录，本统计仅从开设高校的视角进行描述性分析，不做开设数量和撤销数量的综合分析，其中厦门理工学院、南京艺术学院、大连工业大学艺术与信息工程学院、南昌理工学院、杭州师范大学、西北大学现代学院因专业学科归属问题各备案两次，故共为 218 所高校。

科"一流专业"来提高办学影响力,而文化产业管理专业在这方面不占优势,导致近年来此专业年度开设数量逐年下降。

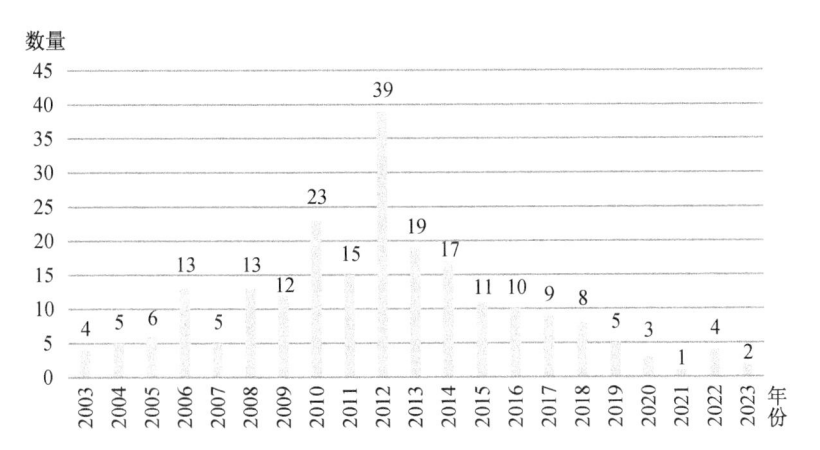

图1-1 2003—2023年新设文化产业管理本科专业的高等院校数量

资料来源:根据中华人民共和国教育部官方网站公开的历年普通高等学校本科专业备案和审批结果信息整理自绘。

2014年,云南大学撤销文化产业管理本科专业,成为国内首所撤销该专业的高校。据教育部公布的年度本科专业备案与审批结果,2019年至2022年,连续4年经教育部批准撤销文化产业管理本科专业办学的高校数量超过5所,其高校类型涉及综合性大学、师范类大学、财经类大学、艺术类学院等,与此同时,年度批准新增专业高校数量呈现下降趋势。由此可见,国内高等院校对于文化产业管理专业的建设受文化政策和教育政策的影响较大。通过研究当前文化产业管理专业开设情况,在一定程度上可预见未来几年文化产业领域专业人才供给的紧张态势。

二、专业分布东多西少

开设文化产业管理本科专业的高校呈现出一定的地域分布特征。对 2003 年至 2023 年开设文化产业管理专业的本科院校所在区域进行统计分析,可以发现,开设该专业最多的地区是北京市和四川省,均为 17 所;其次是河南省,为 14 所。开设文化产业管理专业的高校数量超过 10 所的地区还有山东省、陕西省、福建省、广东省、湖北省。总体来看,开设文化产业管理专业的高校在地域上呈现东中西依次递减的态势,华东地区开设该专业的高校数量占比为 29%,华北地区占比为 18%,华中地区占比为 15%(详见图 1-2),西部地区除四川省外,开设该专业的高校较少,有部分地区如宁夏回族自治区、青海省等暂未开设。

从地域分布图可以看出,我国文化产业管理专业开设院校大致分为两种类型。第一种是经济聚集型,主要表现在华东地区和华南地区的院校聚集上。从硬件设施来看,这些地区最早享受到改革开放的红利,在进行国际贸易往来的过程中,文化产业随之发展,形成了一批文化产业园区,如深圳华侨城、上海 M50 创意园等,而该类地区信息技术的发达也使得数字文化产业在当地具有更大的发展潜力,契合当下文化产业发展的大方向;从软件设施来看,这些地区作为国内最早接触到国际文化新思潮的区域,具有更开放、更包容的特性,当地居民对文化产业新业态和新发展模式的接受程度高,文化消费市场广阔,市场秩序建立得较完善,因此该类地区需要大量高质量文化产业管理人才参与到文化建设中,催生了区域内高校开展文化产业管理专业办学的热潮。

第二种是资源聚集型,主要表现在华北地区、西北地区和西南地区

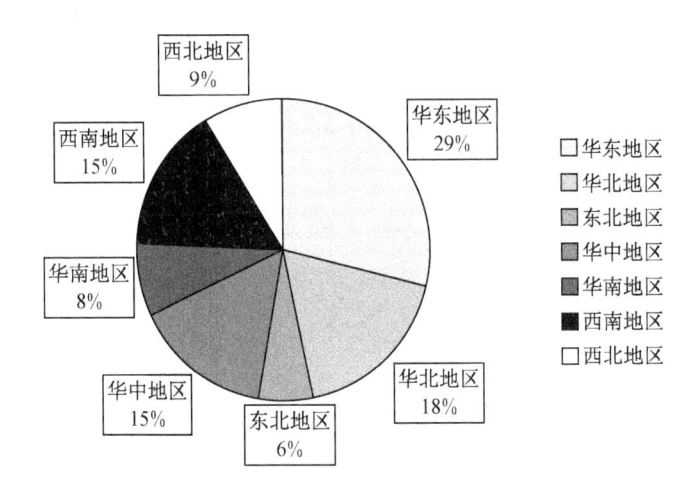

图 1-2　截至 2023 年文化产业管理专业本科院校地域分布图

资料来源：根据中华人民共和国教育部官方网站公开的历年普通高等学校本科专业备案和审批结果信息整理自绘。

注：图中所指的华东地区包括山东省、江西省、福建省、安徽省、浙江省、江苏省、上海市、台湾省（因数据统计原因，此次统计不包括台湾省数据）；华北地区包括内蒙古自治区、山西省、河北省、天津市、北京市；华中地区包括湖北省、湖南省、河南省；西北地区包括新疆维吾尔自治区、宁夏回族自治区、青海省、甘肃省、陕西省；华南地区包括海南省、广东省、广西壮族自治区、香港特别行政区、澳门特别行政区；西南地区包括西藏自治区、云南省、贵州省、四川省、重庆市；东北地区包括黑龙江省、吉林省、辽宁省。

的院校聚集上。虽然这些地区在经济发展上落后于华东地区和华南地区，但由于区域文化资源特别是民族文化资源丰富，具有发展特色文化产业的深厚基础，例如云南省、四川省、新疆维吾尔自治区等地区在发展旅游产业的同时，也为当地的特色文化产业带来了新的发展机遇。尤其是在文化和旅游融合发展的大趋势下，各省、自治区、直辖市积极布局文旅产业，如云南省在其《"十四五"文化和旅游发展规划》中提出，在"十四五"期间将实现打造万亿级现代旅游文化产业和建设成为世界知名旅游目的地的目标。文化旅游业的现代化发展需要强大的智力支撑,这成为部分地区高校开展文化产业管理专业办学的一大动力。

三、管理学主导专业学科归属

纵览《普通高等学校本科专业目录》迭代轨迹,文化产业管理专业最终锚定于管理学学科框架,其学位授予横跨管理学与艺术学二元体系,但2012年专业目录正式建制前,全国先行试点院校呈现出显著的学科归属多样化特征。

首先,文化产业管理专业所属的专业类分布较为集中。根据统计数据,截至2023年,各高校开设的文化产业管理本科专业主要涉及6个专业类[①],分别为工商管理、公共管理、艺术学理论、新闻传播学、中国史、中国语言文学。其中,180所高校将其归于工商管理类,占比约为82.6%;17所高校将其归于公共管理类,占比约为7.8%(详见表1-1)。

表1-1 我国文化产业管理本科专业所属专业类

专业类	数量	占比
工商管理	180	82.6%
公共管理	17	7.8%
艺术学理论	2	0.9%
新闻传播学	1	0.5%
中国史	1	0.5%
中国语言文学	1	0.5%
其他(包括暂未公布院校)	16	7.2%

---

① 根据各高校专业初设时在教育部备案的专业类进行分析,故不完全为工商管理类,后同。

其次,文化产业管理专业所授予的学位主要包括管理学学士学位、艺术学学士学位和文学学士学位。授予管理学学士学位的高校有182所,占比约为83.5%;授予艺术学学士学位的高校有21所,占比约为9.5%;授予文学学士学位的高校有12所,占比约为6%;授予管理学或艺术学学士学位的高校有2所,占比约为1%(详见表1-2)。从统计结果来看,授予管理学学士学位的高校数量要远多于授予其他学士学位的高校数量。不少原授予文学学位或艺术学学位的高校,在专业建设过程中将专业学位调整至管理学,如贵州科技大学、西安建筑科技大学等,这既缘于学科目录的行政规制,又缘于专业属性的管理实践导向,是学科定位、制度设计和实践需求共同作用的结果。

表1-2 我国文化产业管理本科专业授予学位情况

授予学位门类	数量	占比
管理学	182	83.5%
艺术学	21	9.5%
文学	13	6%
管理学或艺术学	2	1%

最后,从院系来看,文化产业管理专业大致可分为管理类、艺术设计类、人文与传媒类、历史文化(旅游)类、独立类5种类型。文化产业管理专业归属院系并未统一(详见表1-3),此类做法虽然符合文化产业管理专业人才培养复合性和交叉性强的特点,但若所依托院系并非高校强势院系,极易使文化产业管理专业在师资力量分配、资源协调以及经费使用等方面处于劣势地位,不利于专业人才培养。[①]

---

① 陈柏福、张喜艳:《新文科背景下文化产业管理专业设置及其优化发展研究》,《艺术管理(中英文)》2021年第2期,第13—19页。

表 1-3　文化产业管理专业所属院系及代表高校

文化产业管理专业所属院系	代表高校
管理类院系	中国传媒大学经管学部、浙江工商大学公共管理学院、北京工业大学经济与管理学院
艺术设计类院系	上海交通大学媒体与设计学院、天津音乐学院艺术管理系、太原理工大学艺术学院
人文与传媒类院系	江汉大学人文学院、暨南大学人文学院、山西财经大学文化传媒学院、西华大学人文学院
历史文化(旅游)类院系	山东大学历史文化学院、北华大学历史文化学院、河南大学历史文化学院
仅进行文化产业研究的独立院系	中国传媒大学文化产业管理学院、贵州大学旅游与文化产业学院、杭州师范大学文化创意学院

四、专业建设交流平台逐渐增多

从 2003 年到 2023 年,全国共有 218 所高校进行过文化产业管理本科专业办学。在 20 年左右的专业发展历程中,我国文化产业管理专业实现了从零到一的突破,也达到了从一到多的繁荣态势。在专业发展的全过程中,文化产业研究领域的领军人物和学者们就文化产业管理问题不断交流、互相学习,在文化产业管理专业办学分散、学科体系仍待完善的情况下,联合举办了系列文化产业管理学科建设联席会议,有效推动了文化产业管理专业学科建设和理论研究,完善了课程体系,提高了人才培养的质量。

2003 年,上海交通大学教授胡惠林担任召集人,召开了第一届"全国高校文化产业管理研究与学科建设联席会议",参与高校包括北京大学、清华大学、山东大学、上海交通大学等 7 所高校。正是在此次会议上,出席会议的具有代表性的几所高校联合向教育部提出了在高校中开设文化产业管理专业的倡议。此后,该联席会议从2004年开始每年召开一次,直到2009年,为了避免与"全国文化管理类学科建设联席会议"重复召开,"全国高校文化产业研究与学科建设联席会议"不再举行(详见表1-4)。

表1-4 历届全国高校文化产业研究与学科建设联席会议

届数	举办时间	会议承办单位
第一届	2004年5月	上海交通大学国家文化产业发展和创新研究基地
第二届	2005年5月	北京大学国家文化产业研究中心
第三届	2006年5月	清华大学国家文化产业研究中心
第四届	2007年5月	深圳大学文化产业研究院
第五届	2008年5月	南京艺术学院、南京航空航天大学国家文化产业研究中心
第六届	2009年7月	广西师范大学

2005年,为促进高校文化管理学科专业建设,上海交通大学联合艺术类院校在中国海洋大学召开了首届"全国高校文化管理类学科建设联席会议",该联席会议每年召开一次(详见表1-5),为提升文化产业人才培养质量、交流文化产业管理专业办学经验提供了重要平台。

表1-5 历届全国高校文化管理类学科建设联席会议

届数	举办时间	承办单位	会议主题
第一届	2005年9月	中国海洋大学	文化管理类学科核心课程教材体系建设
第二届	2006年7月	云南大学	不详
第三届	2007年11月	浙江传媒学院	不详
第四届	2008年11月	同济大学	文化产业管理专业培养方案、学科性质研究等

(续表)

届数	举办时间	承办单位	会议主题
第五届	2009年7月	广西师范大学	人才培养与行业需求对接等
第六届	2009年12月	山东大学	近三十年中国文化政策、文化市场、文化产业研究的理论进展与学科建设等
第七届	2010年12月	厦门理工学院	文化产业学科定位与学科创新等
第八届	2011年10月	西安建筑科技大学	文化产业与城市发展等
第九届	2012年10月	济南大学	各高校文化管理学科专业建设的新进展、新经验和新情况等
第十届	2013年11月	安徽师范大学	文化产业学科与专业建设、区域文化产业发展等
第十一届	2014年12月	江苏师范大学	文化经济人才培养与市场需求等
第十二届	2015年11月	湖南师范大学	新常态背景下中国文化产业理论与政策前沿
第十三届	2016年10月	山西师范大学	文化资源与文化遗产课程建设与教学、新常态背景下中国文化资源与文化遗产前沿研究
第十四届	2017年11月	浙江工商大学	文化管理课程建设与教学、新常态下的文化管理与创新
第十五届	2018年8月	内蒙古财经大学	新时代对文化管理类学科建设与人才培养提出的新要求与新使命等
第十六届	2019年7月	贵州师范学院	文化产业管理专业人才培养与教学创新等
第十七届	2020年10月	山西财经大学文化旅游学院	新文科和新商科背景下文化产业管理学科建设与人才培养创新等
第十八届	2023年10月	云南大学	新形势下文化管理类学科与地方经济社会发展等

2009年，胡惠林教授在第五届两岸经贸文化论坛的"推进两岸文化产业合作"专题研讨会上提出，要搭建两岸文化产业合作发展的交流平台，建立两岸高校文化产业研究与学科建设联席会议机制。2011年，第一届"两岸文化创意产业发展论坛暨两岸文创本科学术联盟会议"召开。至2019年，该会议已成功举办了九届，不仅为两岸高校搭建了文化产业教学成果和研究成果的展示平台，还推动了海峡两岸交流共享文化产业管理本科专业学科建设和人才培养经验，推动了两岸文创事业的全面发展。随着越来越多学者关注文化产业及其管理人才培养领域，"21世纪中国文化产业论坛年会""全球文化创意产业合作与发展国际会议""国家文化管理年会"等会议亦逐渐成为国内外学者共同交流学科建设经验、推动文化产业管理学科建设的重要阵地。

各类文化产业研究与学科建设会议的定期举办在促进学者间交流与合作的同时，也催生了一批优秀的文化产业出版物。2002年，社会科学文献出版社出版了我国第一本文化产业蓝皮书，此次出版可看作2000年召开的第一次"21世纪中国文化产业论坛年会"的后续成果。[1] 此蓝皮书是在对中国文化产业进行全面研究的基础上形成的研究报告，既总结了当时文化产业发展状况，又揭示了文化产业发展趋势，是之后一系列文化产业相关领域皮书撰写的重要参考。从2003年开始，北京大学叶郎团队每年发布《中国文化产业年度发展报告》，对我国文化产业发展趋势进行长期跟踪与观察，成为研究文化产业领域的重点参考文献。此外，地方也开始定期出版文化产业蓝皮书，如《湖北文化发展报告》《辽宁文化发展报告》《河南文化发展报告》等，为研究不同区域的文化产业提供了丰富的基础资料。

---

[1] 黄莺：《"中国文化产业学派"：一个值得研究的议题》，《中国文化产业评论》2021年第1期，第45—60页。

2003年,由上海交通大学国家文化产业创新与发展研究基地主办的《中国文化产业评论》创刊,此刊以第一届和第二届"21世纪中国文化产业论坛年会"上发表的优秀论文为基础,创立了我国文化产业领域的第一本专业集刊。2008年,原文化部和南京大学国家文化产业研究中心主办的《文化产业研究》正式创刊。这两本刊物均被收录至CSSCI南大核心期刊目录中,是我国文化产业领域学术共同体知识传播与成果共享的核心平台,承载着学科建设探索与前沿理论创新的双重使命。

五、专业就业领域广泛且前景好

(一) 文化产业管理专业就业方向

各高校在进行专业办学之初,会结合地区文化发展优势和本校办学特点制定相应的文化产业管理人才培养目标,从这些培养目标中能基本了解到文化产业管理人才的就业方向。文化产业管理专业本科毕业生的就业去向主要分为党政机关、文化企业、海内外深造三种类型。

我国的党政机关狭义上是指中国共产党机关和国家行政机关,广义上既包括人大机关、行政机关、审判机关等,也包括各级党政机关派出机构、直属事业单位及工会、妇联等人民团体。文化产业管理专业的学生要进入党政机关工作,需要通过国家或地方政府统一举办的公务员考试,包括笔试、面试、体检、政治审查等诸多环节,合格者方可进入党政机关系统。文化产业管理专业属于工商管理类,因此该专业学生在专业方面符合公务员录用职位表中标注的工商管理类(B1202)所有职位。鉴于党政机关工作的特殊性,从事该行业的文化产业管理专业学生首先应具备良好的政治素养,坚持求真务实的工作作风,同时努力提高自己对相关政策的解读能力和材料撰写能力,树立为人民服务的工作理念。

文化企业是从事生产、经营和销售文化产品与服务的企业,是吸纳文化产业管理专业人才就业的重要力量,由于文化产业具有业态多样性,因此文化企业所生产和销售的文化产品、服务也呈现出多样性特征。从各高校培养目标中可以看出,文化产业管理专业人才就业领域广泛,兼顾新闻、报纸、广播、电视、出版、广告等传统文化行业和互联网、游戏、多媒体、数字版权等新兴文化行业,工作内容涉及政策研究、产业规划、市场运营、产品开发、项目管理、机构管理、传播推广、投资融资、科技融合、教育培训等多方面。由于文化企业以获取最大经济效益为最终目标,具有营利性和市场性,更关注文化产业管理人才对本公司市场定位是否熟悉、对市场规律和消费者需求的把握是否恰当等,因此具备文化市场敏感度和创新精神的应用型、复合型人才更受文化企业的青睐。

除上述两类就业去向外,部分文化产业管理专业本科毕业生会选择在海内外继续深造,具体而言,就是通过进一步学习,获取更高的学历。这部分学生在获得硕士甚至博士学位后,就业方向一般为高校教师、相关研究机构研究人员以及文化企业内的中层或高层管理人员等。作为高知群体,这部分人才承担着规划甚至引导文化产业发展的艰巨任务。因此此类文化产业管理人才应具备较强的综合素质,通过大量的调研、考察和思考,把握文化产业和经济社会发展的内在规律,同时具备纵观古今中外的文化视野,立足全球学术前沿开展文化产业管理的教学、研究和实践。

(二) 文化产业管理专业就业现状

虽然我国文化产业起步较晚,发展时间较短,但随着居民人均可支配收入和闲暇时间的增加,居民消费习惯逐渐从生存型、发展型资料消费转向享受型资料消费,文化产业进入了高速发展时期,文化产业管理人才的需求也呈现持续增长的趋势,对当下文化产业管理专业毕业生就业去向、就业质量、职业发展等情况进行调查则十分必要。

中国传媒大学文化产业管理学院于2019年和2020年分别进行了文化产业专业毕业生就业情况的调查,为了解文化产业管理专业毕业生的就业去向和趋势提供了参考。在地域分布上,该项调查涵盖了国内各个省份文化产业及相关专业的应届毕业生;而在院校范围上,该项调查包括了国内大部分设有文化产业专业的高等院校,包括武汉大学、北京大学、山东大学、中国传媒大学、河北师范大学、曲阜师范大学等综合类、艺术类、师范类院校。从其调查结果来看,文化产业管理专业毕业生就业主要呈现出以下特征。

第一,"就业冷"趋势明显。2019年选择继续升学的本科毕业生占比为41.9%,而到了2020年,选择升学的本科毕业生占比上升到了46.88%,[①]与之对应的是,选择直接就业的本科毕业生占比从53.1%下降到48.44%。之所以文化产业管理专业本科毕业生越来越倾向于选择继续深造,除多方面因素导致就业压力进一步增大,毕业生希望通过升学的方式延缓就业进程外,还因为在本科教育阶段,文化产业管理专业注重培养的是通识性人才,专业学生掌握的多为基础性知识和技能。各高校课程设置和教材选择差异较大,而开设该专业的高校办学水平参差不齐,导致该专业在实际教学过程中并未达到培养目标中理想的人才要求。本科毕业生在临近就业之际意识到自己未形成就业核心竞争力,因此部分人选择继续升学,进一步提高自己的专业素质和能力,

---

① 范周等:《言之有范——新消费时代的文化思考》,知识产权出版社2021年版,第14—21页。

以更加适应就业市场的需要。

第二,工作领域分散。现行《文化及相关产业分类(2018)》将文化产业划分成9个大类、43个中类和146个小类,涵盖了文化产业涌现的一批新业态,彰显了文化产业的多元化态势,这种多样性也体现在毕业生就业领域。调查结果显示,毕业生就业行业涵盖了影视、广告、演艺、会展、出版、金融和互联网等多个领域,而从就业单位性质来看,民营企业、外资企业、国有企业、事业单位和政府机关都在文化产业管理专业学生的就业选择范围中。值得注意的是,2020年受到疫情的冲击,毕业生对待遇稳定的事业单位、政府机关和国企的青睐程度远高于民营企业和外资企业。随着经济和文化市场逐渐从疫情影响中恢复,如何提高文化产业管理专业人才对民营文化企业和外资文化企业的信心,引导人才进入市场经济中,释放创新创意活力,是政府在制定文化政策以及研究者在进行文化产业领域研究时需要重点关注的问题。

第三,就业地点的选择从集中到分散。文化产业的发展程度受当地经济发展水平、文化资源丰富量和文化市场需求量的影响。一线城市和新一线城市拥有厚重的文化底蕴和坚实的经济基础,文化产业园区林立,资金和技术密集程度高,就业潜力巨大,一度成为文化产业管理专业本科毕业生的首选。而经济较落后的地区文化产业往往不发达,文化市场规模小,薪资待遇低,因此对人才吸引力较小。然而疫情影响了毕业生的就业心理和办公模式,当下的毕业生在看重就业地薪酬待遇之外,也综合考虑生活、工作压力和情感归属。随着"居家办公""远程办公"等模式逐渐日常化,距离和空间对就业的影响程度下降,越来越多文化产业管理专业毕业生选择回到离家较近的二、三线城市就业,就业意向地呈现出从聚集到分散的趋势。对于经济欠发达地区而言,人才的回流或许会成为产业发展的重要契机之一,这部分地区应当适时推出文化人才本地就业促进政策,吸引更多文化人才的回归。

(三) 文化产业管理专业职业前景

以高新技术为主要特征的"智能文化创意官"。文化产业智能化、信息化是未来产业发展的主流方向。随着互联网与文化产业深度融合的趋势加强,文化市场对既懂文化又懂信息化的人才需求逐渐增大。以文化创意产业为例,埃森哲(Accenture)与经济学公司先驱经济(Frontier Economics)联合发布的研究报告表明,到2035年,文创产业将在人工智能的助力下实现增长速率从1.9%提高到3.1%的转变,①在传统的资本和劳动力生产要素之外,人工智能将作为一个新的生产要素参与到文化产业的生产活动中,而未来的文化产业管理人员需要具备合理分配和利用人力、资金、设备、技术、数据等一系列要素的能力。所谓"智能文化创意官",指的是将智能技术和文化联结起来打造文化产品和服务,或是塑造品牌形象、制定品牌营销战略从而推动企业、行业甚至经济社会进步的群体。此类职业对于从业者的创新创意精神要求极高,而创新精神又来自他们扎实的理论基础和商业运作、市场操作的能力,同时还有从业者本人敢于实践、坚持不懈的个人品质。"智能文化创意官"需要具有人工智能战略和领导力,做好HR(普通员工)工作向HR与HAIR(人工智能员工)并存的转变,促进团队与机器一起学习,如任命一名首席数据供应链官,创造开放的人工智能文化,将云端的众包数据与人工智能功能相结合,不断超越自动化,持续衡量算法回报率等。

---

① 埃森哲研究公司:《2035年人工智能有可能将16个行业的企业盈利能力平均提高38%》,2017年6月21日,https://newsroom.accenture.com/news/accenture-report-artificial-intelligence-has-potential-to-increase-corp。

以经营管理为主要工作的"文化职业经理人"。经济全球化后,随着企业集团化、跨国化、大型化趋势的加强,企业所有权与经营权逐渐分离,专职于企业经营管理的"职业经理人"开始出现。他们受聘于企业所有者,具备一定的职业素质和能力。作为掌握企业经营权的群体,他们的职责就是承担法人财产的保值增值责任,而其自身则以薪资、股票期权等方式获取报酬。在文化领域,产业发展逻辑和时代需求发生了变化,推动完善文化产业职业经理人制度的呼声也越来越高。2020年11月14日,由国务院国资委所属职业经理研究中心、SMART度假产业智慧平台主理的文旅职业经理人峰会首次召开。会上,腾讯文旅产业研究院院长舒展表示:"对企业来说,无论是做文化产业还是做旅游,全是围绕着人的行为消费。关键是企业一把手,也就是职业经理人。"[①]以文化产业职业经理人为代表的文化产业高端人才正处于极度稀缺状态,是未来文化产业管理专业人才就业的重要方向之一。要胜任文化产业职业经理人的角色,文化产业管理人才需要在当下数字化转型时代把握新的时代需求和产业逻辑,不断更新所学知识,拓宽对文化产业生态边界的认知,成为产业创新者和破局者。

以乡村振兴为主要内容的"文化产业特派员"。2017年10月18日,习近平总书记在党的十九大报告中提出乡村振兴战略。此后,中共中央、国务院连续数年发布中央一号文件,强调乡村振兴战略对我国发展农业农村、推进共同富裕的重要作用。文化产业作为带动力极强的产业,在乡村振兴中发挥着重要作用,这就是基于乡创理念的"文化产业特派员"产生的背景。2022年3月,文化和旅游部、自然资源部、教育部、农业农村部联合发布了《关于推动文化产业赋能乡村振兴的意

---

① 经济日报·中国经济网:《我们需要什么样的文旅职业经理人》,2020年11月20日,http://www.ce.cn/culture/gd/202011/20/t20201120_36031852.shtml。

见》,鼓励各省、自治区、直辖市结合实际情况,探索建立"文化产业特派员"制度,将文化人才引入乡村,建设文化产业赋能乡村振兴人才库。① 目前,河南省依托其深厚的历史文化底蕴,率先推行"文化产业特派员"制度试点工作,此次试点工作由河南省文化和旅游厅联合清华大学文化创意发展研究院共同推进,试点区域为洛阳市栾川县、信阳市光山县、焦作市修武县和济源市4个县市。"文化产业特派员"的专业背景多样,包括政府相关部门公务员、企业家、艺术家和设计师、社会工作者等,为包括文化产业管理在内的相关行业从业者提供了就业渠道。乡村文化与城市文化有本质上的区别,因此"文化产业特派员"应当首先实现发展理念的转变,把握乡村文化产业发展的独特规律,以创意为驱动力,积极带动信息、市场、金融和科技等资源进入乡村,实现当地文化发展和产业发展。

---

① 《河南启动"文化产业特派员"制度试点》,《中国旅游报》2022年8月5日,第2版。

第二章
2035战略窗口期的专业使命升维

人才作为推动文化产业高质量发展的第一要素,在创新驱动发展过程中发挥着重要作用。文化产业管理人才培养是专业建设的根本诉求,是提升我国文化竞争力的智力支撑。尽管在"十三五"期间我国文化产业从业人数快速增长,但整体来看,我国文化产业人才培养成效仍滞后于产业发展需求,现有人才无论是在数量上还是在质量上都不能够有效支撑未来的文化产业升级和结构调整。因此,为了更好地适应文化产业管理人才未来发展需求,在文化产业管理专业建设新阶段提升人才培养质量,认真剖析国际国内形势新变化、新质生产力发展新变化、高等教育2035年新发展则成为发掘文化产业管理专业建设新使命的重要依托。

第一节 新常态格局驱动专业生态重塑

全球新常态格局是后疫情时代国际秩序演进的阶段性表征,其本质是技术革命、地缘政治与文明形态三重转型叠加的状态。文明互鉴与文化入侵相伴,文化发展与文化安全并存,经济全球化所带来的"文化全球化"作为当前资本掠夺的一种新发展态势,直接威胁着各国文化产业的生存与发展。文化的生存状态不仅积累了一个民族国家过往的全部文明创造,而且还蕴含着其走向未来的一切可持续发展的文化基因。全球化浪潮下,国家的发展已不仅仅是经济战略问题,更是文化战略问题。在国家文化主权受到威胁时,如何维护我国文化根本利益,建设文化强国,成为当下文化产业发展面临的一个重要命题,而文化产业管理人才是影响文化产业发展的重要因素,如何建设满足国家战略需求的专业体系也成为当前我国文化发展的一大难题。

一、国家安全观唤起专业建设新意识

文化安全事关国家和民族的前途命运,是国家安全的重要内容之一,也是维护国家长治久安的重要安全支柱,更是国家主权不可分割的部分。2014年,习近平总书记提出总体国家安全观,将文化安全放在国家安全系统的维度进行审视,确立了国家文化安全在新时代国家总体安全中的重要地位。[1] 国家文化安全是指"国家文化生存和发展免于威胁或者危险的状态"[2]。当今世界,随着全球化的深入发展,各民族文化之间的互动不断增强,文化交流日益频繁,文化交融日益复杂,文化交锋日益尖锐,文化安全已经延伸到文化传播安全、文化遗产安全、文化产业安全、文化市场安全、公共文化安全、网络文化安全等重要

---

[1] 中共中央宣传部编:《习近平总书记系列重要讲话读本》,学习出版社、人民出版社2016年版,第226—229页。
[2] 胡惠林:《国家文化安全学》,清华大学出版社2016年版,第21页。

方面,覆盖文化发展的各领域和全过程。[1]

国际竞争中文化冲突不可避免,冷战结束后,以美国为首的西方发达资本主义国家一直视我国为意识形态领域的竞争对手。新形势下,文化制裁成为经济制裁和武力干涉之外的又一霸权"武器",从英语普及的语言霸权到大众媒介、网络霸权的文化扩张,以及通过文化产品输出、传播西方价值观进行的文化渗透,这些无疑对我国的文化安全产生了严重威胁。2018年6月,在中央外事工作会议上,习近平总书记指出:"当前我国处于近代以来最好的发展时期,世界处于百年未有之大变局。"[2]进入21世纪,世界多极化进程为我国文化发展带来了诸多机遇和挑战,各个国家与地区间的交流日益紧密,多样化的思想观念被卷入全球化的发展中,整个世界呈现出多元文明碰撞的发展态势。"如果我们不识变,不求变,就可能陷入战略被动。"[3]因此,在百年未有之大变局背景下,要坚决维护国家文化安全,牢牢掌握意识形态话语权。

从习近平总书记关于文化安全的重要论述中可以看出,文化产业管理专业建设应具备国家文化安全意识:专业建设的逻辑起点是我国文化建设面临的严峻挑战,专业建设的价值旨归是维护政党安全、国家安全和社会主义事业安全,专业建设的根本原则是牢牢把握社会主义意识形态,专业建设的坚实基础是挖掘、阐发和弘扬中华优秀传统文化,专业建设的重要指导来自党对文化建设的领导,专业建设的关键是

---

[1] 《增强文化安全意识 构建和谐精神家园——专家学者解读〈国家文化安全知识百问〉》,2022年5月2日,https://www.gov.cn/xinwen/2022-05/02/content_5688450.htm。
[2] 《习近平主持召开中央外事工作委员会第一次会议强调 加强党中央对外事工作的集中统一领导 努力开创中国特色大国外交新局面》,《中国纪检监察》2018年第14期,第2页。
[3] 习近平:《深化党和国家机构改革 推进国家治理体系和治理能力现代化》,《奋斗》2023年第14期,第6—9页。

培养一支专业的文化人才队伍。① 文化产业管理专业应在中国特色的国家文化安全教育体系中找准位置,系统把握文化安全的交叉性和应用性,在实践中摸索形成配套课程和经典教材,保持审时度势、居安思危的警惕,主动应对当前国家文化安全面临的威胁与挑战。

二、"一带一路"倡议打开专业发展新视野

面对错综复杂的经济全球化国际形势,习近平总书记于2013年9月和10月出访中亚和南亚时分别提出了"丝绸之路经济带"和"21世纪海上丝绸之路"的构想,简称"一带一路"。"一带一路"是党和国家主动应对全球局势变化和促进东西方经贸往来而做出的积极探索,现已发展为当今世界深受欢迎的国际公共服务和国际合作平台。推进"一带一路"建设是中国更高水平上扩大和深化对外开放的需要,更是构建合作共赢新型国际关系、实现文明交流和民心相通的需要。新时代新征程,探索"一带一路"的重要经验和文化力量,对于提升文化产业管理专业竞争力具有重要指导意义。

回顾"一带一路"十年的贡献发现,截至2021年我国在投资、贸易、金融、科技、社会、人文、民生等领域,与145个国家、32个国际组织签署了200余份共建"一带一路"合作文件,已然成为推进世界经济和社会发展的积极力量。② 截至2023年,我国与144个共建国家签署了文化和旅游领域合作文件。从发展历史来看,我国正稳步推进"一带

---

① 陈辉吾、孙志淼:《习近平总书记关于国家文化安全重要论述探析》,《世纪桥》2021年第6期,第4—8、13页。
② 国家统计局:《"一带一路"建设成果丰硕 推动全面对外开放格局形成——党的十八大以来经济社会发展成就系列报告之十七》,2022年10月9日,http://www.stats.gov.cn/sj/sjjd/202302/t20230202_1896693.html。

一路"合作。2014年提出了"共商、共建、共享"合作原则,创建了丝路基金。2015年发布了《推动共建丝绸之路经济带和21世纪海上丝绸之路的愿景与行动》顶层设计框架,同20多个欧亚地区国家签署了相关合作协议。2016年发布了《中欧班列建设发展规划(2016—2020)》,签订了首个多边合作规划纲要《建设中蒙俄经济走廊规划纲要》,提出了"人文交流合作也是'一带一路'建设的重要内容"。2017年发布了《"一带一路"建设海上合作设想》,发起了"一带一路"数字经济国际合作倡议,举办了首届"一带一路"国际合作高峰论坛,提出以"文明交流"推动各国民心互通。2018年举办了"一带一路"建设工作五周年座谈会,开启了高质量共建"一带一路"新阶段。2019年发表了《共建"一带一路"倡议:进展、贡献与展望》报告,召开了第二届"一带一路"国际合作高峰论坛。2022年则提出了"推动共建'一带一路'高质量发展"的新要求。[1]

"一带一路"作为我国适应世界新格局所提出的战略架构,为社会经济结构转型和发展注入了强大动力,也为人文交流和文化产业发展提供了重大机遇。亘古亘今,人文交流都是贯穿丝绸之路发展的主题。随着对外贸易的增加和中华文化的广泛传播,中华文化影响力逐渐增强,但共建"一带一路"国家和地区文化环境的多样性、复杂性和差异性,一定程度上导致了跨文化交际中的文化认同障碍,并限制了中华文化传播力、影响力的提升,影响了民心相通的实际成效,主要表现为理念、内容、体裁、形式、方法、手段、业态、体制、机制等方面的差异和冲突。文化产业作为缓解文化冲突、促进各国文化交流的有效手段,作为经贸合作与人文交流的结合点,应成为"一带一路"倡议走出去最坚实

---

[1] 周进:《共建"一带一路":发展历程、主要成果与重要经验》,《当代中国史研究》2023年第3期,第4—20、150页。

可靠的支撑。文化产业管理专业建设应以"一带一路"倡议的现实所需为着力点，以"一带一路"国际化教育为平台，将构建中国特色文化产业学科体系、学术体系和话语体系作为专业核心使命，将增强中华文化传播力、影响力作为专业重要课题，将内容创新和产业升级作为专业核心内容，将培养外向型和复合型的国际文化人才作为重点教学目标，将讲好中国故事作为产教融合的重要产出方式。

三、文化强国目标呼唤专业布局新高度

党的十九届五中全会提出到2035年建成文化强国的战略目标，这是自2011年党的十七届六中全会首次提出建设社会主义文化强国以来，党中央首次明确建成文化强国的具体时间点。自此，2035年成为文化强国建设的重要时间节点，为新时代文化产业管理专业服务文化强国建设的新使命、培养文化强国专业人才队伍明确了前进方向。可以预判的是，随着我们党对文化产业发展规律认识的不断深化，在文化强国建设大背景下，2035年必将成为文化产业管理专业发展的重要分水岭。

新华社党组理论学习中心组提出，建设社会主义文化强国的五大任务要求分别是"用党的科学理论统摄社会主义意识形态""广泛践行社会主义核心价值观，建设中华民族共有精神家园""立德树人、以文化人，提高全社会文明程度""繁荣发展文化事业和文化产业，提高国家文化软实力""增强中华文明传播力影响力，向世界展示真实、立体、全面的中国"。[1] 本书从中总结提炼出社会主义文化强国要求文化产

---

[1] 新华社党组理论学习中心组：《建设社会主义文化强国——认真学习〈习近平著作选读〉第一卷、第二卷》，2023年7月1日，http://www.qstheory.cn/dukan/qs/2023-07/01/c_1129723102.htm。

业管理专业建设达到"文化更加自信""国民素质达到新高度""社会文明程度达到新高度""文化产业突破高质量发展""国家文化软实力显著增强"五个目标高度。具体而言：

一是文化更加自信。文化兴则国运兴，文化强则民族强。坚定文化自信，是事关国家发展、事关文化安全、事关民族精神独立的大问题。尤其是文化产业管理专业，是以产业发展促进文化自信、自强的专业，要在"保持自身文化理想、文化价值的高度自信"和"保持对自身文化生命力、创造力的高度信心"两个维度持续发力，为建设社会主义文化强国提供价值引领。

二是国民素质达到新高度。国民素质指由国民的思想道德素质、科学文化素质和身体健康素质构成的综合素质。提高国民素质是优化人口结构、拓展人口质量红利、提升人力资本水平的重要手段。文化产业管理专业不仅要培养专业人才，更应成为国民素质教育的有效补充，为促进人的全面发展提供文化力量。

三是社会文明程度达到新高度。中国式现代化推崇物质文明和精神文明协调发展，增强国家物质力量和精神力量是不变的目标任务，改善群众物质生活和精神生活是发展永恒的内在追求。文化产业管理专业要将对文化作用的认识和把握提升到新的高度，推动文化转化为促进经济社会发展的强大力量。

四是文化产业突破高质量发展。文化产业只有突破高质量发展，才能实现文化产业生产力、产业链、产品内容、经营渠道等的不断优化和创新，促使更多优质文化产业业态和文化消费模式自发产生，弥补公共文化服务的不足，充分满足人民大众个性化、差异化、多元化的精神文化需求，进而深入服务文化强国国家战略大局，赋能社会经济发展。文化产业管理专业应持续探索提升文化产业总量、优化产业布局、扩大市场主体、培育新型业态、丰富文化产品及文化服务等关乎文化产业高质量发展的重要议题。

五是国家文化软实力显著增强。文化软实力是考量综合国力的重要指标,文化战略人才在国际竞争中发挥着举足轻重的作用。有学者指出,文化强国是文化软实力的中国目标。文化软实力的着力点包括社会主义核心价值观凝聚力、优秀传统文化吸引力、文化产业竞争力、文化国际传播力和影响力。[1] 文化产业管理专业承载着传授和传承中国文化理念、文化价值和文化追求的重要任务。提升文化软实力,既要对内要求开展正确的价值观教育,增强学生对中华优秀传统文化的理解力和创造力,又要依托文化人才,对外着力提高文化产业的国际竞争力和影响力。

四、数字化建设指明专业升级新前景

1995 年,尼古拉·尼葛洛庞帝(Nicholas Negroponte)在《数字化生存》中就曾预言"数字时代已势不可挡,无法逆转"[2]。数字化推动社会大变革的时代已然到来,发展数字经济是把握产业变革新机遇的重要战略挑战。早在 2000 年,时任福建省省长的习近平同志就在全国率先提出建设"数字福建"。之后,以习近平同志为核心的党中央紧抓全球数字化转型发展的重大历史机遇,提出"数字中国"信息化建设总目标,陆续出台了《关于积极推进"互联网+"行动的指导意见》(2015

---

[1] 王光荣:《提升国家文化软实力的着力点》,2020 年 4 月 21 日,https://epaper.gmw.cn/gmrb/html/2020-04/21/nw.D110000gmrb_20200421_2-06.htm.

[2] 尼古拉·尼葛洛庞帝:《数字化生存》,胡泳、范海燕译,电子工业出版社 2017 年版,第 2 页。

年)、《国家创新驱动发展战略纲要》(2016年)、《国家信息化发展战略纲要》(2016年)、《"十四五"国家信息化规划》(2021年)、《"十四五"数字经济发展规划》(2021年)等政策文件,以促进各类数字化工程和项目落地见效。

目前,我国数字化建设取得显著成效,已成为数字经济大国。国家网信办发布的《数字中国发展报告(2022年)》显示,2017年到2022年,我国数字经济规模从27.2万亿元增至50.2万亿元,总量稳居世界第二,占GDP的比例提升至41.5%。我国已建成全球规模最大、技术领先的网络基础设施,数字经济成为稳增长、促转型的重要引擎。[1] 截至2023年6月,我国网民规模增长至10.79亿人,互联网普及率达76.4%。[2] 数字文化产业在超大规模的市场优势下实现了快速增长,成为数字经济中独树一帜的特色产业。统计数据表明,随着国家文化数字化战略的深入实施,文化新业态行业发展迅猛,其中,新业态特征较为明显的16个行业小类在2022年增速比全部文化产业快5.7%。从文化和旅游部《关于推动数字文化产业高质量发展的意见》中划分的数字文化产业业态[3]的具体表现来看:2022年游戏产业销售收入达2658.84亿元,游戏用户规模达到6.4亿人;[4]网络文学市场规模达389.3亿元,用户规模达4.92亿人;[5]数字音乐市场规模为494.7亿元,

---

[1] 国家互联网信息办公室:《数字中国发展报告》,2023年5月23日,http://www.cac.gov.cn/2023-05/22/c_1686402318492248.htm。
[2] 中国互联网络信息中心:《第52次〈中国互联网络发展状况统计报告〉发布》,2023年8月28日,https://cnnic.cn/n4/2023/0828/c199-10830.html。
[3] 数字文化产业业态主要包括动漫游戏、网络文学、网络音乐、网络表演、网络视频、数字艺术、创意设计。
[4] 中国音数协游戏工委、中国游戏产业研究院:《2022年中国游戏产业报告》,2023年3月4日,https://www.cgigc.com.cn/report.html。
[5] 数艺网:《中国社科院:2022中国网络文学发展研究报告》,2023年4月12日,https://www.d-arts.cn/article/article_info/key/MTIwNDk0NDk4NzWD35tnsYawcw.html。

用户规模达 6.84 亿人[①];网络表演(直播与短视频)行业的市场营收达到了 1992.34 亿元。[②] 同时,数字文化产业吸纳就业带动效应也十分显著,早在 2019 年,直播、网络文学、游戏、电竞四大行业涉及的就业人数总计约 3000 万人。[③] 数字文化产业规模持续扩大,已逐渐成为领跑文化产业的新引擎,不断重塑新时代文化消费的主导形态。

随着数字文化产业迈入新时代,高校应牢牢把握文化产业数字化和数字文化产业化的趋势,推动文化产业管理专业升级和数字化改造成为教育改革的主要任务,为构建定位清晰、纵向贯通、横向融通的一体化专业而努力。为适应文化产业数字化转型、产业基础高级化趋势,应对数字化背景下新技术、新产业、新业态、新模式的发展需求,文化产业管理专业应积极对接新技术岗位、新职业岗位、新业态岗位、市场化需求、数字化技能,不断优化和加强 5G、人工智能、大数据、云计算、物联网等领域相关课程设置;面向产业内新闻、动漫、云演艺等不同行业的数据驱动、人机协同、跨界融合、共创共享等新型智能形态,从专业内涵到教学进行数字化改造和升级。

---

① 共研产业研究院:《2023—2029 年中国数字音乐行业产业链全景研究及市场前景评估报告》,https://www.gonyn.com/report/1421673.html。
② 中国演出行业协会:《中国网络表演(直播与短视频)行业发展报告(2022—2023)》,2023 年 5 月 11 日,https://www.capa.com.cn/#/index/NewsDetail?activeName=%E9%80%9A%E7%9F%A5%E5%85%AC%E5%91%8A&id=1656848948618436610。
③ 丁悦:《〈数字文化产业就业报告(2020)〉在京发布》,2020 年 11 月 16 日,https://news.ruc.edu.cn/archives/296180。

第二节 新质生产力促进产教内容革新

随着我国进入新发展阶段,经济长期向好,市场空间广阔,现代产业体系加快发展,文化产业将深度融入国民经济体系,在服务国家重大战略、培育新的经济增长点、赋能新质生产力发展等方面,逐步发挥更大作用。在新一轮产业技术革命到来之际,信息、生物、新材料和新能源领域的新型技术更迭,推动着文化产业不断革新发展模式、变革组织方式和转变社会角色。尤其是在"大力推进现代化产业体系建设,加快发展新质生产力"的新背景下,数字技术全面全链赋能模式将成为未来文化产业发展的主流模式,平台型组织和生态型组织将成为未来文化产业组织的主流组织方式,"赋能者""新引擎""国际交往外交官"等角色将引领未来文化产业的角色转变。

一、新型技术更迭所产生的新模式

技术是人类社会物质和精神文明演进的重要推动力。文化既是技术发展的知识支撑和价值标准,更深度耦合为技术创新的重要生态基底与应用场域。文化产业作为一种文化与技术相结合的新兴产业,凭借技术手段生产与销售文化产品和文化服务。技术既是重要的生产力,也是传播与发展的媒介,更是管理与服务的手段,技术的更迭深刻影响着文化产业的全部社会经济活动。学者江小涓直接根据技术和文化的辩证关系,划分出文化产业发展技术未赋能、技术加持和数字技术赋能三个阶段。[①] 在新时代,科技革命驱动数字技术迅猛发展和广泛应用,如人工智能、数字孪生、VR 等数字技术的应用对社会中的各行各业产生了深远影响,同时也对文化产业的长久发展起到了巨大的推动作用。

进入 21 世纪,技术与文化的融合开启了文化繁荣的全新时代,数字技术提供了迄今为止最强的摄取、存储、处理和生成各种文化元素的能力,极大地提高了文化产业的发展效率,丰富了文化产品和文化服务的形态,赋能文化产业创作、生产、传播、交易、消费的全链条。未来中国文化产业的发展必然是朝着数字技术全面全链赋能模式转型。数字技术如何实现从生产手段向全面全链赋能的战略转移是当下文化产业建设需要重点考虑的问题,在这一过程中需要时间、内容、人才、价值、市场、管理等要素的融合。技术作为文化产业发展的核心力量,在内容上与其交融,在结构上与其对应,在发展上与其互利。正确认识和处理两者之间的关系,是推动科学技术与文化产业良性互动发展的重要基础。

内容的原创性和唯一性是文化产业的核心价值。尽管技术更迭对文化产业起着至关重要的作用,但是技术的先进与否并不能决定它们在文化产业中的应用价值,它们的生命力和创造力在很大程度上取决于人们利用该技术所展现出的文化内容是否满足大众的需求。在数字技术快速发展的背景下,真正吸引人们的是文化产品背后所传达的文化内容,而不是其表面所承载或依附的介质。所以当我们借助先进技术丰富文化产品展现形式的同时,更需要拓展和延伸文化产品的潜在内涵,尤其要关注到人工智能生成内容(Artifical Intelligence Generated Content,简称 AIGC)在内容创作上的重要影响力。AIGC 作为数智化

---

① 江小涓:《数字时代的技术与文化》,《中国社会科学》2021 年第 8 期,第 4—34、204 页。

发展的代表性产物,指利用人工智能技术生产内容的新型内容创作模式。人工智能基于训练数据和生成算法模型,自主生成新的文本、图像、音乐、视频、3D交互内容等,在生产主体、生产质量、生成范式、内容消费、元宇宙媒介化、就业替代等方面给内容产业生态发展带来了全局性的影响。因此,在数字技术革命的时代背景下,如何通过新文化变革来帮助文化产业占领数字技术的高端市场,是文化产业管理人才面临的一个重大挑战。

传播主流价值是文化产业最重要的社会效益。在数字技术的加持下,文化产业的传播形式变得多种多样,多元化的数字信息展现,让人们每时每刻都感受到文化信息的输出和多元价值的碰撞。在全球多元价值共同发展的态势下,凝聚社会共识并把握主流价值是促进文化产业发展的关键之举。智能化背景下,虽然大数据推荐算法能够帮助文化产业管理人员做到文化内容的有效投放和传播,但机械化的底层逻辑仍阻碍着对文化内容的深层挖掘,进而影响用户的文化消费体验。文化产业作为当代文化资源的积累,其内容价值是一个民族艺术想象力以及创造力的具体体现,因此在具备追求经济价值增长的一般生产特性时,更应立足行业本质,满足人们精神自由的非生产劳动需要,这也是文化产业与其他行业最大的不同。面向新质生产力发展需求,文化产业不仅应在生产中以内容创新为着力点,更应在文化传播中以增强文化产品的价值号召力为目标,不断引导大众形成向上向善的主流价值观,引领时代风尚。

人是内容创作和价值判断的重要主体。文化产业本质上是一种基于人的创意而兴起的现代服务业,文化产业管理人才是其发展的核心支撑。在人才的精心打磨下,文化产品不仅被赋予了与时俱进的内涵和价值,更是将其中无形的文化资源转化为有形的社会生产力,从而实现人文价值、社会价值以及经济价值的有机统一。未来发展过程中,文化产品价值的提升一方面来源于科技发展对文化产品展现形式的丰富,另一方面来源于人才对文化内容的创新,只有两者完美契合,才能使得文化产业走在时代发展的前列。在"流量为王"的时代,文化产业管理人才须以一种批判性的眼光看待文化新业态中传播的价值观,不能为了眼前利益丧失本心,而应在"以文化人"的本性中,让文化产业成为社会主义核心价值观的"传播者"和主流文化的"发源地"。

文化市场的本质是符号权力博弈的场域,其交易对象并非实体商品,而是以观念、情感与价值判断为载体的认知资源。消费者通过文化产品的符号解码与意义再生产,完成群体间的精神文化交流,形成动态的文化共识/冲突网络。尽管消费者有等级"区隔",但无论是精英文化场域抑或大众消费空间,均呈现出圈层化消费特点,并因算法推荐机制强化垂直社群的"信息茧房",又因虚拟社群的聚合产生跨圈层的"文化杂交"。未来文化产业管理人才需要把握文化价值的多元传递方式、消费结构的动态演变和隐性需求的深度识别。

对于管理来说,重要的是从"已知"扩展到"未知",从"过去"延伸到"未来"。在数字化转型的过程中,预见性的管理工作极大地影响着文化产业的发展走向。只有提前洞悉未来,才能更好地把控资源分配和组合,获得抢先发展的战略机遇。管理的价值不仅是从大数据中发现数字内容和发展规律,更重要的是从大数据隐藏的关系或模式中挖掘出新问题。行业的日新月异在带来高风险的同时,也蕴藏着极大的机遇。当下文化产业发展正面临着时空结构的调整,新的产业布局正在流动中构建,而大多数文化管理从业人员并未做好"数据时代"的思想准备,还停留在初步的"市场分析"阶段。大数据时代的技术革命已催生出数智化的技术体系和生产体系,而这两大体系的构建从根本上改变了传统文化产业的内部结构和发展动力。唯有将大数据技术嵌入文化产业决策系统,方能激活文化资源创新配置的算法逻辑,驱动产业价值创造范式的根本性改变,从而构建具有中国特色的文化经济生态。

二、新型组织兴起所带来的新变革

当前我国正处于第五次技术革命浪潮的拓展期和第六次技术革命浪潮的导入期之间的关键转换阶段,[①]大数据、人工智能等新一代数字技术的应用和推广带来了组织方式的变革,技术创新和组织创新之间存在一种双向的互馈关系,以数字技术为支撑的新型基础设施建设正推动文化产业系统向开发、协同、共享的创新组织形态转变。外部环境的变化对文化企业提出了新的组织变革需求,平台性组织开始普及。同时在数字时代,价值创造和分配格局的变化要求组织内部为保持竞争优势,不断进行网络组织间的制度优化安排,更好地提高创新效果和创新扩散的效率。

第一次工业革命和第二次工业革命期间,政府、企业等组织内部多采用垂直结构的组织关系,倾向于中央集权和自上而下的管理体制。第三次工业革命的组织模式变革与前两次截然不同,开始出现网络化和系统化的转变趋势,开放式、扁平化的组织结构逐渐成为主流,[②]类

[①] 按照卡洛塔·佩蕾丝(Carlota Perez)的技术经济范式研究框架和尼古拉·康德拉季耶夫(Nikolai Kondratiev)的长波周期(45—60年)来预估,第一次技术革命浪潮为1771年至1829年,第二次技术革命浪潮为1829年至1875年,第三次技术革命浪潮为1875年至1908年,第四次技术革命浪潮为1908年至1971年,第五次技术革命浪潮为1971年至2020年,2020年后开始进入第六次技术革命浪潮的酝酿期和导入期。

[②] 本书采用托马斯·K. 麦格劳(Thomas K. McCraw)的资本主义结构动力变革划分法,界定三次工业革命的时期如下:第一次工业革命为1760—1840年,以蒸汽动力为标志;第二次工业革命为1840—1950年,以电力为标志;第三次工业革命为1950年至今,以计算机技术为标志。

型化的新型组织成为文化产业发展的重要支撑。新的信息技术在推动文化产业生产范式发生根本性变化的同时,也改变了文化产业组织的规模、边界和层级。平台型组织、生态型组织、自组织、无边界组织、中间性组织、幸福组织等新型组织的出现,打破了以往组织有严格外部边界和物理空间限制的禁锢,尤其拓宽了创新资源配置的空间范围。

平台型组织和生态型组织是文化产业组织目前探索实践的主要类型。平台型组织是互联网产业发展带来的全新组织现象,平台模式由来已久,但互联网时代的到来,才真正在规模和范围上为平台型组织的发展带来了巨大变革。作为未来组织演变的一种重要形态,平台型组织"大平台+小前端+富生态+共治理"的发展模型已基本成熟。波士顿咨询公司和阿里研究院发布的《平台化组织:组织变革前沿的"前言"》将未来平台型组织定义为"一种对多个产业甚至是全社会资源进行开放重组和融合再造的组织方式",并将其分为实验型平台组织、混合型平台组织和孵化型平台组织三种类型。[1] 平台型组织在员工、文化、运行、价值、生态、领导力、组织结构、绩效考核、内部治理、多边治理机制等方面彰显着组织变革的多层级要求。文化产业组织在现阶段探索的客户导向、开放协同、网络效应、数字孪生、交互赋能、自我驱动、多中心分布式等特征价值,均为平台型组织的代表性特征价值。

生态型组织概念来源于迈克尔·汉南(Michael Hannan)和约翰·弗里曼(John Freeman)提出的"组织种群生态学",强调组织与环境的不可分离性。组织的顺利发展取决于对环境的掌握和对自身的改造,组织的生态化与自然生态系统中生物与环境的关系类似。生态型组织

---

[1] François Candelon、Elizabeth Kaufman、Yves Morieux、李舒、阮芳、曹玉荣、宋斐、阿拉木斯、崔瀚文:《未来平台化组织研究报告——平台化组织:组织变革前沿的"前言"》,2016年9月6日,https://web-assets.bcg.com/img-src/BCG_Future_Platform_Organization_Sep_2016_CHN_Final_tcm9-124495_tcm9-241930.pdf。

可以被广义地理解为"基于相似系统工程和生态系统的自然原理,使组织能够按照自然生态系统的机能运作的一种新型组织形式。组织如同一个生物有机体,多样化企业组织群体具有生物群落的特征"[①]。生态型组织要求将知识资源作为核心竞争资源,通过自学习、自组织、自创新、自进化形成对知识的运用和创作,达到组织"进化"的目标。一个组织要想发展成为生态型组织,必须对"学习""自组织"和"组织生态位"有深刻的理解。虽然严格意义上的生态型组织还未规模出现,但业界阿里巴巴集团的生态化组织形态的转变、乐视"平台+内容+终端+应用"的乐视生态等有关学习型组织、组织的柔性化、网络化的探索和实践,都是生态型组织的有益尝试。

自组织和无边界组织是帮助文化产业组织保持创新活力的重要组织类型。自组织是一群人基于关系与自愿原则主动地结合在一起的组织形态,具有扁平化、无边界的结构特征,去中心化的流程特征,以及去KPI化和利益分配透明的奖惩特征,可以在无外力和中心控制的前提下实现有序状态。[②] 但对于企业而言,内部依然需要设计机制,多数文化企业并不能达到完全的自组织状态,具有非自组织的属性,只不过二者比重可以自行调节。无边界组织是借助信息技术对传统组织结构的创新,是组织边界不由某种设定的结构所限定或定义的一种组织设计,强调打破垂直边界、水平边界、外部边界、地理边界和心理边界等的限制,呈现出灵活性和非结构化的特点。无边界组织强调将速度、弹性、整合、创新等因素作为组织适应环境的关键因素,与文化产业发展所需的实时革新不谋而合,因而成为许多新兴业态组织的首选形式。

---

① 杨春花、杨忠、曹洲涛等编著:《组织行为学》(第3版),机械工业出版社2016年版,第362—363页。

② 杨春花、杨忠、曹洲涛等编著:《组织行为学》(第3版),机械工业出版社2016年版,第365页。

中间性组织是文化产业组织的重要组成部分,幸福组织是所有文化产业组织追求的终极目标。中间性组织指处于市场和企业之间的双边、多边或交叉的混合型组织,如企业集群、战略联盟、研发联合体、管理咨询机构、行业协会、国际非政府组织等。中间性组织在很大程度上代表着多个组织的动态性联盟,组织成员间多基于信任基础而建立网状关系。幸福组织顾名思义,即将工作幸福感作为组织发展的第一要素,组织更注重提升组织、组织成员和社会的三方利益,关注营造幸福文化,关注树立幸福道德观,关注培育幸福员工。幸福组织对员工幸福目标、积极心理、幸福能力和职业幸福感的培育,与文化产业组织不断激发创意人才的身份感、能力感、获得感和使命感的本质目标相同。

三、社会角色转变所提出的新要求

当我们在谈文化产业的社会角色是什么的时候,本质上要回答的其实是一系列的问题:什么是文化产业?为什么需要文化产业?文化产业对于当今时代的价值是什么?关于这一系列问题,学者胡惠林给出了回答,他认为文化产业本质上由三个维度界定:文化产业是文化产品生产与服务的社会文化系统;文化产业是社会发展的文化生产力形态;文化产业是人与社会一切文化关系的总和。[①] 文化产业在世界范围内的范式迁移,不仅改变着各国文化产业的发展形态和增长方式,也深刻地影响着现代社会文化建设与发展的制度形态。

第一个维度,文化产业是文化产品生产与服务的社会文化系统。文化产业从"产品"生产和服务的角色转向产业链、创新链和价值链的

[①] 胡惠林:《论文化产业的本质——重建文化产业的认知维度》,《山东大学学报(哲学社会科学版)》2017年第3期,第1—15页。

"赋能"角色。从本质来看，文化产业是由文化产品和文化产品的生产来定义的，文化产品的生产、分配、交换和消费决定着文化产业的根本属性。与农产品、工业产品等产品不同的是，文化产品以表达精神文化思想为核心。但在当今社会，文化产品的生产和服务已发生了迭代，文化产业的角色不再仅仅围绕文化产品进行定义。以各国出台的文化产业相关政策文件、产业发展数据和行业统计报告为参考依据，可以发现文化产品生产和服务的范围越发扩大，工具载体越发多元，行业界别越发模糊，技术驱动越发便利，供需模式越发多变。无论是核心领域的文化产品，还是相关领域的文化产品，都不再局限于精神文化产出，而是强调与数字信息、文化旅游、创意设计、前沿科技不断跨界融合，推陈出新。这使得文化产品不再单一出现，而是与文化场景和文化体验配套，具有"+"的概念和特征。文化产品的重点也逐渐从产品的生产和服务转向文化的赋能和创新，"文化+科技""文化+旅游""文化+创意""文化+金融""文化+数智"等孵化延伸出的新业态不断扩展文化产业的边界。

第二个维度，文化产业是社会发展的文化生产力形态。在不同国家，文化产业作为生产力的重要形态，扮演着不同的角色，一般而言，产业有基础产业、主导产业、支柱产业和先导产业等角色。在我国，文化产业先经历了从"朝阳产业"角色向"支柱产业"角色的转变，后在现代化建设的新时代阶段，逐渐转向高质量发展"新引擎"角色。"文化搭台，经济唱戏"是大家耳熟能详的口号，但随着文化产业化和产业文化化的发展，对于文化也出现了"经济搭台，文化唱戏"和"文化搭台，文化唱戏"的新认知。实践证明，文化产业在改变经济增长与经济发展的动力结构、动力形态上发挥着独特的作用。文化产业本身就是强有力的文化生产力形态，作为"朝阳产业"，可以有效促进经济的创造性发展。文化作为生产力要素进入经济发展领域后,在我国出现了一个十分重要的产业政策导向,即将文化产业发展为"支柱产业",这是继朝阳产业之后官方认定的"角色"。我国在2010年第一次明确提出"推动文化产业成为国民经济支柱性产业",到2016年在《国民经济和社会发展第十三个五年规划纲要》中又提出"到2020年使文化产业成为国民经济支柱性产业"。从学术研究角度来看,支柱性产业并没有一个权威且明确的定义,缺乏科学清晰的描述。支柱一般指起支撑作用的柱子,比喻中坚力量,换到文化产业语境,指文化产业成为国民经济体系中的中坚力量,产业规模在国民经济中占较大份额,对经济发展和国计民生起到支撑作用。但"中坚力量""较大份额"仍没有确切数字标准,所以在政策规划类文件中常以GDP占比来设定目标,如增加值占GDP比重达5%以上或者成为GDP占比排名前三或前五的产业等。截至2021年,文化及相关产业增加值占我国GDP比重为4.56%,[1]从这一现实数据来看,2020年文化产业仍未真正实现支柱性产业目标。高质量发展"新引擎"角色,源于我国文化经济由高速增长阶段向高质量发展阶段的嬗变。2018年,习近平总书记在全国宣传思想工作会议上提出"健全现代文化产业体系和市场体系,推动各类文化市场主体发展壮大,培育新兴文化业态和文化消费模式,以高质量文化供给增强人们的文化获得感、幸福感"[2]的要求。有段时间,文化产业的"支柱性产业"角色和"新引擎"角色并存,直到《"十四五"文化产业发展规划》中未再提"支柱性产业",而是以"到2025年……文化及相关产业增加值占国内生产总值比重进一步提高,文化产业发展的综

---

[1] 国家统计局:《2021年全国文化及相关产业增加值占GDP比重为4.56%》,2022年12月30日,http://www.stats.gov.cn/sj/zxfb/202302/t20230203_1901697.html。
[2] 人民网:《推动文化产业高质量发展》,2022年7月19日,http://politics.people.com.cn/n1/2022/0719/c1001-32479940.html。

合效益显著提升,对国民经济增长的支撑和带动作用得到充分发挥"和"到2035年……文化产业对国民经济发展的支撑和带动作用将达到新的高度"[1]为发展目标,明确了文化产业作为"新引擎"的新角色。

第三个维度,文化产业是人与社会一切文化关系的总和。人与社会的文化关系包括人类社会活动的各个方面和各个领域,如政治、经济、社会、文化、生态等。在这一意义上,文化产业的角色不是由它自身界定的,而是由它与其他产业间的关系界定的。在美国,文化产业作为"文化霸权"的"工具",通过电影、音乐、电视剧等形式向全世界传播其文化价值观和生活方式,甚至不断强化美国文化作为世界各国文化"榜样"的地位。在韩国,文化产业是塑造国家形象的"重要帮手"。韩国海外文化宣传院发布的《2019年度大韩民国国家形象调查结果》显示,76.7%的外国人对韩国国家形象持肯定态度,对韩国正面形象产生影响的首要因素是流行音乐、电影、文学等大众文化产业(占比38.2%)。[2] "韩流"使得韩国国家形象贴上了时尚且先进的标签。在中国,文化产业被视为满足美好生活需要、实现中华民族伟大复兴中国梦、构建人类命运共同体的"重要支撑"。文化产业蕴含着从个人到民族再到全人类的复合价值追求,既是不断满足人民日益增长的美好生活需要和促进人的全面发展的重要产业,又是促进中华文化自信自强和实现中华民族伟大复兴的重要精神力量,更是推动构建人类命运共同体的特色文化担当。由此可见,在此维度下,文化产业需要扮演政治、经济、文化国际交往"外交官"的重要角色。

---

[1] 中华人民共和国文化和旅游部:《文化和旅游部关于印发〈"十四五"文化产业发展规划〉的通知》,2021年5月6日,https://www.mct.gov.cn/preview/whhlyqyzcxxfw/wlrh/202106/t20210611_925191.html。
[2] 邢丽菊:《韩国文化"走出去"的制度机制研究》,《人民论坛》2021年第23期,第90—94页。

第三节　新教育战略锚定人才培养新标

当今世界正经历百年未有之大变局,高等教育在回应全球挑战、破解时代难题、推进人类发展等诸多方面发挥着重要作用。国际组织和众多国家均高度重视高等教育的可持续发展,着重讨论了高等教育改革创新、责任担当、时代价值、合作平台、数字转型、质量治理、教学生态、教育公平、教育评价、成人教育等一系列议题。在各国高等教育界提出2050全球高等教育远景和联合国教科文组织(UNESCO)发布展望未来教育的七大教育宣言的背景下,中国高等教育研究也不断贡献着中国智慧,提出"中国教育现代化2035""建设高质量教育体系""加快建设教育强国、科技强国、人才强国"的发展主张,这为提高文化产业管理专业竞争力奠定了高等教育高质量发展的新基础,提供了改革新方向。

一、描绘教育现代化发展新远景

目前,中国高等教育界已将关注目光投向教育现代化的未来发展,集中探讨了2035年将要达成的教育远景。而世界高等教育的目光更为长远,关于2050全球高等教育远景的讨论已成规模。因此,本书十分赞同学者刘海峰的建议,即我们应立足中国高等教育发展演变规律,综合考察联合国和全球其他国家高等教育2050远景发展规划,以筹谋

2050中国高等教育远景计划,[1]描绘出2035年甚至2050年文化产业管理专业发展的新愿景。分析发现,在文化产业管理专业未来10年、20年、30年的发展进程中,要持续关注如何实现专业的可持续性和生态性发展,如何夯实专业人才职业生活和终身发展的基础,如何实现更高的高等教育质量,如何提升专业的开放性、联通性和国际性,如何找准专业的公共性和公益性以应对全球突发事件的挑战等一系列问题。

首先,通过分析UNESCO的系列高等教育远景规划发现,未来高等教育的总体目标为促使全民平等享有优质高等教育机会,实现人的终身学习和社会的可持续发展。2015年11月,UNESCO发布了《教育2030行动框架》作为完善和落实联合国2030教育发展规划的实施路径,将促进优质的全民终身学习作为首要目标,着重提出高等教育需注重质量保证。2021年1月,UNESCO发布了《学会融入世界:为了未来生存的教育》报告,提出七大教育宣言和2050年及以后的教育远景,并提出"教育生态"这一不同于以往的新主张,即教育从人道主义转向生态意识,从谋求社会正义转向谋求生态正义,受教育者从社会人转向生态人。[2] 2021年5月,UNESCO发布了《更高和更远的思维:对2050年高等教育前景的展望》报告,指出未来高等教育的四个重要使命:一是为全人类发展积极承担责任;二是促进以正义、团结和人权为重点的人类福祉与可持续发展;三是从跨文化和多样性中获得发展力量,为不同的文化和身份创造对话空间;四是建立和维护相互联系,在地方和全球

---

[1] 刘海峰、韦骅峰:《高瞻远瞩:中国高教2035与世界高教2050》,《高等教育研究》2021年第7期,第1—10页。

[2] Common Worlds Research Collective, "Learning to Become with the World: Education for Future Survival", August, 2020, https://unesdoc.unesco.org/ark:/48223/pf0000374032.

社区之间建立合作关系,创新多种层次的教育。①

其次,通过分析不同国家各具特色的高等教育发展规划发现,高质量、公平、国际化、个性化、多样化和受教育者的终身可持续发展是高等教育在下一个阶段力求实现的共性目标。规划按照时间可以分为两大类:第一大类为瞄准联合国《2030议程》和《教育2030行动框架》所设定的2030年规划范围;第二大类为战略发展目标到2035年、2040年、2050年乃至更遥远的未来。具体来讲,第一大类的国家有英国、美国、印度等。如英国出台《高等教育与研究法案》,聚焦高等教育监管、科研创新能力、教育机构竞争和提供多样化的受教育选择。美国发布《2018—2022财年教育规划》,指出接下来一段时间要扩大高等教育机会,面向全球经济竞争提升教育质量。印度则在《2020年国家教育政策》中提出,2030年前实现每个地区至少建立一所大型多学科高等教育机构。第二大类的国家有中国、日本、芬兰、印度尼西亚等。如中国发布《中国教育现代化2035》,提出教育现代化的八大基本理念,到2035年总体实现教育现代化和高等教育竞争力明显提升的新格局。日本发布《2040高等教育总体规划报告》②,指明未来高等教育要实现以学习者为本的转型,培养具有通识知识能力和掌握通用技能的跨学科人才。芬兰发布的《政府教育政策报告》提出,希望到2040年芬兰拥有更坚实的教育和文化基础,其教育水平和竞争力跻身世界前列。印度尼西亚发布的《印度尼西亚愿景2045》明确提出,到2045年末实

---

① IESALC,"Thinking Higher and Beyond:Perspectives on the Futures of Higher Education to 2050", May 25th, 2021, https://www.iesalc.unesco.org/eng/wp-content/uploads/2021/05/Thinking-Higher-and-Beyond_EN-_Format_FINAL.pdf.
② 日本选择2040年作为时间节点的原因在于,报告于2018年发布,2018年出生的儿童到2040年正好大学毕业,进入社会。该报告主要回答了以下几个问题:2018年出生的儿童到2040年大学毕业时,日本社会需要什么样的人才? 高等教育机构应该是什么样的? 日本需要什么样的教育?

现高等教育毕业生人数增长60%的目标,并将保障教育环境作为教育工作的重点。

二、明确文化软实力提升新方向

高等教育作为科技第一生产力、人才第一资源、创新第一动力的重要结合点,与国家战略需求和经济社会发展紧密相连。高等教育能否实现高质量发展,直接关系到国家战略能否实现、经济社会能否发展。进一步而言,高等教育与国家文化软实力之间具有紧密联系。为什么要提文化软实力,而不是软实力呢?这源于我国对软实力本土化实践的重要创新。软实力具有鲜明的西方立场,其提出者约瑟夫·奈(Joseph Nye)本质上把软实力当作政治武器。[①] 而软实力在我国的发展紧跟中国特色社会主义文化建设历程,从文化自觉、文化自信到文化自强,而日益明确出中国特色的"文化软实力"概念。与软实力不同的是,文化软实力着眼于增强自身综合国力,而不是奉行侵略扩张的霸权主义。我国的文化软实力发展主张与全球高等教育重视人类和地球发展的可持续性,重构教育和人文主义之间的关系,承认世界的多元性,尊重不同的文化和身份,创造对话空间等发展愿景追求一致。[②]

对于我国而言,文化软实力对内可增强中华民族的凝聚力和向心力,强化中国特色社会主义文化的吸引力和感染力;对外可传播中华优秀传统文化,树立中国和平友好形象,营造和谐的国际环境。高等教育

---

① 张国祚:《中国文化软实力理论创新——兼析约瑟夫·奈的"软实力"思想》,《中国社会科学》2023年第5期,第188—203、208页。
② 可参见UNESCO《学会融入世界:为了未来生存的教育》报告中的教育宣言和《更高和更远的思维:对2050年高等教育前景的展望》报告中的教育使命。

对于强化文化软实力的战略价值不言而喻。文化软实力具有无形、难以量化、非物质性的特点,拥有柔性和韧性的力量,诸如精神、价值、情感、智慧的力量,与军事、经济、科技等物质硬实力存在辩证关系。在形成这样一种力量和发挥力量的过程中,教育与文化相互形塑并产生深刻而持久的影响。教育价值观的确立、教育目标的制定、教育内容的选择、教育制度的建立等既受文化软实力的影响,又反过来影响着文化软实力。总体来讲,高等教育着眼于文化软实力国内国际两个大局,发挥着"共建共享"的作用,为文化软实力的提升提供了不同于以往的新方向。

新方向之一,是将"文化"作为文化软实力建设的"灵魂"和"经纬"。文化是软实力的灵魂,统领价值观、精神、制度、政策、话语权等要素。文化在软实力建设中发挥着把握方向和融会贯通的根本性作用。缺少文化高度的软实力是短视的,缺少文化深度的软实力是肤浅的,缺少文化广度的软实力是狭隘的,缺少文化开放性的软实力是封闭的。维护文化多样性和跨文化交流在当今全球化背景下越来越重要,高等教育的国际化责任和可持续发展要求我们尊重不同的文化,尊重文化背后的身份差异,积极营造对话空间和合作空间。新方向之二,是将全方位塑造人的人文精神作为文化软实力建设的重中之重。高等教育的根本任务是立德树人,文化也是"人"的文化。人是重构教育和人文主义之间关系的关键,是文化软实力的主体和客体,既创造着文化,又享受着文化发展的成果。因此,文化软实力的发展,本质上具有"人本"特性。文化软实力的建设根本上是对人的教育和开发,只有全方位塑造人的人文精神,塑造民族的人文精神,才能使文化软实力获得生生不息的内生发展动力。新方向之三,是将社会主义核心价值体系和社会主义核心价值观作为文化软实力建设的理论基石。在某种程度上,价值观是不同历史时期国家政治制度在精神领域的表现,具有鲜明的意识形态内涵。与资本主义价值观不同的是,社会主义核心价值体系和社会主义核心价值观具有鲜明的中国特色社会主义属性,源于中华民族的历史发展实践,最符合中国发展进步要求和世界和平发展的时代主题。

三、锚定战略型人才培养新目标

综观国内外高等教育2030规划和2050远景,可以发现,未来高等教育高质量发展主张更主动地对标国家战略需求,将国家战略需求内化、嵌入自身的发展逻辑中。在新的发展阶段,需要发展理念和发展模式不断迭代更新,要求高等教育从被动适应向前瞻性快速反应、主动服务引领转变。从各个国家的教育政策和实践层面来看,有规划、有组织、有成效地提升高等教育质量,从而服务国家发展、承担国家使命,是教育发展的一大重要趋势。如在战略方向上,引导高等教育面向国家重大需求,解决真问题,鼓励高校及科研院所等教育机构开展系统的基础研究、交叉研究和重大科技创新研究;在战略关键上,引导高等教育为打造国家战略科技力量服务,强化教育机构的平台优势,将战略型产学研合作落到发展的实处;在战略实施上,引导高等教育汇聚创新合力,打造更高水平的校企创新联合体,有效连接产业需求侧和供给侧;在战略保障上,引导高等教育为规范管理献智献力,构建良好创新生态。

在高质量发展重视提升战略服务能力的同时,人才培养目标亦逐渐向战略型人才调整。在我国,习近平总书记确切地提出"要把建设战略人才力量作为重中之重来抓"[①]。在此语境中,战略人才分为战略

---

① 习近平:《深入实施新时代人才强国战略 加快建设世界重要人才中心和创新高地》,《人民日报》2021年9月29日,第1版。

科学家、科技领军人才和创新团队、青年科技人才队伍、卓越工程师四大类。中国科学家技术信息研究所副所长、研究员郭铁成指出,战略具有国家发展战略和科技自身发展战略的双重含义,战略型人才既要服务经济社会发展和国家安全,又要致力于解决世界性难题,促进科学技术的现代化。[①] 由此可见,战略型人才是在面向世界科技前沿、面向经济主战场、面向国家重大需求、面向人民生命健康持续攻坚克难创新实践中产生的"塔尖"人才,这类人才担任着满足国家战略需求、区域发展需求、产业进步需求和民生改善需求的重大责任。

从培养目标进阶的角度来看,战略型人才可以被看作高等教育的高阶目标。如果说高等教育人才培养的初阶要求是培养身心健康的人,进阶要求是培养德才兼备的人,那么高阶要求则是把更多学生锻炼成战略型人才。真切理解和面对普及化阶段高等教育人才培养的目标定位,对于文化产业管理这一应用性和实践性强的专业十分重要。具体而言,专业要突破传统单一标准的精英教育理念,树立多样化的人才培养目标定位和支撑体系,与国家四类战略型人才培养接轨,鼓励各类教育主体全面了解、动态把握国家战略需求和产业人才标准,进而系统改进、更新专业教育的培养方案和管理模式。确保学科建设自身发展的"小逻辑",服务于国家重大战略和经济社会发展的"大需求",是文化产业管理专业未来提升竞争力重要的"两条腿走路方针"。

---

① 《瞭望》新闻周刊记者:《厚培国家战略人才力量》,2023 年 1 月 12 日,https://news.eol.cn/yaowen/202301/t20230112_2279029.shtml。

理论篇
竞争力主导的评估解构与模型创新

在理论篇中,我们将阐述文化产业管理竞争力模型构建的理论基础和经验总结。第三章"评估思维主导的专业排名实践"从教育学学科视角切入,梳理中国专业评估发展历史和现存问题,探寻国内外代表性专业评估体系的构建方法和组成要素,为专业竞争力模型构建提供测量观测点的参考。第四章"模型思维主导的多域竞争测量"从管理学学科视角切入,在分析专业评估模型的基础上,将管理学"竞争力模型"创新应用到专业评估领域,以更好地应对外在环境带来的教育质量变革、效率变革、动力变革。第五章"文化产业管理专业竞争力模型的创新构建"聚焦文化产业管理专业特性,立足各高校竞争力模型构建经验,提出由表层智能要素、中层组织要素和深层文化要素组成的文化产业管理专业竞争力模型基本框架。

第三章
评估思维主导的专业排名实践

评估是对事物在性质、数量、优劣、方向等方面做出的判断。专业评估为高等学校专业教育质量的评估，是学校办学水平评估的重要组成部分，也是研究专业竞争力的重要教育学基础。实践中，专业评估始终是高等教育评估的难点之一。专业评估一般有合格性评估、专业水平评估、专业成效评估、专业绩效评估和教育认证等几类。本章系统梳理了中国专业评估的发展历程和现存问题，分析了国内外具有代表性的专业评估品牌及其指标体系特点，以此作为构建专业竞争力模型的文献基础，以期从学校、学科和专业不同维度的评估体系中找寻适合分析和测评竞争力的指标。

第一节 中国专业评估发展历程

2003 年至 2023 年的 20 年间，我国开展了普通高等学校本科教育教学审核的工作。大规模的专业评估工作有效地提高了高校各专业人才培养目标的达成度。为更好地理解现行高等教育评估体系和专业评估体系,本节从介绍教育评估历史发展开始,聚焦高等教育评估的历史发展和政策演变,指出不同发展阶段的评估特色和政策重点,提出2035年到高等教育普及化后期阶段,高质量评估将成为重要的评估手段。

一、专业评估历史发展

(一)中国教育评估发展简史

中国教育学领域"专业"建制化发展较晚,始于20世纪初[①],故为对专业评估古今发展形成完整认知,可以教育评估史为分析背景。中国教育评估史可分为原始教育评估期、古典教育评估期、科举教育评估期和现代教育评估期四个阶段。约前2200—前221年为原始教育评估期,前期夏商周三代(约前2200—前771年)将祭祀礼仪与贵族教育融合评估,形成了"德教"评估体系,后期百家争鸣时代(前770—前221年),在官学解体背景下的多元评估范式形成了儒家、墨家、法家等不同学派自治的差异化评估体系。前206—581年为古典教育评估期,从察举制时期(前206—220年)开启官僚选拔与教育评估的制度性联结,构建了道德品鉴与知识考核的二元结构,创造出了如"岁课""对策""儒者试经学,文吏课笺奏"等评估方法,到九品中正时期(220—581年)出现了门阀政治下教育评估扭曲的制度异化问题,南朝"国子学"与"太学"双轨制催生出入学标准、考核内容、晋升机会的"士庶评估差

---

① 1904年《奏定学堂章程》引入学科专业分类体系,1930年中央大学首创"专业"表述,1952年在《关于改革学制》《关于全国高等学校1952年的调整设置方案》中开始以"专业"作为基本单元规划学科布局,并在1954年《高等学校专业目录分类设置(草案)》将"专业"确定为法定教育管理术语。

异"。605—1905年为科举教育评估期,科举制的推出开启了标准化考试体系的千年发展历程,知识测量等教育评估技术逐步精细化,职业资格认证逐渐体系化,尤以明代八股文程式化评估标准为盛。1905年至今为现代教育评估期,从引入西方评估体系后,经历了初步引进、持续本土化和改革创新三个发展阶段,在评估的价值取向、技术手段、评价主体、时空维度和伦理框架等方面发生了巨大变化,具体如下:

初步引进阶段(1918—1985年),以1918年美国人瓦尔科特(Walcott)在清华大学使用比纳量表对大学四年级学生进行测量为开端,开启三次评估引入热潮:第一次为1937年,各种智力测验的量化方法从西方传入中国[①];第二次为1949年新中国成立,在全面学习苏联的背景下,引进五级制苏联模式成绩考评法[②];第三次为1977年恢复高考,再次大量引进和介绍国外教育评估研究成果。持续本土化阶段(1985—2020年)以1985年我国出台《中共中央关于教育体制改革的决定》为起点,广泛进行现代教育评估的本土化实践和应用,包括在基础教育领域推行综合素质评估和质量监测工作,在职业教育领域推行适应需求能力评估和办学水平评估工作,在高等教育领域推行合格评估、水平评估、审核评估和专业认证工作。改革创新阶段(2020年至今)以《深化新时代教育评价改革总体方案》出台为标志,以"双一流"动态监测机制为创新,开启了我国教育评估改革的智能时代,彰显出评估从行政管控向专业治理、从静态考核向动态监测的范式转型。

(二)"五阶段"专业评估发展简史

范唯判定我国专业评估经历了试点探索、实践积累、全面推进和创

---

① 后因抗日战争、解放战争而中断。
② 因中苏关系破裂、"文化大革命"而中断。

新发展四个阶段。① 第一阶段为试点探索阶段(1985—1990年)。在《中共中央关于教育体制改革的决定》(1985年)中首次提出专业评估概念,并以高等工程专业为试点进行评估摸底工作,将取得的经验和教训总结成文,于1990年颁布《普通高等学校教育评估暂行规定》。这一阶段初步构建了专业评估制度和工作框架。

第二阶段为实践积累阶段(1991—2000年)。在该阶段,我国展开了新建本科院校的合格评估、优秀评估和随机性水平评估工作。截至2000年,我国共有171所本科院校参与到评估工作中。

第三阶段为全面推进阶段(2001—2008年)。这一阶段评估高校数量实现了约3.5倍的增长,"教育振兴行动计划"(2003年)出台后,开启了全国范围的大规模评估工作,共计589所高校接受了水平评估,在评估过程中进一步规范了专业建设和高校办学行为。

第四阶段为创新发展阶段(2009年至今)。在首轮全国范围专业评估后,教育部于2011年出台了《关于普通高等学校本科教学评估工作的意见》,该意见奠定了我国"五位一体"专业评估的基本发展格局,为后续创新发展提供了强大的政策保障。

本书建议将范唯的"四阶段"进一步发展为"五阶段",即第四阶段时间改为2009年至2018年,增设第五阶段"高质量发展阶段"(2019年至今)②,以对应高等教育普及化阶段我国专业评估向高质量评估转型的范式革新。同时,就本书的研究对象而言,文化产业管理专业评估工作的发展与我国本科教育教学评估工作的发展具有一致性。在我国开启全国范围普通高等学校本科教学评估工作的第二年(2004年),云南大学等4所高校获批在目录外试办文化产业管理专业,随后共有70

---

① 《高等教育评估发展史》,《光明日报》2021年2月8日,第9版。
② 我国高等教育毛入学率在2019年达到51.6%,正式进入普及化阶段。

余所高校先后开设了此专业。文化产业管理专业建设的第一波峰值期正值我国专业评估的全面推进期,正是在这样的背景下,文化产业管理专业建设工作受到严格评估后,于 2012 年进入国家官方本科专业目录。

二、中国专业评估政策的演变

我国专业评估政策演变可分为四个阶段。第一个阶段为 1985 年至 1993 年的政策启动阶段。世界高等教育评估和质量保障运动兴起于 20 世纪 70 年代至 80 年代,我国紧跟潮流,于 1984 年加入国际教育成就评价协会,于 1985 年 5 月在教育体制改革工作安排中首次引入"评估"内容。1985 年 6 月召开的"高等工程教育评估问题专题讨论会"正式开启了我国高等教育评估政策制定的新篇章。[1] 这一时期出台的《关于开展高等工程教育评估研究和试点工作的通知》《高等教育管理职责暂行规定》《普通高等学校教育评估暂行规定》等政策文件一直是我国专业评估的重要依据。

第二阶段为 1994 年至 1998 年的政策规范化合法化阶段。我国在该阶段出台了一系列规范评估工作的文件,如《关于加强普通高等学校教学工作的意见》《国务院关于〈中国教育改革和发展纲要〉的实施意见》《关于进一步做好普通高等学校本科教学工作评价的若干意见》对评估的依据、形式、结果等做出了明确规定,还在《中华人民共和国教育法》《中华人民共和国高等教育法》等相关法律中确认了本科教学评估制度的正当性和合法性。

---

[1] 柳友荣、张蕊:《历史制度主义视角下我国本科教学评估政策研究》,《高校教育管理》2020 年第 5 期,第 115—124 页。

第三阶段为1999年至2009年的政策规模化系统化阶段。在"高校扩招"政策颁布后,规模扩张成为我国高等教育发展的主线。2002年以水平评估整合了合格评估、优秀评估和随机性评估后,我国专业教学评估进入了全国性、规模化发展阶段。《2003—2007年教育振兴行动计划》(2004年)第一次明确将本科教学评估定为五年一轮的周期性评估。在该计划指导下,我国开展了第一轮水平评估工作,发现了评估指标刚性、评估程序不规范、整改工作不到位等一系列问题。

第四阶段为2010年至今的政策成熟完善阶段。2010年《国家中长期教育改革和发展规划纲要(2010—2020年)》颁布后,强化"管办评分离"成为重点,政府主导型评估模式开始转变,一个新的多元主体合作评估的模式正在形成。《关于全面提高高等教育质量的若干意见》《中共中央关于全面深化改革若干重大问题的决定》等文件为落实"管办评分离"提供了以教学常态监测为主的具体工作要求,在《普通高等学校本科教学工作合格评估实施办法》和《普通高等学校本科教学工作合格评估指标体系》中取消了第一轮水平评估指标体系,采用了"一校一标准"的办法,以引导不同类型高校应用不同的合格评估和审核评估。2018年又将"德育""课程与教学"等具有中国特色的指标纳入体系,2020年则提倡对结果评价、过程评价、增值评价和综合评价进行组合使用。

三、高等教育普及化阶段的专业评估

专业质量评估是高等教育质量保障的主要工作内容,尤其是随着高等教育进入普及化阶段,促进和保障高等教育高质量发展逐渐成为我国教育事业发展的核心诉求。因此,要重视高等教育进入普及化阶段的重要节点,即要重视2019年后的专业质量评估的新发展。马丁·特罗(Martin Trow)指出,当高等教育毛入学率达到51.6%时,则进入普及化阶段。① 1978年中国高等教育毛入学率仅有1.55%,1999年大学扩招后,2002年毛入学率达到15%,标志着我国进入高等教育大众化阶段。2019年毛入学率达到51.6%,标志着我国进入普及化阶段。2023年已达到60.2%,这意味着我国仅用17年时间,便完成了如此大规模的普及化发展。别敦荣建议进一步细化普及化阶段,将其分为普及化初级阶段(毛入学率为50%—65%)、中级阶段(毛入学率为65%—80%)和高级阶段(毛入学率为80%及以上)②,以更好地应对高等教育高质量评估的挑战,让更多的人接受更优质的教育。

在高质量评估阶段前,高校重点政策从"211工程"发展到"985工程",再到"2011协同创新中心",最后到"双一流"建设,本科教学质量评估也从合格评价(1990—2002年)、优秀评估(1996—2000年)、随机评估(1999—2001年)发展为水平评估(2003—2008年),再进一步发展为审核评估(2009年至今)。学科评估已经实施了五轮(2002年、2008年、2012年、2016年和2020年),专业认证也形成了涵盖建筑类、工程类、医学类、商科类与师范类等多品类认证体系。③ 在高等教育普及化阶段,高校内外部多方利益主体通过多样化、适用性强的评价标准与方法,参与质量评估、科学决策、结构优化和机制改进的全面质量管理过程。评估作为全面质量管理的一个环节,正向高质量评估发展,而

---

① 高等教育毛入学率是指高等教育在学人数与适龄人口之比。适龄人口指18—22岁年龄段的人口数。马丁·特罗提出了高等教育大众化三阶段论,即毛入学率在15%以下为精英教育阶段,15%—51.6%为高等教育大众化阶段,51.6%以上为高等教育普及化阶段。
② 别敦荣:《高等教育普及化的动力、特征和发展路径》,《高等教育评论》2021年第1期,第1—12页。
③ 宋海生:《普及化阶段我国高等教育质量保障体系的现状、问题与优化路径》,《当代教育论坛》2023年第2期,第40—48页。

高质量评估则是实现多元主体参与、保障内外部体系互通衔接、融合分类发展和分类评价的新型评估,更能响应高等教育普及化向中级阶段、高级阶段跨越发展的最新要求。

第二节　中国专业评估三大问题

我国一直坚持科学的教育评估方法,将人才培养和本科教育教学作为核心,坚持贯彻以评促建、以评促改、以评促管、以评促强的工作思路。但在评估的具体操作和评估结果的使用过程中出现的立德树人落实机制力度不够、评估结果使用不当、评估后续整改乏力等问题,严重制约了专业评估的长足发展。在高等教育高质量发展阶段,专业评估所需的效率与高速增长阶段所需的效率是有本质区别的,只有直面"五唯"问题、数字依赖问题和主体权责失衡问题,才能进一步推动专业高质量评估的创新发展。

一、"五唯"问题

2018年,习近平总书记在全国教育大会上指出要明确解决教育领域"唯分数、唯升学、唯文凭、唯论文、唯帽子"的问题,"建立科学的、符合时代要求的教育评价制度和机制"[1]。在我国,"五唯"所涉及的人才

---

[1] 《习近平在全国教育大会上强调　坚持中国特色社会主义教育发展道路　培养德智体美劳全面发展的社会主义建设者和接班人》,《党建》2018年第10期,第4—6页。

评价、学校评价、质量评价和科研评价等方面的问题长期存在。中国教育科学研究院教师发展研究所所长易凌云指出,"五唯"问题之所以成为痼疾,是因为这杂融了评价问题、管理问题、方法论问题、社会文化问题、社会发展阶段问题。[①] 具体而言:

作为评价问题,"五唯"反映着教育评价科学性不足的问题,如评价标准缺位、评价过程重"测量"轻"判断"、评价参照系误置等。确立科学标准是一项高要求的专业行为,标准与测评指标一一对应,标准代表着评价的价值判断。格朗兰德(N. E. Gronland)把评价表述为"评价=测量(量的记述)/非测量(质的记述)+价值判断"。[②] "唯分数""唯升学"的问题在于只使用了实证的方法,将测量数据作为唯一的判断对象,而忽视了质性资料在提供完整分析和判断依据的价值,且教育测量往往会将能测量的内容设置为测量指标,选择性忽视某些判断依据。在某种程度上,"方法的无能呈现为方法的狂妄"[③],如参照系误置、混用标准参照与常模参照。标准参照指是否达到准则或规定的水平;常模参照指相对水平,常用于分等、选择符合指标要求的对象。形成性评价与标准参照测量相适应,不是为了"证明"什么,而是为了"改进",如升学考试在实践中是典型的常模参照测量。所以"唯分数"问题是误用常模参照测量的结果,用分数区分学生的"等级"。

作为管理问题,"五唯"问题源于对评估结果的管理主义式滥用。早在10世纪80年代,内伏(D. Nevin)就指出教育评价具有形成性功能、总结性功能、心理功能、社会政治功能和行政管理功能。在我国,"行政化"的评估管理是导致评价结果"唯"的始作俑者。指标间的权重差异将直

---

① 易凌云:《"五唯"问题:实质与出路》,《教育研究》2021年第1期,第4—14页。
② 桥本重治:《教育评价的意义与特点》,载瞿葆奎主编:《教育学文集·教育评价》,人民教育出版社1989年版,第149页。
③ 易凌云:《"五唯"问题:实质与出路》,《教育研究》2021年第1期,第4—14页。

接导致后续行为的连锁变化,也就是教育评估的"指挥棒"作用。当教育资源向升学率高的学校倾斜时,学校自会重点奖励升学率高的教师,由此升学率就成为具有绝对优势的指标。管理主体通过设立多样化的评估指标和激励手段,潜移默化地实现专业判断向行政评估的转移,从而不断增强其在专业领域的控制权。在面对国家教育资源分配和提高资源使用效率问题时,管理主体会实施校级、院级、班级、组级等不同层次的"引导性"评估,在传统绩效逻辑的运作下,这些指标会立即成为被评估者后续重点投入的对象,再极端些,可能成为新的"唯"之内容。

作为方法论问题,"五唯"问题是实证主义科学范式对测量和数据的片面依赖。通过比较升学率、就业率等"系数"或发展指数等"指数",人们可以直观地在某一方面进行判断和选择。人们相信数据、相信分数、相信排名,是因为在信息爆炸时代,人们更喜欢简明扼要的表达,而数字是将复杂评估对象简化的结果。但这不意味着没有人质疑何为评价之真,"五唯"的问题实质上是"名"对"实"的遮蔽。只有评估做到科学准确和名副其实,才能被作为判断的前提和依据。而现有的诸多评估体系,未能真正把握学习者的学习状态,更未能关照到高校文化传承功能的发展。分数、文凭、论文、"帽子"、升学评估的内容为什么让专业发展越发狭隘?只有持续性探讨这些问题,才能回归评估"初心",找到评估方法调适的新方向。

作为文化问题,"五唯"代表着社会对教育系统的信任危机。这源于审计文化对专家系统的侵蚀和社会功利文化对价值观的误导。科学、学历与同行评议"三位一体"的专家系统受人情、关系、利益影响而遭到大众怀疑,与此同时,客观数字评估标准因其较强的客观性而受到大众信赖。加之新公共管理运动将监督和审计带入高等教育领域,形成了一种全新的专业质量控制技术,技术的计算可比性让专家意见逐渐成为评估的"陪衬"。而功利文化则表现为人们更关注评估指标和评估结果,而忽视了评估目的这一方面。为什么写论文?升学的目的是什么?做的科研项目是否能带来理论或产业上的新发展?分数与学习之间有什么关系?各教育主体更需要对专业教学中的一些基本问题进行深刻省思。

作为社会发展阶段问题,"五唯"问题是社会发展现代性不充分的表现。我国从"工业社会"向"信息社会"、从"贫穷社会"向"富裕社会"过渡时,"设计"和"控制"等工业文明常用的基本操作被延续,"机械化"的世界观和"还原论"的思想在教育实践中烙刻下了效率化、标准化、方法化、规模化和脱主体化的重要影响。教育发展的工业式路径依赖,将在一段时间内持续发挥作用,导致无法有效回应信息社会不确定性、自主性与自组织、差异性和个别性等新的生成逻辑。1998年诺贝尔经济学奖得主阿马蒂亚·森(Amartya Sen)在2002年指出,中国将逐渐进入以消费为表征的富裕社会。经历了从"贫穷社会"到"富裕社会"的家长,对教育投入持积极态度,他们有能力且非常愿意在下一代的教育上投入大量的时间、金钱和精力。这一家长群体也深谙工业式、传统式教育体系与未来社会变革并不适宜,因而积极以信息社会、富裕社会的价值和标准开展孩子的教育工作,而在这个过程中,家长们普遍表现出了对"世界知名学校"的强烈追逐热情。

二、数字依附问题

教育评估中的"数字"因具有清晰和比较的双重特性,创造了一种客观的、中性的、跨越不同利益主体的衡量标准,较好地契合了我国高等教育高速发展阶段所需的可度量高的理性批判诉求,因此日益受到高校、学生、家长、企业等教育主体的推崇。但随着数字主导高等教育质量评估中的实践观、价值观和发展观,数字超越人而存在,逐渐脱离了评价手段的工具属性,产生了"数字依附"[①]和"数字崇拜"[②]等问题。将复杂的质量评估实践压缩和简化为一系列的数据进行理解和比较,是一种不良的数字依附状态。评估主客体过度依赖和滥用数字,甚至带来了"数字专制"[③]。数字主导、数字泛滥、数字优先的评价体系是刚性的、简化的、封闭的,与我国现在所需要的高质量评估存在较大差距,具体原因如下:

单一数据化评估导致评估对象同质化发展。单一数据化评估力图用一套或几套科学指标体系,将学科、专业、课程以及教师、学生、家长等多元评估对象嵌套于其中,从而将多元的教育组织和个人抽象为同质化的数学符号,将复杂的教育因素简化为可供测量的指标体系,将系统的教育观抽象为可以进行管理和控制的排名。而那些容易量化为数字的内容,则成为评估体系中的热门。长此以往,数据驱动的同质化评价体系将会严重阻碍个性化的教学和开创性的学术研究,高等教育将陷入一种去情境化、偏离高等教育质量复杂性的单一机制。

数字优先的路径依赖导致评估标准的适应性降低。依据数字标准构建的评估体系,往往是封闭的,不容变通。刚性的标准体系在实践中难以适应主体及利益诉求多元性的挑战。在高等教育高质量发展阶段,"一流""工程""计划"等评估体系开始追求有质量的数字,强调用代表性或标志性成果减轻论文数量等数字标准的压力,鼓励学者和学生挑战基础性研究和原创性研究。但这本质上是由计算某种级别或类

[①] 滕长利、邓瑞平:《从数字依附到高质量评估:高等教育质量评估的范式转换》,《江苏高教》2023年第1期,第17—24页。
[②] 操太圣:《"五唯"问题:高校教师评价的后果、根源及解困路向》,《大学教育科学》2019年第1期,第27—32页。
[③] 张东娇:《论当代高等学校管理的目的、取向和手段》,《北京师范大学学报(社会科学版)》2020年第4期,第17—24页。

型的论文数量,转变为对顶尖期刊论文的数量、成果转化经济效益、产学研合作效益等的综合计算,能否减轻学者和学生的工作压力暂且不论,反而进一步将计算的量化思维拓展到不同领域,陷入"手段越完美,适应性越差"[1]的困境。

数字规训导致专业评估迎合式发展。在质量文化控制的视角下,专业评估工作一般为"事后"鉴定,即专业建设水平是否符合预设规定。高等教育领域兴起问责制度、审计文化和激励文化后,数字则成为专业评估的主导性工具,便于观察、测量和比较的特性让其甚至演化出"准权力"的权威性。评估对象在争夺数字指标背后暗含的教育资源时,不可避免地被数字力量所牵制,长此以往,人们对数字的运用产生了一种非理性的依赖和迎合。通过数字指标预设高等教育的最佳状态及达到指标的对应奖励,驱动以数字指标为中心的竞争,会导致学校管理人员和教职工不得不围绕数字绞尽脑汁地迎合评估标准。

三、主体失衡问题

我国高等教育质量保障体系分为外部质量保障体系(External Quality Assurance,简称 EQA)和内部质量保障体系(Internal Quality Assurance,简称 IQA)。外部质量保障体系主要包括政府和社会两个主体,其中,国务院、教育部、教育部教学质量评估中心、教育部学位与研究生教育发展中心为主要评估机构,政府发布的重点政策、教学评估、学科评估和专业认证等内容是专业评估工作的官方标准。社会主体作为官方专业评估的重要辅助力量,主要是指第三方组织机构,如上

---

[1] 埃贡·G.古贝、伊冯娜·S.林肯:《第四代评估》,秦霖、蒋燕玲等译,中国人民大学出版社2008年版,第125页。

海软科、艾瑞深校友会、金平果等。内部质量保障体系主要由高校主体构成,高校在政府重点政策、学科评估和专业教学审核等政策的引导和驱动下,围绕教育教学质量、教师队伍质量、人才培养质量、学校内部治理等方面开展以自我评估为中心的专业教学质量保障工作。受联合国教科文组织"高等教育内部质量保障优秀原则和创新实践项目"(Exploring Good and Innovative Options in Internal Quality Assurance in Higher Education,简称 IQA 项目)启发,我国于 2019 年正式成立"全国高校质量保障机构联盟"(简称 CIQA)。CIQA 作为一个全国性、学术型和同行互助、协同攻关的非营利性社会团体,有效服务了我国高校内部保障体系建设、教学督导、专项评估、数据监测等专业工作。

  与此同时需要指出的是,进入高等教育普及化阶段后,我国在专业评价上的政策路径依赖明显,高校主动性和创造性发挥不足,社会参与度有限,主体间张力失衡。在专业教育质量保障实践的历史进程中,政府作为最主要甚至是唯一的主体,将政策干预作为主要工具,通过实施重点政策完成相关审核、评估和建设工作。评估结果与政府资源挂钩的特征极易引发政府将办学意志和质量需求强加给高校的问题。[①] 高校在政府规制下成为被评估的对象,为了追求更大的办学利益和更多的教育资源,出现故意迎合政府评估方案和检查标准的不良倾向,忽视自身的内源性需求,自身质量保障意识较为薄弱。高校本质上是专业质量保障建设的主体和责任承担者,而不是政策执行者,被动实施改革,缺乏持续质量改进和自我评估的自觉性,是当前高校主体亟须纠正的问题。而第三方评估机构的专业性、权威性、独立性和成熟性仍须继续建设和完善,虽然在市场环境下,部分评估品牌做出了一系列具有国

[①] 刘少军、王晶晶、蒋艳:《高等教育内涵式发展背景下高等教育评估的困境与应对》,《研究生教育研究》2024 年第 1 期,第 17—23 页。

际影响力的排名指标和报告,但因为数据收集的限制,其指标设置也不尽完善。主体权责的不平衡,直接导致内部质量保障体系中学生地位边缘化、教师发展片面化、质量文化薄弱化,制约着专业水平的提升。

第三节 主流专业排名比较研究

国内外主流专业评估体系有英国泰晤士高等教育评估体系(THE排名)、英国国际教育市场咨询公司评估体系(QS排名)、美国新闻与世界报道评估体系(US NEWS排名)、中国学科评估体系(CDR)、上海软科评估体系(ARWU排名)、艾瑞深校友会评估体系(CUAA排名)和金平果大学本科专业评估体系(GA排名)。

一、THE排名

英国泰晤士高等教育(Times Higher Education,THE)世界大学排名始于2004年,是全球最具权威性的大学排行榜之一。该排名围绕大学核心业务、学科发展设计评价指标体系,包括教学(学习环境)、研究环境、研究质量、产业和国际展望(学术人员、学生、研究)5个部分,共下设17个子指标(详见表3-1)。2024年,THE排名前十的高校有牛津大学、斯坦福大学、麻省理工学院、哈佛大学、剑桥大学、普林斯顿大学、加州理工学院、帝国理工学院、加州大学伯克利分校和耶鲁大学。泰晤士高等教育于2019年首次推出基于联合国可持续发展目标评估的全球大学影响力排名,指标包括研究、管理、外展活动和教学4个领域。研究是指对可持续发展相关议题的研究,管理是指对大学物质资源及员工、学生的管理,外展活动是指大学本地性、区域性、全国性和国际性的合作,教学指可持续发展的践行者及校友等。

表 3-1 THE 世界大学排名指标

一级指标	权重	二级指标	权重
教学 (学习环境)	29.5%	声誉调查	15%
		师生比	4.5%
		授予博士学位数量与授予学士学位数量的比例	2%
		授予博士学位数量与教职员数量的比例	5.5%
		大学总收入	2.5%
研究环境	29%	声誉调查	18%
		研究收入	5.5%
		研究产出	5.5%
研究质量	30%	引文影响力	15%
		研究实力	5%
		卓越研究	5%
		研究影响力	5%
产业	4%	师均行业投资的研究收入	2%
		专利	2%
国际展望 (学术人员、 学生、研究)	7.5%	国际学生	2.5%
		国际职员	2.5%
		国际合著	2.5%

资料来源:THE 官网,https://www.timeshighereducation.com/world-university-rankings/world-university-rankings-2024-methodology? site=cn。

THE 学科排名(World University Rankings by Subject)将学科分为人文艺术学、商业与经济学、教育学、法学、社会科学、计算机科学、工学、临床与健康、生命科学、理学和心理学11个学科,学科排名采用与世界大学排名相同的5项一级指标和17项二级指标,并根据不同的学科特性对排名方法和指标权重进行具体化校准(详见表3-2)。同时,泰晤士高等教育基于中国教育部学科分类,根据THE评估体系对中国学科进行排名,结合学科特性调查和完善了绩效指标,最终采用了除"授予博士学位数量与授予学士学位数量的比例"和"授予博士学位数量与教职员数量的比例"外的15个指标,评估对象涵盖了中国82个一级学科,评估结果进行了从A+到C-的分级公布,即某一学科中排名前11.11%的大学获得A+,下一个11.11%的分段获得A,以此类推。

表3-2 THE学科排名指标

指标	人文艺术学	商业与经济学	教育学	法学	社会科学	计算机科学	工学	临床与健康	生命科学	理学	心理学
教学(学习环境)	37.3%	30.4%	32.2%	32.2%	31.9%	28%	28%	26.8%	26.8%	26.8%	26.8%
研究环境	37.2%	31.6%	28.8%	29.8%	31.6%	29%	29%	26.5%	26.5%	26.5%	26.5%
研究质量	15%	25%	27.5%	25%	25%	27.5%	27.5%	35.2%	35.2%	35.2%	35.2%
产业	3%	4%	4%	4%	4%	8%	8%	4%	4%	4%	4%
国际展望	7.5%	9%	7.5%	9%	7.5%	7.5%	7.5%	7.5%	7.5%	7.5%	7.5%

资料来源:THE官网,https://www.timeshighereducation.com/cn/world-university-rankings/by-subject。

二、QS排名

QS世界大学排名(QS World University Rankings)是由英国国际

教育市场咨询公司(Quacquarelli Symonds,简称 QS)所发表的年度世界大学排名。QS 世界大学排名主要采用问卷调查的方式进行,使用学术声誉、雇主声誉、师生比例、每名教师的引用率、国际教师比例、国际学生比例六大指标(详见表 3-3)来衡量世界大学的影响力。2024年,QS 世界大学排名前十的学校为麻省理工学院、剑桥大学、牛津大学、哈佛大学、斯坦福大学、帝国理工大学、苏黎世联邦理工大学(瑞士联邦理工学院)、新加坡国立大学、伦敦大学学院、加州大学伯克利分校。

  QS 公司于 2023 年公布了首个世界大学可持续发展排名,为大学如何解决世界紧迫的环境问题和社会问题提供了新的可持续发展评价框架和方法论。排名由环境影响力和社会影响力两部分构成,环境影响力包括可持续性机构、可持续性教育、可持续性研究 3 项细分指标,社会影响力包括平等性、知识交流、教育影响力、就业能力与机会和生活质量 5 项细分指标。可持续发展评价体系侧重引导学校发展目标与联合国可持续发展目标保持一致。

表 3-3　QS 世界大学排名指标

指标	权重	说明
学术声誉	40%	基于世界高等教育领域超过 130 000 人对全世界大学教学和研究质量的专家意见
雇主声誉	10%	基于超过 75 000 名雇主关于大学毕业生就业水平调查问卷的答复
师生比例	20%	衡量师生比是教学质量最有效的替代性指标,其评估各所院校在为学生提供接触讲师和导师的实质性机会方面的能力
每名教师的引用率	20%	院校五年内产出的所有论文的总引用率乘以该院校的教员人数

(续表)

指标	权重	说明
国际教师比例	5%	QS的两个国际化指标之一,衡量大学中非本国教师的比例
国际学生比例	5%	QS的两个国际化指标中的第二个指标,衡量一个大学中的非本国学生群体比例,这也可以表明大学吸引世界各地人才的能力

资料来源:QS世界大学排名官网,https://www.qs.com/rankings/。

QS世界大学学科排名由5个指标组成,即学术声誉、雇主声誉、篇均论文引用率、H指数以及国际研究网络(IRN指数),对工程与技术、社会科学与管理、自然科学、生命科学与医学、艺术与人文五大类学科及51个细分学科进行整体排名。学术声誉是对全世界不同领域的顶尖学者进行调查,获取专业评价和认可度。2024年的QS世界大学学科排名基于130 000位学者的反馈进行了学术声誉的调查。雇主声誉是评价学校培养学生就业能力的关键因素,一般会在全球顶尖用人单位获取对毕业生综合素质和竞争力的评价,2024年学科排名收集了全球毕业生雇主75 000份的调查问卷数据。篇均论文引用率指的是每篇论文的研究引用次数,该指标具有最低发表门槛,不同学科的最低发表阈值和应用于引文指标的权重都会根据学科特性进行一定的调整和设定。H指数为某学者被引用次数最多的论文及在其他出版物中获得的引用次数,是衡量科学家或学者已发表作品生产力和影响力的指数。国际研究网络指高校与其他高等教育机构建立的研究伙伴关系,是使学科国际研究网络地理多样化的能力。[1]

---

[1] Chloe Lane, "How to Use the QS World University Rankings by Subject", May 12th, 2023, https://www.topuniversities.com/subject-rankings/methodology.

三、US NEWS 排名

US NEWS 世界最佳大学排名是由《美国新闻与世界报道》(*US News & World Report*)发布的综合排名体系,其评价标准完全注重科研成果,是一个针对大学科研水平的排名。该排名指标包括全球学术声誉、地区学术声誉、论文发表、图书、会议、标准化论文引用影响指数、论文引用数、"被引用最多10%出版物"中被引用数、出版物占"被引用最多10%出版物"的比例、国际协作、具有国际合作的出版物总数的百分比、代表领域在"所有出版物中被引用最多前1%论文"中被引用论文数、出版物占"所有出版物中被引用最多前1%论文"比例(详见表3-4)。2024年US NEWS 世界大学排名前十分别为哈佛大学、麻省理工学院、斯坦福大学、牛津大学、加州大学伯克利分校、剑桥大学、伦敦大学学院、华盛顿大学、哥伦比亚大学、耶鲁大学。

表 3-4　US NEWS 世界最佳大学排名指标

指标	权重
全球学术声誉	12.5%
地区学术声誉	12.5%
论文发表	10%
图书	2.5%
会议	2.5%
标准化论文引用影响指数	10%
论文引用数	7.5%
"被引用最多10%出版物"中被引用数	12.5%

(续表)

指标	权重
出版物占"被引用最多10%出版物"的比例	10%
国际协作	5%
具有国际合作的出版物总数的百分比	5%
代表领域在"所有出版物中被引用最多前1%论文"中被引用论文数	5%
出版物占"所有出版物中被引用最多前1%论文"比例	5%

资料来源：US NEWS 世界最佳大学排名官网，https://www.usnews.com/education/best-colleges/articles/rankings-methodologies。

US NEWS 学科排名体系对艺术与人文、计算机科学、化学、人工智能、教育和教育研究、气象学和大气科学、纳米科学和纳米技术等47个具体学科进行了排名（与世界最佳大学排名指标体系相同），具体指标的选择和权重则根据学科差异进行设计（详见表3-5和表3-6），包括学科分类为艺术与人文学科、计算机科学与工程、11指标硬学科、10指标硬学科、11指标软学科和10指标软学科六类，并在艺术与人文学科降低出版物、论文的影响权重，增加全球学术声誉和地区学术声誉的权重等。

表3-5　US NEWS 学科分类

学科分类	具体学科	指标
艺术与人文学科	艺术与人文	11个指标
计算机科学与工程	计算机科学、工程	12个指标
硬科学（11指标）	农业科学、生物学和生物化学、化学、临床医学、环境/生态学、地球科学、免疫学、材料科学、微生物学、分子生物学和遗传学、神经科学与行为、药理毒理学、物理、植物和动物科学、精神病学/心理学、空间科学	11个指标

(续表)

学科分类	具体学科	指标
硬科学（10 指标）	生物技术和应用微生物学、心脏和心血管系统、细胞生物学、凝聚态物理学、内分泌和代谢、食品科学与技术、胃肠病学和肝病学、传染病、气象学和大气科学、肿瘤学、光学、物理化学、高分子科学、放射学/核医学和医学成像、手术、水资源	10 个指标
软科学（11 指标）	经济和商业、数学、社会科学和公共卫生	11 个指标
软科学（10 指标）	人工智能、化学工程、土木工程、教育和教育研究、电气和电子工程、能源和燃料机械工程、公共、环境和职业健康、纳米科学和纳米技术	10 个指标

资料来源：Obert Morse, Sam Wellington, "How U. S. News Calculated the 2022-2023 Best Global Universities Subject Rankings", https：//www. usnews. com/education/best-global-universities/articles/methodology。

表 3-6　US NEWS 学科排名指标

指标	艺术与人文学科权重	计算机科学与工程学科权重	硬学科（11 指标）权重	硬学科（10 指标）权重	软科学（11 指标）权重	软科学（10 指标）权重
全球学术声誉	20%	12.5%	12.5%	不适用	12.5%	不适用
地区学术声誉	15%	12.5%	12.5%	不适用	12.5%	不适用
论文发表	10%	10%	15%	17.5%	17.5%	12.5%
图书	15%	不适用	不适用	不适用	不适用	不适用
会议	5%	7.5%	不适用	2.5%	不适用	10%
标准化论文引用影响指数	7.5%	7.5%	10%	12.5%	7.5%	10%
论文引用数	7.5%	12.5%	15%	17.5%	12.5%	15%
"被引用最多10%出版物"中被引用数	7.5%	12.5%	10%	12.5%	12.5%	15%

(续表)

指标	艺术与人文学科权重	计算机科学与工程学科权重	硬学科（11指标）权重	硬学科（10指标）权重	软科学（11指标）权重	软科学（10指标）权重
出版物占"被引用最多10%出版物"的比例	7.5%	5%	5%	7.5%	5%	7.5%
代表领域在"所有出版物中被引用最多前1%论文"中被引用论文数	不适用	5%	5%	7.5%	5%	7.5%
出版物占"所有出版物中被引用最多前1%论文"比例	不适用	5%	5%	7.5%	5%	7.5%
国际协作	2.5%	5%	5%	7.5%	5%	7.5%
具有国际合作的出版物总数的百分比	2.5%	5%	5%	7.5%	5%	7.5%

资料来源：Obert Morse, Sam Wellington, "How U. S. News Calculated the 2022-2023 Best Global Universities Subject Rankings", https://www.usnews.com/education/best-global-universities/articles/methodology。

四、中国学科评估体系

中国学科评估（China Discipline Ranking, CDR）是教育部学位与研究生教育发展中心（简称学位中心）按照国务院学位委员会和教育部颁布的《学位授予与人才培养学科目录》（简称《学科目录》）对全国具有博士或硕士学位授予权的一级学科开展的评估，分别于2002年、

2006年、2012年、2016、2020年开展了五轮评估,2023年已完成第五轮评估。学位中心开展的学科评估具有非行政性、服务性的特点,整体按照"自愿申请、免费参评"原则进行,遵循"人才为先、质量为要、中国特色、国际影响"的价值导向,将师资队伍与资源、人才培养质量、科学研究水平、社会服务与学科声誉作为一级指标(详见表3-7和表3-8),并通过公共数据和单位填报两种途径获取数据。数据处理过程包括信息采集、信息核实、主观评价、权重确定、计算结果,评估结果以学科整体水平得分呈现,即前70%的学科分为九档,具体分为A+(前2%)、A(2%—5%)、A-(5%—10%)、B+(10%—20%)、B(20%—30%)、B-(30%—40%)、C+(40%—50%)、C(50%—60%)和C-(60%—70%)。

表3-7 CDR第四轮学科评估指标

一级指标	二级指标	三级指标	备注
A.师资队伍与资源	A1.师资质量	S1.师资队伍质量	
	A2.师资数量	S2.专任教师数	
	A3.支撑平台	S3.重点实验室、基地	仅限理学、工学、农学、医学
B.人才培养质量	B1.培养过程质量	S4.课程教学质量	
		S5.导师指导质量	
		S6.学生国际交流	
	B2.在校生质量	S7.学位论文质量	
		S8.优秀在校生	
		S9.授予学位数	
	B3.毕业生质量	S10.优秀毕业生	
		S11.用人单位评价	除艺术学

(续表)

一级指标	二级指标	三级指标	备注
C.科学研究水平(含教师和学生)	C1.科研成果	S12.学术论文质量	
		S13.出版教材	
		S14.出版专著	仅限哲学、文学、历史、经济学、法学、教育学、管理学、统计学
		S15.专利转化	仅限理学、工学、农学
		S16.专利转化与新药研制	仅限医学
		S17.专著专利	仅限艺术学
	C2.科研获奖	S18.科研获奖	
	C3.科研项目	S19.科研项目(含人均情况)	
	C4.创作表演	S20.创作表演水平	仅限艺术学
D.社会服务与学科声誉	D1.社会服务贡献	S21.社会服务特色与贡献	
	D2.学科声誉	S22.学科声誉	

资料来源:教育部学位与研究生教育发展中心发布的"全国第四轮学科评估结果公布",https://www.cdgdc.edu.cn/dslxkpgjggb/dslxkpggzgl.htm。

表3-8 CDR第五轮学科评估指标体系框架

一级指标	二级指标	三级指标
A.人才培养质量	A1.思政教育	S1.思想政治教育特色与成效
	A2.培养过程	S2.出版教材质量
		S3.课程建设与教学质量
		S4.科研育人成效

(续表)

一级指标	二级指标	三级指标
A. 人才培养质量	A2. 培养过程	S5. 学生国际交流情况
	A3. 在校生	S6. 在校生代表性成果
		S7. 学位论文质量
	A4. 毕业生	S8. 学生就业与职业发展质量
		S9. 用人单位评价(部分学科)
B. 师资队伍与资源	B1. 师资队伍	S10. 师德师风建设成效
		S11. 师资队伍建设质量
	B2. 平台资源	S12. 支撑平台和重大仪器情况(部分学科)
C. 科学研究(与艺术/设计实践)水平	C1. 科研成果(与转化)	S13. 学术论文质量
		S14. 学术著作质量(部分学科)
		S15. 专利转化情况(部分学科)
		S16. 新品种研发与转化情况(部分学科)
		S17. 新药研发情况(部分学科)
	C2. 科研项目与获奖	S18. 科研项目情况
		S19. 科研获奖情况
	C3. 艺术实践成果	S20. 艺术实践成果(部分学科)
	C4. 艺术/设计实践项目与获奖	S21. 艺术/设计实践项目(部分学科)
		S22. 艺术/设计实践获奖(部分学科)
D. 社会服务与学科声誉	D1. 社会服务	S23. 社会服务贡献
	D2. 学科声誉	S24. 国内声誉调查情况
		S25. 国际声誉调查情况(部分学科)

资料来源:中华人民共和国教育部发布的"第五轮学科评估工作方案", http://www.moe.gov.cn/jyb_xwfb/moe_1946/fj_2020/202011/t20201102_497819.html?eqid=e5020c85000f387300000003642d6e5c。

2016年开展的第四轮学科评估,对除军事门类学科外的95个一级学科进行了评估,公布了百分位分档结果,向参评高校提供了学科优秀率(A类学科数占全校博士、硕士学位授予权学科数的比例),基于对研究生培养的规模化指标、学科科研投入和产出性指标、师资结构性指标、代表性案例指标等的综合分析,公布了我国学科建设的整体情况和最新成果。中国学科评估为各高校了解学科优势与不足、学生选报学科与专业提供了重要参考,加深了社会各界对中国高校学科建设状况和成效的系统性把握。

五、上海软科排名

上海软科世界大学学术排名(Shanghai Ranking's Academic Ranking of World Universities,ARWU)是中国上海交通大学世界一流大学研究中心所发表的大学学术排名。软科世界大学学术排名以评价方法的客观、透明和稳定著称,多采用国际可比和客观可测的第三方数据,从教育质量、教师质量、科研成果、师均表现4个一级指标及校友获奖、教师获奖、高被引科学家、N&S论文、国际论文、师均值等多个二级指标展开评价(详见表3-9),每年进行排名的大学超过2500所。2024年软科世界大学学术排名前十的高校为哈佛大学、斯坦福大学、麻省理工学院、剑桥大学、加州大学伯克利分校、牛津大学、普林斯顿大学、加州理工学院、哥伦比亚大学、芝加哥大学。

表3-9 软科世界大学学术排名指标

一级指标	二级指标	简称	权重
教育质量	获诺贝尔奖和菲尔兹奖的校友折合数	校友获奖	10%

（续表）

一级指标	二级指标	简称	权重
教师质量	获诺贝尔科学奖和菲尔兹奖的教师折合数	教师获奖	20%
	各学科领域被引用次数最高的学者数量	高被引科学家	20%
科研成果	在《自然》(Nature)和《科学》(Science)上发表论文的折合数	N&S论文	20%
	被科学引文索引(SCIE)和社会科学引文索引(SSCI)收录的论文数量	国际论文	20%
师均表现	上述五项指标得分的师均值	师均表现	10%

注：对纯文科大学，不考虑N&S论文指标，其权重按比例分解到其他指标中。
资料来源：软科世界大学学术排名官网，https://www.shanghairanking.cn/methodology/arwu/2024?event=YXJ3dS91X21ldGhvZA。

软科中国大学排名是上海软科根据高等教育评价专利技术和大学360度数据检测平台开发的中国大学检测式评价。该排名体系下设办学层次、学科水平、办学资源、师资规模与结构、人才培养、科学研究、服务社会、高端人才、重大项目与成果、国际竞争力10个评价模块，细分为36个评价维度，内嵌100项评价指标，涉及373个评价变量（详见图3-1）。2024年，软科中国大学排名评价对象要求为"2022年有本科毕业生且专任教师不少于100人"，分为综合性大学、医药类大学、财经类大学、语言类大学、政法类大学、民族类大学、体育类大学、合作办学大学、民办综合性高校、民办财经类高校、民办语言类高校、艺术类高校12类，根据其不同性质和不同类型，采用差异化指标体系进行排名，设有综合性大学指标体系、单科性大学指标体系和非公办大学指标体系三大类。

软科于2009年开始发布世界大学学科排名，即软科世界一流学科

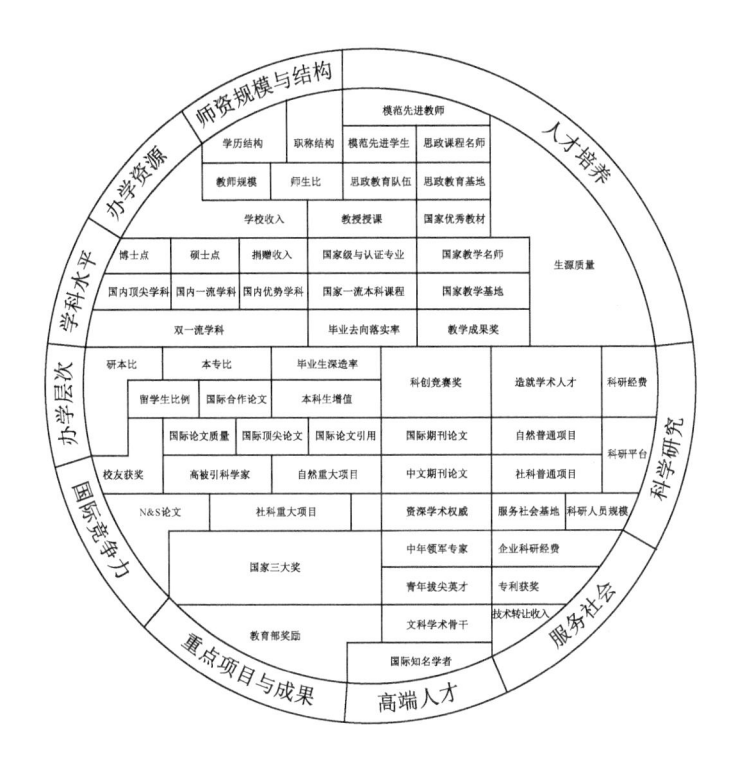

图 3-1　软科中国大学排名(主榜)指标

资料来源：软科中国大学排名官网，https://www.shanghairanking.cn/methodology/bcur/2024。

排名(Shanghai Ranking's Global Ranking of Academic Subjects，GRAS)，2024年将55个学科作为评估对象，划分到理学、工学、生命科学、医学和社会科学五大领域，指标体系从世界一流教师、世界一流成果、高水平研究成果、科研影响力、国际合作五个维度选取国际可比的客观学术指标，如获取权威奖项教师、高被引科学家、顶尖期刊论文、国际权威奖项、重要期刊论文、论文标准化影响力、国际合作论文比例等(详见表3-10)，评估对象有学科发文阈值限制。

表 3-10　2024 软科世界一流学科排名指标定义及统计方法

世界一流教师	获权威奖项教师(Laureate)	截至 2024 年 4 月,全职在学校工作的教师中,获得过学科最权威的国际奖项的人数。国际奖项通过软科"学术卓越调查"得到。仅统计当前年龄在 80 岁及以下的获奖者。当一名教师在同一学科多次获奖时,这名教师仍按一人统计
	高被引科学家(HCR)	指一所大学在相应学科当选的科睿唯安高被引科学家的教师人数(2024 年 1 月版)。一名高被引科学家在多个领域同时入选时,每个领域对应的学科各统计一次
	国际期刊主编(Editor)	截至 2023 年 12 月,学校在相应学科的国际期刊中,担任主编、副主编的教师的折合数。主编赋予 2 倍权重,副主编赋予 1 倍权重。当一本期刊有多个主编、副主编时,则按同职位人数平分权重。国际期刊范围来源于科睿唯安《期刊引证报告》(JCR2021)中收录的所有 SCIE、SSCI 以及 AHCI 索引期刊
	国际学术组织负责人(Leadership)	截至 2024 年 4 月,学校在重要国际学术组织中担任会长、秘书长、副会长、副秘书长,以及治理机构中其他领导职务的教师人数。国际学术组织名单来源于软科"学术卓越调查"。会长、秘书长赋予 2 倍权重,副会长、副秘书长等其他领导职务成员赋予 1 倍权重。当同一个组织的同　类职位有多个人,则按同职位人数平分权重
世界一流成果	顶尖期刊论文(TJ)	2019—2023 年在相应学科顶尖期刊或会议上发表论文的数量。顶尖期刊通过软科"学术卓越调查"得到。该指标只统计类型为研究论文(Article)的文献。当一本顶尖期刊在过去 5 年未收录任何研究论文(Article)时,则统计综述(Review)类型的论文数量
	国际权威奖项(Award)	指教师 1991 年以来获得相应学科最权威的国际奖项的折合数。国际奖项通过软科"学术卓越调查"得到。奖项共享者的权重为获得奖金的比例。当一名获奖人同时署名两个单位时,各计 0.5。不同年代的获奖权重不同,每回推十年,权重递减 25%,如 2021—2023 年的获奖者的权重为 100%,2011—2020 年的权重为 75%,以此类推

(续表)

高水平研究成果	重要期刊论文(Q1)	测量被评价大学在相应学科的高水平科研产出的规模。指标统计2019至2023年被InCites数据库相应学科收录的位于期刊影响因子前25%的期刊(Q1分区)中的Article类型的论文数
科研影响力	论文标准化影响力(CNCI)	2019至2023年被InCites数据库相应学科收录的Article类型的论文的被引次数与同出版年、同学科、同文献类型论文篇均被引次数比值的平均值
国际合作	国际合作论文比例(IC)	测量被评价大学在相应学科的国际合作程度。指标统计2019—2023年被InCites数据库相应学科收录的Article类型的论文中有国外机构地址的论文比例

资料来源：软科官网发布的"2024世界一流大学排名官网"，https://www.shanghairanking.cn/methodology/gras/2024。

软科中国最好学科排名自2017年开始进行排名并对外公开发布，其评价指标包括人才培养、平台项目、成果获奖、学术论文、高端人才5个指标类别，下设立德树人典型、精品课程教材、教学成果奖励、造就学术人才、重大重点项目、面上青年项目、国家科技奖励、教育部奖励、国际重要期刊论文、中义期刊论文、国际顶尖期刊论文、中文顶尖期刊论文、资深学术权威、中年领军专家、青年拔尖英才、文科学术骨干、国际知名学者17个具体指标(详见图3-2)，并根据国务院学位委员会、教育部发布的《学位授予和人才培养学科目录》(2011年颁布，2018年修订)中的一级学科进行学科口径划分，强调通过客观数据反映学科点对本学科稀缺资源和标志性成果的占有与贡献。2024年，中国最好学科排名包括94个一级学科，涉及486所高校的4924个学科点。此外，软科专门推出中国文科排名，将哲学、理论经济学、应用经济学、法学、政治学、社会学、民族学、马克思主义理论、公安学、中央党史党建学、纪检监察学、教育学、心理学、体育学、中国语言文学、外国语言文学、新闻传播学、考古学、中国史、世界史、管理科学与工程、工商管理学、农林经济管理、公共管理学、信息资源管理、艺术学 26 个一级学科归为文科，以学科规模、学科实力、学科精度、高端人才、科研项目、重大成果、学术论文和科研平台 8 个维度，组成了中国大学文科实力评价体系(详见表3-11)。

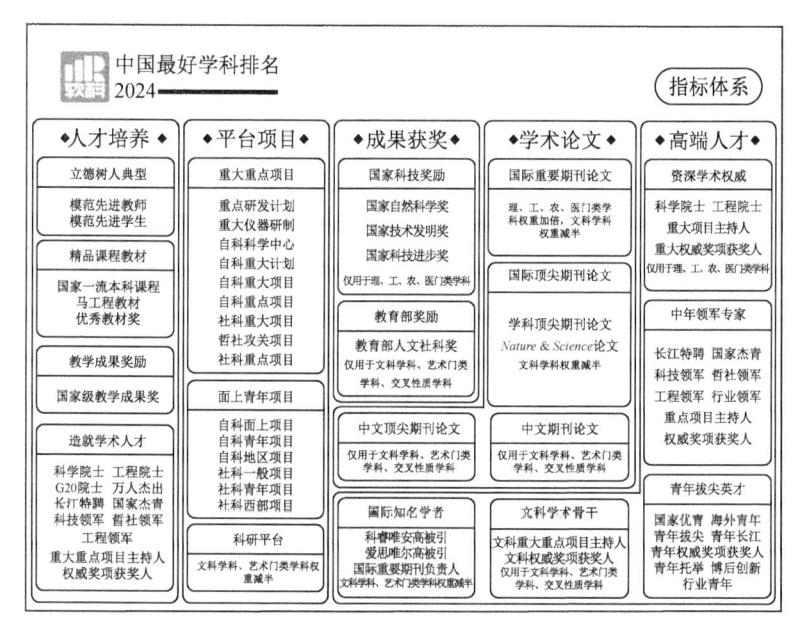

图 3-2　软科中国最好学科排名指标

资料来源:软科官网,https://www.shanghairanking.cn/methodology/bcsr/2024。

表 3-11　软科中国文科排名指标

维度	指标	权重
学科规模	硕士点数	10
	博士点数	10

（续表）

维度	指标	权重
学科实力	"双一流"学科数	10
	国内顶尖学科（软科前3%或前2名）	5
	国内一流学科（软科前12%或前4名）	5
	国内优势学科（软科前50%）	5
学科精度	"双一流"学科精度	10
	顶尖学科精度（软科前3%占比）	5
	一流学科精度（软科前12%占比）	5
	优势学科精度（软科前50%占比）	5
高端人才	高端人才总数	60
科研项目	社科重大重点项目（折合数）	40
	社科一般青年项目（折合数）	40
重大成果	教育部人文社科奖（折合数）	40
学术论文	国际期刊论文数	20
	中文期刊论文数	40
科研平台	科研平台（折合数）	40

资料来源：软科官网发布的"2024 中国大学文科实力评级"，https://www.shanghairanking.cn/info/detail?code=2024_12_1296。

软科中国大学专业排名由学校条件、学科支撑、专业生源、专业就业、专业条件 5 个指标类别和 25 项指标构成（详见表 3-12）。软科中国大学专业排名以教育部《普通高等学校本科专业目录（2024年）》中设置的专业为准，2024 年共覆盖 93 个专业类别的 810 个本科专业，排名对象为开设该专业且在 2022 年有本科毕业生的普通高校。在具体评估过程中，根据专业适用性和重要性对指标体系进行差异化调整，如艺术学门类下的所有专业、体育类专业、公安类专业等未采用专业生源

(新生高考成绩)指标,2019年后新增设的专业未采用专业就业(毕业生毕业去向落实率)指标,应用性强的专业会调整其学科支撑权重,使其降低到10%或5%。

表3-12 2024年软科中国大学专业排名指标

一级指标	二级指标	具体说明
学校条件	生均经费	学校2022年度各项收入总和与学校全日制在校生总数(专科生、本科生、硕士生、博士生、学历留学生)的比值
	师生比	学校2022年度专任教师数与学校全日制本科生数的比值
	教师学历结构	学校2022年度具有博士学位的专任教师占学校专任教师总数的比例
	教师职称结构	学校2022年度具有高级职称的专任教师占学校专任教师总数的比例
	教授授课率	学校2022年度正教授主讲本科课程门次数占本科课程总次数的比例
学科支撑	国家"双一流"建设学科	学校本科专业的支撑学科入选教育部2022年公布的第二轮"双一流"建设学科名单的情况,赋予10分
	软科中国最好学科排名	2023年软科中国最好学科排名前3%或前2名10分,前7%或前3名9分,前12%或前4名8分,前20%7分……前70%2分,未上榜但支撑学科为硕士点或博士点的1分
专业生源	新生高考成绩	2022年度该专业录取新生的高考成绩
专业就业	毕业生就业率	2022年度该专业本科毕业生落实就业单位的比例

(续表)

一级指标	二级指标	具体说明
专业条件	模范先进教师	该专业教师获得共和国勋章、国家荣誉称号、黄大年式教师团队、全国道德模范、全国教书育人楷模、全国优秀教育工作者、全国最美教师、全国模范教师、全国优秀教师、时代楷模等
	模范先进学生	该专业在2018—2022年当选的最美大学生、中国大学生年度人物、全国优秀共青团员荣誉称号的总数
	国家级课程思政示范项目	该专业在2021年度获立项的国家级课程思政示范项目的总数,每个项目计0.5分
	省级课程思政示范项目	该专业在2019—2023年获立项的省级课程思政示范项目的总数,每个项目计0.1分,累积不超过0.5分
	国家级认证专业	该专业获批国家一流本科专业建设点、国家级特色专业建设点、工程教育类认证专业、师范类认证专业、临床医学类认证专业、护理学认证专业、药学类认证专业、土建类认证专业、口腔医学类认证专业、中西医临床医学认证专业、中医学认证专业、中医药认证专业情况(截至2024年1月),每项认证计5分,属于两个及以上认证计6分
	省级认证专业	该专业获批省级一流本科专业建设点、省级特色专业、省级品牌专业等情况(截至2024年1月),每项认证计3分,属于两个及以上认证计4分,不与国家级认证重复计分
	国家一流本科课程	该专业在2017—2023年获批建设的国家一流本科课程(包含线上一流课程、虚拟仿真实验教学一流课程、线下一流课程、线上线下混合式一流课程、社会实践一流课程、国家级精品在线开放课程、国家虚拟仿真实验教学项目)的总数,每门课计0.5分

(续表)

一级指标	二级指标	具体说明
专业条件	省级一流本科课程	该专业在2019—2023年获批建设的省级一流本科课程(包含线上一流课程、虚拟仿真实验教学一流课程、线下一流课程、线上线下混合式一流课程、社会实践一流课程、国家级精品在线开放课程、国家虚拟仿真实验教学项目)的总数,每门课计0.1分,累积不超过0.5分
	品牌示范课程	该专业在2007—2016年获得认定的教育部来华留学英语授课品牌课、双语教学示范课程的总数,每门计0.5分
	国家优秀教材	该专业获认定的全国优秀教材(高等教育类)、国家级规划教材("十二五")、中宣部组编"马工程"教材、教育部组编"马工程"教材的折合数(截至2023年12月),全国优秀教材特等奖计2分,一等奖计1分,二等奖计0.5分,其他教材均计0.5分
	国家级教学成果奖	该专业在2018—2022年获颁的国家级教学成果奖折合数,特等奖计4分,一等奖计2分,二等奖计1分
	省级教学成果奖	该专业在2019—2023年获颁的省级教学成果奖折合数,特等奖计0.8分,一等奖计0.4分,二等奖计0.2分,三等奖计0.1分,累积不超过1分
	国家级教改项目	该专业在2018—2021年获立项的国家级新工科研究与实践项目、新农科研究与实践项目、新文科研究与实践项目,每个项目计0.5分
	省级教改项目	该专业在2019—2023年获立项的省级教学改革项目的总数,每个项目计0.1分,累积不超过0.5分
	卓越拔尖计划	该专业在2011—2023年获立项的基础学科拔尖学生培养计划2.0基地、强基计划招生专业(2023年)、卓越工程师教育培养计划试点专业、卓越医生(中医)教育培养计划改革试点项目、卓越教师培养计划改革项目、卓越农林人才教育培养计划改革试点专业、卓越法律人才教育培养基地的总数,每个计划计2分,一个专业获多个计划时仅计2分

(续表)

一级指标	二级指标	具体说明
专业条件	国家教学基地	该专业获立项的国家级实验教学示范中心、国家级虚拟仿真实验教学中心、国家级工程实践教育中心、国家级人才培养模式创新实验区、国家级大学生校外实践教育基地、国家临床教学培训示范中心的总数(截至2023年12月),每个基地计1分

资料来源:软科官网发布的"2024中国大学专业排名", https://www.shanghairanking.cn/methodology/bcmr/2024?event=YmNtci91X211dGhvZkA。

六、艾瑞深校友会排名

艾瑞深研究院从1989年开始公布中国大学排名,是国内最早实施中国大学分类排名的研究机构,开发了综合类、理工类、艺术类、医科类、农林类、体育类、语言类、师范类、政法类等分类评价指标体系。其依托自主研发的中国高等学校发展指数数据库(CHDID),综合国务院、教育部、文化和旅游部、工业和信息化部等政府部门的公开数据,国家自然科学基金委员会、全国哲学社会科学工作办公室、科学技术部、中国科学院等国内外第三方评估机构和国内各高校、各企事业单位对外公开的资料等进行评估。2024年,艾瑞深校友会中国大学排名评价指标体系由思想政治、杰出校友、教学质量、高层次人才、优势学科专业、科研成果、社会服务、科研基地、科研项目、办学层次、社会声誉、国际影响力等12个一级指标构成(详见表3-13)。

表 3-13　艾瑞深校友会中国大学排名指标

指标	比重	说明
思想政治	8%	先进学生典型 先进模范教师 思政教育项目 思政教育奖励 思政教育荣誉 思政教育基地
杰出校友	10%	杰出学界校友 杰出政界校友 杰出商界校友 杰出文学艺术家校友 杰出运动员校友 杰出青年创业精英校友 杰出公益慈善人物校友
教学质量	12%	教学成果奖 一流教材 一流课程 教学工程项目 教学基地资质 创新创业学科竞赛
高层次人才	15%	立德树人类 荣誉称号类 教育教学类 科研奖励类 基金项目类 论文影响类 社会服务、文化传承创新类
学科专业	5%	学科优秀率 优势学科 优势专业
科研成果	22%	国家省部级奖励 国际科研奖励 专利标准奖 PCT 国际专利 图书著作奖 高水平学术论文

(续表)

指标	比重	说明
科研项目	5%	国家级重点科技研发项目 国家级重大社科基金项目 国家社科基金 国家自科基金
科研基地	5%	科研平台 技术转化基地 卓越计划期刊 出版社
社会服务	5%	社会服务效益 社会服务典型 社会服务基地
办学层次	5%	国家定位 办学经费 办学荣誉资质
社会声誉	5%	慈善捐赠 生源竞争力
国际影响力	3%	国际化办学 国际声誉 国际排名

资料来源:艾瑞深校友会官网发布的"校友会2024中国大学排名评价指标体系",http://www.chinaxy.com/2022index/news/news.jsp?information_id=10919。

艾瑞深校友会根据中国一流学科建设情况,于2019年开展了校友会中国高校双一流学科建设评价工作。校友会中国一流学科排名评价遵循分类、分级、分层评价原则,以由杰出校友、高层次人才、高水平教学成果、高端科研成果和优势学科资源5个一级指标组成的指标体系(详见表3-14)的综合得分对中国一级学科的综合实力、学科水平和办学质量进行评价,总体结合了中国特色和世界一流的评估要求,评价指标数据来自其自主研发的中国高等学校发展指数数据库,评估对象涉及全国783所本科高校的1万多个一级学科,包括国家"双一流"世界一流学科建设学科,地方"双一流"一流学科建设学科,拥有博士、硕士学位授予权的一级学科,省市级重点建设学科和培育学科等。

表3-14 艾瑞深校友会中国大学一流学科评估指标

一级指标	二级指标	比重
杰出校友	杰出科学家校友	6.5%
	杰出政要校友	6.5%
	杰出企业家校友	5%
	文艺体杰出校友	2%
高层次人才	立德树人类	2%
	荣誉称号类	5%
	科研奖励类	3%
	教育教学类	2.5%
	基金项目类	3%
	论文影响类	2.5%
	专利著作类	1%
	文化传承创新类	1%
高水平教学成果	教学成果奖	7%
	思政教育奖	3%
	一流课程	3%
	一流教材	2%
高端科研成果	国家级奖励	15%
	省部级奖励	5%
高端科研成果	专利奖	3%
	著作奖	2%
	国际论文	5%
	国际奖励	5%

(续表)

一级指标	二级指标	比重
优势学科资源	一流学科	6%
	优势学科	2%
	一流专业	2%

资料来源：艾瑞深校友会官网发布的"校友会2019中国大学学科排名评价指标体系"，http://www.chinaxy.com/2022index/news/news.jsp?information_id=286。

艾瑞深校友会中国大学一流专业排名自2015年发布，截至2024年，共对1226所本科高校的6万个本科专业进行排名，排名评价指标由学科水平、培养质量、师资水平、专业水平和专业影响5个指标构成，下设国家双一流建设学科、教育部学科评估结果、省级重点建设学科等二级指标，以及100多项具体评价指标（详见表3-15）。专业评价基于各个高校的办学定位、学科建设水平、专业发展定位，分别从"研究型"和"应用型"两大体系进行评价，分为A++、A+、A、B++、B+、B、C和D共8个档次进行结果公布。

表3-15 艾瑞深校友会中国大学一流专业排名评价指标

一级指标	二级指标
学科水平	国家双一流建设学科
	教育部学科评估结果
	省级重点建设学科
培养质量	校友会中国大学一流学科排名
	杰出政要校友
	杰出学界校友
	杰出商界校友
	杰出文艺体校友
	……

(续表)

一级指标	二级指标
师资水平	杰出科学家
	中国高贡献学者
	国家级教学名师
	国家级教学团队
	……
专业水平	国家级一流专业
	省级一流专业
	国家教学成果奖
	国家教学基地
	国家教材课程
专业影响	国际认证专业
	国家认证专业
	……

资料来源:艾瑞深校友会官网发布的"校友会中国大学一流专业排名",http://www.chinaxy.com/2022index/2023/2023zymiall.html。

七、金平果排名

金平果中国大学学科专业排行榜,由中国科教评价网、中国科教评价研究院、中国科学评价研究中心共同研究发布。金平果中国大学学科专业评价始于2004年,每年发布《中国大学及学科专业评价报告》,为政府部门、高等院校、广大学子等提供高校、学科和专业选择、比较、匹配的基础材料。2024年评价体系包括师资队伍、教学水平、科研水平和学科声誉4个一级指标,下设教师数、博导数、杰出人才、学位点数、人才培养、科研项目、论文发表、发明专利、国家一流专业等多个二级指标(详见表3-16)。在具体观测点的选取上,为响应国家破除"论文导向"的科技评价要求,学科专业评价的观测点舍弃了 SCI 发文量指标,仅保留其被引数据,并加入"高质量期刊""国家一流本科专业""国家级一流课程"作为新的观测点,采用 2022 年中国高考分数线作为观测点,提高生源质量所占比重。

表 3-16 金平果中国本科学科专业评价指标

一级指标	一级权重	二级指标	二级权重
师资队伍	0.2	教师数	0.3
		博导数	0.15
		杰出人才	0.4
		教育专家	0.15
教学水平	0.3	博硕士学位点数	0.3
		人才基地	0.15
		教学成果	0.2
		人才培养	0.35
科研水平	0.3	科研基地	0.1
		科研项目	0.2
		论文发表	0.2
		发明专利	0.15
		论文被引	0.2
		科研获奖	0.15
学科声誉	0.2	国家一流专业	0.5
		ESI 全球前 1%学科	0.2
		上年度优势学科(专家评审)	0.3

资料来源:金平果中国科教评价网,http://www.nseac.com/html/2631690562.html/。

THE排名、QS排名、US NEWS排名、ARWU排名、CUAA排名和GA排名均为商业性质的排名,商业排名指标体系多数只能反映高校办学的局部情况,可以作为科研水平测量的单项参考,但不一定能体现创新、服务贡献。国际具有代表性的商业排名多为学术论文数量及其影响力、计数为主的排行,国内具有代表性的商业排名多为科研成果数量和人才培养(部分)、计数为主的排行。所以国际商业排行榜不能代表国际教育标准,国内商业排行榜也不能代表国内教育标准。有学者指出,商业排行榜体系普遍存在"五唯"问题,国际高校四大排行榜(详见表3-17)不仅会误导国际高校,也会误导中国高校的发展。

表3-17 国际高校四大排行

国家与组织机构	评估项目名称	体系重点	特征	起始时间	发布周期
美国《新闻和世界报道》杂志	US NEWS排名	全球科研声誉、地区科研声誉 论文发表数量、书刊总数、会议论文、标准化论文引用影响指标、论文总引用次数、高被引论文数量(前10%)、高被引论文(前10%)比例、国际合作论文数、国际合作论文占所在国家的合作论文比例等	定位于为学生择校提供服务	1983年	每年一次

(续表)

国家与组织机构	评估项目名称	体系重点	特征	起始时间	发布周期
英国《泰晤士高等教育》杂志	THE排名	教学（教学声誉、师生比、博士/学士比、教师中博士比例、国际收入科研声誉、科研收入、科研产出、引用影响力、研究强度、研究卓越、研究影响力）	定位于为世界一流大学及以此为目标的大学提供国际比较，并综合反映大学功能	2004年	每年一次
		产业（产业收入、专利）			
		国际化（国际学生比例、国际教师比例、国际合作）（客观指标）			
英国奎克雷利·西蒙兹（Quakerelli Symonds）教育集团	QS排名	学术声誉、雇主声誉调查（主观指标）	定位于为世界一流大学及以此为目标的大学提供国际比较，并综合反映大学功能	2004年	每年一次
		教员学生数量比			
		师均论文引用率			
		科研能力（客观指标）			
		国际学生占比、国际研究网络			
		就业能力			
		可持续性			
中国上海软科教育信息咨询有限公司	ARWU排名	教育质量（校友获奖）	定位于大学学术研究评价，全部采用客观数据，其指标侧重于学术成果	2003年	每年一次
		教师质量（教师获奖、高被引科学家）			
		科研成果（N＆S论文、国际论文）			
		师均表现			

因此,各国对高等教育商业排名的批判性审视已成为主流。2020年,中国人民大学宣布从2022年开始将不再向世界大学排名机构提供相关数据。南京大学在《南京大学"十四五"规划》和《南京大学"双一流"建设高校整体建设方案》中指出,学校发展和学科建设均不再使用国际排名作为重要建设目标。此外,兰州大学也表示从未参加过泰晤士高等教育世界大学排名。由此可见,在中国,商业排名可以根据情境需求作为参考依据,但高校绝不能被"牵着鼻子走",国家要从根本上解决评价"指挥棒"问题。2022年11月16日《纽约时报》的一篇报道指出,耶鲁大学法学院和哈佛大学法学院均宣布退出 US NEWS 的全美法学院排名,随后加州大学伯克利分校法学院、哥伦比亚大学法学院、斯坦福大学法学院、乔治大学法学院也陆续退出该排名。2023年7月2日,在2024年QS世界大学排名公布后,韩国的首尔大学、延世大学、高丽大学、韩国科学技术院等52所高校联合发表声明,将从2025年起不再参加世界大学排名。韩国高校相关部门负责人强调指出,QS新的评估方法是不公平的,其更有利于英语国家的大学,若不改变评估方法,韩国将永久退出该评估。2023年7月4日,荷兰发起了与欧洲大学联盟组织、德国、法国、爱尔兰、波兰和英国的共同探索行动,致力于在欧洲层面引发变革,提高对商业排行榜局限性的认识。荷兰的大学将不再使用排行榜进行内部评价或预算分配,而开始使用欧盟多维度排名。2024年3月13日,瑞士苏黎世大学在其官网上宣布退出 THE 排名,指出 THE 排名无法反映大学广泛开展的各种教学和研究活动,由媒体公司运营的大学排名更像是"角斗场式的竞争",只关注可衡量的产出,将一切指标量化为得分,会产生不可知的后果。

由此可见,一国的教育部门出台的官方评估,是该国高等教育领域最为权威的评估。以我国教育部学位与研究生教育发展中心开展的学科评估为例,经历了五轮学科评估改革,其指标体系最符合中国教育实践和管理特色(详见表3-18),业已实现"十大创新"的突破发展。第一个创新在于推出中国特色四维评价体系,即以立德树人为根本任务,搭建了"人才培养质量—师资队伍与资源—科学研究—社会贡献与学科声誉"的四维评价结构。第二个创新在于细化人才培养质量的四大模块,即聚焦思政成效、培养过程、在校生和毕业生发展质量四大模块,提升人才培养质量水平。第三个创新在于评价细则和操作积极破除"五唯",实行定性与定量结合的"融合评价",如师资评价开放结构质量、专利评价转化数量和效益、期刊论文评价学术贡献点和原创程度、学位论文评价国家定期抽检结果、科研评价国家级奖项和同行评价的其他奖等。第四个创新在于提出"科研育人成效"指标,通过毕业生问卷调查、科研能力素养成长度和获得感的计算,综合考察科研资源对学生培养的投入程度和效果。第五个创新在于明确跨学科成果"归属度"评价办法。跨学科成果归属一直是评价难题,在最新一轮学科评估中已经开始实行"算法+学校定夺"的归属认定机制。第六个创新在于使用案例评价"学科贡献度",建立学科对经济社会贡献的"案例评价"模式,拓展"特殊案例"评价。第七个创新在于实行"三维度"学科声誉评价,即国际机构专家、教育部学位与研究生教育发展中心专家和国内专家共同参与声誉评价。第八个创新在于建立负责任专家评价机制(REEF),以负责任、重事实、看成效和守公正为原则,形成专家评议责任闭环。第九个创新在于创立数据清洗制度,综合使用人机交互、单位交互、审计绑定、人工智能分析、专家审核、相似度对比、学校复核等方法,构建数据可信度标准及数据清洗流程。第十个创新在于不断革新发布机制,目前采取分档分级(A、B、C三档)的发布形式,在评价理念、体系和结果上保持一致性和透明度。

表 3-18　商业排行缺失或相对缺失指标

维度	缺失或相对缺失的指标
人才培养质量	思想政治教育特色与成效
	科研育人成效(问卷)
	学生国际交流情况
	学位论文质量
	学生就业与职业发展质量(问卷)
	用人单位评价(问卷)
师资队伍与资源	重大仪器情况
科学研究水平 (与艺术/设计实践水平)	专利转化情况
	新品种研发与转化情况
	新药研发情况
	艺术实践成果
	艺术/设计实践项目
社会服务与学科声誉	社会服务贡献
	国内声誉调查情况
	国际声誉调查情况

八、专业认证

专业认证是指一个合法负责的机构或者协会对学校、学院、大学或者专业学习方案(课程)是否达到某种资质和教育标准的公共性认定[①],在签署认证协议的各个国家和地区具有效力。专业认证是专门

---

① 李军、林梦泉、朱金明、王耀荣:《教育认证发展现状及对我国教育认证构想》,《中国高等教育》2013 年第 19 期,第 29—32 页。

职业性专业认证的简称,是高等教育认证(Accreditation)的重要内容,为进入专门职业界工作的预备教育提供质量保证。

专业认证是企业管理的认证模式在教育质量保障领域的创新应用。据考证,教育认证诞生于20世纪初的美国。1905年,美国中北部院校协会对该地区院校进行第一次认证,公布了教育认证标准和第一批认证名单。专业认证一般由社会专业中介机构组织实施,遵循自主和自愿的原则,是一个全过程性、循环性和发展性的评估活动,更加强调社会公众参与(机构一般代表社会公众利益),评价标准在统一基准上重视对认证对象的特色定位。国际通行的专业认证分为国际互认式认证体系和国外跨境式认证体系两类。高校专业的国际认证是高校专业建设和发展的必然需求,是与国际接轨的重要途径,有利于学校专业的规范化、标准化和科学化。目前,医学类、经管类、工程类专业认证较为成熟。

医学教育认证是特定机构采用在某一范围内通行的标准对医学院校或专业进行的审核与评估,认证与否代表着满足质量标准与否。医学专业权威认证机构有世界医学教育联合会(World Federation for Medical Education,WFME)、北美医学教育联络委员会(Liaison Committee on Medical Education,LCME)、英国医学总会(General Medical Council,GMC)、澳大利亚医学会(Australian Medical Council,AMC)等(详见表3-19)。业界标准有世界医学教育联合会的"本科医学教育全球标准"(Basic Medical Education WFME Global Standards for Quality)、国际医学教育学会和美国中华医学基金会的"全球医学教育最低基本要求"(Global Minimum Essential Requirements)[1]、英国医学总会的"明日医生"(Tomorrow's Doctors)[2]、中国的"本科医学教育标

---

[1] 主要针对毕业生能力进行认证。
[2] 主要针对教育过程和教育结果进行认证。

准—临床医学专业"。2020年6月,中国教育部临床医学专业认证工作委员会机构通过了世界医学教育联合会的机构认定要求。

表3-19 医学专业主要认证机构及标准

机构	WFME	LCME	GMC	AMC
类别	9个领域 36个亚领域	5项标准 17项亚标准	9个领域	10项标准 42项亚标准
具体说明	宗旨及目标 教育计划 学生考核 学生 教师 教育资源 教育评价 管理与行政	学术环境 教育计划 医学生 教师队伍 教育资源	病人安全 质量保障、审核与评估 平等、多元与机遇招生 课程设计 教育与评价学生支持与发展 师资教学及评价的管理 教育资源 教育结果	宗旨及目标 医学课程 学生考核 学生 教学人员和临床教师 教育资源 课程评估 教学与科研的关系 行政管理

资料来源:整理自WMA官网(https://www.wma.net/what-we-do/education/the-world-federation-for-medical-education/)、LCME官网(https://lcme.org/publications/)、GMC官网(https://www.gmc-uk.org/education/standards-guidance-and-curricula)、AMC官网(https://www.amc.org.au/#)。

在经管专业领域,有三个较为权威的国际认证体系(详见表3-20),即国际精英商学院协会(the Association to Advance Collegiate Schools of Business International, AACSB)认证(被称为"北美体系")、欧洲质量发展体系(European Quality Improvement System, EQUIS)认证(被称为"欧洲体系")以及针对MBA教育的英国工商管理硕士协会(the Association of MBAs, AMBA)认证(被称为"MBA欧洲体系")。AACSB是历史最悠久、认证内容最全面的商学院联合机构,平均认证周期需要5年至8年的时间。EQUIS认证将其工作内容定位在辨别各种高等管理教育方法的异同及其优势上,其基本目标是提高全世界的高等管理教育水平。AMBA是专门从事MBA质量认证的独立机构,AMBA 认证只针对 MBA、EMBA、DBA 项目,认证周期较短,一般为 9—18 个月,认证指标较简单。而 AACSB 认证和 EQUIS 认证针对商学院整体发展,涵盖面较广。在 AACSB 认证中,有一套独特的学习保证体系(Assurance of Learning)考察商学院的教学水平与教育质量。截至 2024 年 8 月 7 日,中国大陆地区共有 50 所院校通过了 AACSB 认证,28 所院校通过了 EQUIS 认证,43 所高校通过了 AMBA 认证。[①]

表 3-20 商科专业主要国际认证体系及标准

认证体系	主要标准
AACSB	战略管理标准、参与者标准、教学保证标准
EQUIS	质量准则、国际化标准、被审查高等管理教育机构与商界的联系情况
AMBA	高等管理教育机构整个 MBA 项目的质量、机构能否独立自主地颁授学位、个人及 MBA 毕业生雇主是否认同国际 MBA 认证体系

资料来源:整理自 AACSB 官网(https://www.aacsb.edu/educators/accreditation/business-accreditation/aacsb-business-accreditation-standards)、EQUIS 官网(https://www.efmdglobal.org/accreditations/business-schools/equis/)和 AMBA 官网(https://associationofmbas.com/business-schools/accreditation)。

国际工程教育专业认证形成了由国际工程联盟(International Engineering Alliance)管理的《华盛顿协议》(Washington Accord)(被称为"WA 体系")和由欧洲工程教育专业认证网络(European Network for Accreditation of Engineering Education)建立的欧洲工程教育专业认证(European Accredited Engineering Programs)(被称为"EUR-ACE 体系")。WA 体系主要针对四年制本科工程教育的国际认证,EUR-ACE 体系主要提供贯通本科、硕士工程教育专业的认证标准,两大体系于

---

① 根据各高校官网数据统计得出。

2015年共同推出《工程教育专业认证的最佳实践:一个范例》(*Best Practice in Accreditation of Engineering Programs: An Exemplar*),为全球工程教育专业认证提供了涵盖政策、程序、标准启示的范本。其中,WA体系中对毕业要求和职业能力的详细说明,为本书文化产业管理专业竞争力模型提供了指标参考(详见表3-21)。

表3-21 WA体系的11条毕业标准及具体要求

毕业标准	具体要求
工程知识	WA1:运用数学、自然科学、计算机和工程基础知识及WA1至WA4中规定的工程专业知识,开发复杂工程问题的解决方案
问题分析	WA2:利用数学、自然科学和工程科学的第一原理,结合可持续发展的整体考虑,识别、表达、研究和分析复杂工程问题
设计/开发解决方法	WA3:为复杂工程问题设计创造性的解决方案,并设计系统、部件或流程,以满足特定需求,统筹公共健康、安全、净零碳、资源、文化、社会和环境因素
调查研究	WA4:运用研究方法对复杂工程问题进行调研,包括基于研究的知识积累、设计实验、分析和解释数据,以及通过信息综合得出有效结论
工具的使用	WA5:为解决复杂工程问题,开发、选择和应用恰当的技术、资源、现代工程工具和信息技术工具,包括预测和建模
工程师与世界	WA6:在解决复杂工程问题时,分析和评估问题解决方案对可持续发展产生的影响,涵盖社会、经济、可持续性、健康与安全、法律与环境等
伦理	WA7:运用道德准则,遵守职业伦理及工程实践责任和规范,遵守相关国家法律和国际法律,并理解多元化和包容性的必要性
个人和团队协作	WA8:在多元化和包容性的团队中,在多学科、面对面、远程和分布式的环境中,作为个人、成员或领导者有效地发挥作用

(续表)

毕业标准	具体要求
沟通	WA9：与工程界和整个社会就复杂工程活动进行有效的、包容性的沟通，例如能够理解和撰写有效的报告和设计文档，进行有效的演示，并考虑到文化、语言和学习差异
项目管理和财务	WA10：理解和掌握工程管理原理和经济决策方法，将其运用于自己的工作，并作为团队成员和领导者，在多学科环境中管理项目
终身学习	WA11：自主学习和终身学习；适应新技术；在最广泛的技术变革背景下进行批判性思考

资料来源：整理自国际工程联盟官网，https://www.ieagreements.org/assets/Uploads/Documents/IEA-Graduate-Attribute-and-Professional-Competencies2021.1-Sept-2021.pdf。

此外，还有旨在提高全球旅游教育、旅游培训及旅游研究项目质量的世界旅游组织旅游教育质量认证体系（UNWTO TedQual Certification System，简称为 UNWTO-TedQual 认证），对旅游管理专业教学体系的有效性、教学体系与实际旅游产业的契合程度、学生对教学体系的认可度等进行评估和质量认证，面向的对象包括旅游教育、培训和研究等，在旅游教育的质量监控、程序标准化、内容品质化和视野国际化方面均具有极高的显示度。

第四章
模型思维主导的多域竞争测量

专业评估模型是分析和评估专业建设水平的工具,是教育学评估的重要模型,其中,增值评价模型、成效评价模型和高质量发展评价模型较为成熟。专业竞争力模型是将管理学的竞争力模型应用到教育学领域的新模型,其作为一种全新的理论框架,通过具象化的指标选取设定和测量评估,盘点梳理竞争力要素,指导强化竞争优势发展。专业竞争力模型主要有能力导向、就业导向、资源导向、需求导向、系统导向等构建方向,能力导向、就业导向强调以学生为主体,资源导向和环境导向强调以专业为主体,系统导向则强调以整体教育为主体。

第一节 专业评估模型运行机理

增值评价模型、成效评价模型和高质量评估模型是在新的价值观与质量观中形成建立和实践探索的代表性专业评估模型。与传统量化评估挑选出一流的高校、学科和专业不同的是,增值评价、成效评价和高质量评估的目的是构建高质量教育体系,竞争力模型则是这三类评估模型的进一步发展,兼顾了发展效率与发展范式、发展结果与发展过程、发展质量与发展创新。

一、增值评价模型

(一)增值评价的概念

2020年中共中央、国务院印发《深化新时代教育评价改革总体方案》,提出了"改进结果评价,强化过程评价,探索增值评价,健全综合评价"[①]的教育评价改革要求,"增值评价"首次出现在我国国家级教育政策文件中。增值评价指对增益的度量(计算)和价值判断,教育增值评价的基础理念是"教育增值"(Value-Added),教育增值评价是指对教育主体(教育机构、教师)给教育客体(学生)带来的成长与进步作用的评价。教育增值评价起源于美国《关于教育机会平等性的报告》(1966年)对基础教育学校效能的评价,相关研究距今已有约60年的发展史,历经思想萌芽、实践应用及深入发展的演进路径。

亚历山大·阿斯廷(Alexander W. Astin)作为最早对高等教育增值进行探讨的学者之一,将"增值"作为"大学影响"和"卓越"两者演绎的结果,并最早将增值应用到大学对于学生职业选择的影响研究中。[②] 其在《大学影响力研究方法》(1970年)中提出了"输入—环境—输出"三角模型(Input-Environment-Output Model,简称I-E-O模型),以

---

① 中华人民共和国中央人民政府:《中共中央 国务院印发〈深化新时代教育评价改革总体方案〉》,2020年10月13日,https://www.gov.cn/zhengce/2020-10/13/content_5551032.htm。

② A. W. Astin, "Effect of Different College Environments on the Vocational Choices of High Aptitude Students", *Journal of Counseling Psychology*, Vol. 12, No. 1, 1965, pp. 28-34.

此阐述高等教育在学生增值上的重要作用。I-E-O 模型指出,学生投入可以直接影响学生产出,也可以经由大学环境影响学生产出。在该模型中,学生产出包括学业成就、知识、技能、价值观、态度、兴趣、日常活动等。[①] 随后,阿斯廷基于大学影响模式提出"参与理论"(Theory of Involvement)(1984 年),以解释学生在高校求学期间的动态过程,即"学生参与即学习"(students learn by becoming involved):一方面,学校必须为学生提供多样化的学习环境;另一方面,学生必须主动积极地参与学习发展过程,在参与过程中进行心理性和物理性的双重投入。[②]

学生参与理论可以作为校方管理的有效工具,以不断优化促进学生才能发展(Talent Development)的环境。才能发展是阿斯廷在《成就教育的卓越》中提出的评价培养质量的新标准,他主张用才能发展替代基于声望和资源的学生培养质量观。阿斯廷借用经济学家所说的"增加最多价值"(add the most value)观点,指出"最卓越的学校是那些对学生的知识和个人发展,以及对教师的学术能力、教学能力和教学产出施加最大影响力的学校"[③]。英国学者麦尔肯·弗雷泽(Malcolm Fraze)、莱维斯·梅休(Lewis Mayhew)等也认可教育增值的理念,认为高等教育首先是指学生发展质量,所"学"的信息包括其所知、所能做和所持态度,但否定了阿斯廷所说的增值内容和增值范围,建议降低期待并缩小范围。故阿斯廷回应道,如果学校注重学生才能发展,相应有三种教育增值模式,即平等主义模式(Egalitarian Model)、精英主义模式(Elite Model)和治疗模式(Remedial Model)。平等主义模式表示

[①] A. W. Astin, "The Methodology of Research on College Impact, Part One", *Sociology of Education*, Vol. 43, No. 3, 1970, pp. 223-254.
[②] A. W. Astin, "Student Involvement: A Developmental Theory for Higher Education", *Journal of College Student Development*, Vol. 25, No. 4, 1984, pp. 297-308.
[③] A. W. Astin, *Achieving Educational Excellence*, San Francisco: Jossey-Bass Publishers, 1985, pp. 60-61.

高年级学生在大学的收获较为平均,精英主义模式表示高年级学生进入博士水平的人数明显增多(低端水平学生的变化被忽视),治疗模式表示低端水平学生提升明显(博士水平变化细微)。三类模式照顾到了最低成就水平的学生、学生超越那些成就水平的边际安全系数和任何学习水平的学习进步(详见图4-1)。美国合作性院校研究项目、研究型大学就读经验调查等都借鉴了学生参与理论、教育增值理论和I-E-O模型。

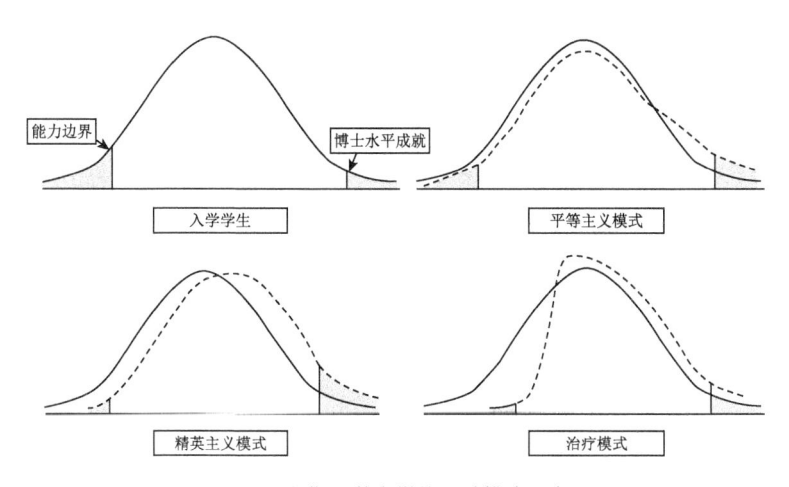

图 4-1 阿斯廷教育增值三种模式示意图

资料来源:译自 A. W. Astin, *Measurement and Determinants of the Outcomes of Higher Education*, New York: Academic Press, 1973, p.118。

(二) 增值评价方法

根据信息来源不同,增值评价方法可分为直接增值评价法和间接增值评价法;根据测评对象是否为同一批,可分为横向评价法和纵向评价法。

直接增值评价法主要测量前测值和后测值的差值。有几种主流做法:其一是直接对比法,在大学入学时进行标准化等测试,锚定学生增值的起点,学习一段时间后(如中期、毕业等)进行类似测试,确定学生增值的终点,终点和起点的差异即为增值。美国自愿问责系统即使用这一套方法。其二是预测实际差异法,在学生入学的学术能力测试(Scholastic Assessment Test,SAT)和美国大学入学考试(American College Test,ACT)成绩基础上预测学习成果,入学学习一段时间后进行测试,取得新的学习成绩,两个学习成绩间的差异视为增值。其三是比较增值法,通过比较预期增值和实际增值之间的差异来判断学生是否取得进步。相比较而言,预测实际差异法和比较增值法更能兼顾学生不同的初始水平,如阿斯廷所提到的不同能力水平的学生会有不同性质的增值,"初始值"的科学判断十分重要。国际上,美国的大学学术能力测试(Collegiate Assessment of Academic Proficiency,CAAP)、学术能力和进步测试(Measure of Academic Proficiency and Progress,MAPP)、大学学习结果评估(Collegiate Learning Assessment,CLA),澳大利亚的毕业生技能评价(Graduate Skills Assessment,GSA),国际经济合作与开发组织的高等教育学生学业成就跨国评估项目(The Assessment of Higher Education Learning Outcomes,AHELO)等,都使用直接增值评价法进行了较为成熟、科学的测评,其指标设定主要偏向通识教育和专业技能。但需要考虑到的是,增值是会受到人格特征、社会因素、学术能力等其他因素影响的,因此需要在测量时严格控制变量,以达到"净效应"[①]的理想追求。

间接增值评价法主要通过自我汇报或自我评价确定增值,即需要由学生来提供衡量学习结果的证据。间接增值评价法会充分考虑各种综合变量进行调查,如学生的家庭背景、校内外经历、社会心理特征等。

---

① 净效应指剥离不可控但对学生进步产生影响的背景因素,即将教育影响与其他影响相分离。

但自我陈述或自我汇报式地收集信息,要更加注意信度和效度的检验。诸如中国大学生学习与发展追踪调查(China College Student Survey,CCSS)、中国大学课程学习经验调查(Chinese College Student Experience Questionnaire,CCSEQ)、中国大学生学习情况调查研究项目(National College Student Survey,NCSS)、美国大学生学习经历调查(National Survey of Student Engagement,NSSE)、美国大学生满意度调查(National Student Satisfaction Study,NSSS)、大学生就读经验调查(College Student Experience Questionnaire,CSEQ)、澳大利亚课程经验问卷(Austrilia Course Experience Questionnaire,ACEQ)等,都采用了间接增值评价法。尽管信效度问题可以解决,但仍有学者质疑,间接增值评价法受主观影响较大,不能代替利用客观方法测量出的能力值和成长值,综合主客观数据是较好的改进方法。

横向评价法又被称为横截面评价法,指对大学一年级新生(控制组)和四年级毕业生同时进行测试,新老生之间的差距被计算为"学生在大学成长过程中所发展的程度"。这一评价方式因不是以同一学生群体为样本,即测评时的一年级学生状况不能等同于四年级学生入学时的状况,而被认为存在忽视诸多变化要素等问题。美国多年的合作性院校研究项目已经证实,不同时期的学生差异很大。纵向评价法又被称为追踪评价法,主要测量同一组学生在时间序列上学习结果的诸多变化,这个方法可以在入学时较好地控制各种输入变量。美国大学学术能力测试、学术能力和进步测试、大学学习结果评估、全美大型质量评估项目(Wabash National Survey of Liberal Arts Education,WNSLAE)、澳大利亚毕业生收获调查(Austrilia Graduate Outcomes Survey,AGOS)、首都高校教学质量与学生发展监测研究等都采用跟踪调查,纵向评价学生各项情况。但也要注意追踪评价法无法克服外部环境因素影响、学生中断学业导致样本流失、增值"天花板效应"等问题。所以又出现了以没进入大学的高中毕业生作为控制组的做法,如加拿大青年工作转换调查评估(Youth in Transition Survey,YITS)每隔两年对18至20岁的青年群体发展进行抽样调查,用以对进入大学和未进入大学的青年群体进行比较,从而找出大学的影响作用。

(三) 增值评价数据分析方法

在增值评价数据分析上,多元线性模型因可以较好地识别到多种因素的共同作用而深受研究者的喜爱,其中多元线性回归模型(Multi-variable Linear Regression Model, MLRM)和分层线性模型(Hierarchical Linear Model, HLM)的应用较为成熟。多元线性回归模型可以更好地计算一段时间内学生进步的"增值",通过残差值直观地反映学生的实际表现与预期表现之间的差距。分层线性模型可以更好地分离影响学生成长的外部因素和内部因素,得到学校影响的"净效应",从而判断得出专业教育对学生的影响力。

王小青在梳理国内外增值评价方法时,结合直接间接方法和横纵向方法,提出了四象限测评工具分类(详见表4-1)。国际上的早期做法为"直接增值评价—横向评估法"和"间接增值评价—横向评估法"(即处于第二、第三象限),而现在主要采取"直接增值评价—纵向评估法"和"间接增值评价—纵向评估法"(即处于第一、第四象限)。国内与直接增值评价相关的测评工具较为落后,主要采取截面数据进行间接增值评价。我国需要优化研究直接增值评价的测评工具,转向长期跟踪调查,促进增值评价方法向第一、第四象限发展。[①]

---

① 王小青:《高等教育增值评价方法的比较与应用》,《高教发展与评估》2018年第5期,第60—71、116页。

表 4-1 增值评价法简介

测评学生选择信息来源	横向评估法	纵向评估法	数据分析法
直接增值评价	第二象限：直接增值评价—横向评估法（国际上早期做法）	第一象限：直接增值评价—纵向评估法（国际上当前多数做法）	多元线性回归模型和分层线性模型
间接增值评价	第三象限：间接增值评价—横向评估法（国际上早期做法，我国当前大多数做法）	第四象限：间接增值评价—纵向评估法（国际上当前多数做法，我国少数做法）	

资料来源：王小青：《高等教育增值评价方法的比较和应用》，《高教发展与评估》2018年第5期。

二、成效评价模型

（一）成效评价的概念

成效评价的概念最早出现在2020年12月30日教育部、财政部、国家发展和改革委员会公布的《"双一流"建设成效评价办法（试行）》这一政策文件中。该文件主要在评价原则、评价重点、评价组织、评价结果运用等宏观层面明确了成效评价工作的内容、方法和组织，但并未涉及各主体的执行办法和指标体系等内容。

成效评价是对高校及其学科建设实现大学功能、内涵发展、特色发展的多元多维评价，可分为大学整体建设和学科建设两部分评价，评价内容涉及人才培养评价、教师队伍建设评价、科学研究评价、社会服务评价、文化传承创新评价和国际交流合作评价等六个方面。[1] 不同评价方面,应采用不同评价角度:在考察高校和学科达成水平时,采用"整体发展水平"角度;在考察高校和学科在某一建设周期内的水平变化时,采用"成长提升程度"角度;在考察高校和学科支撑发展的条件和水平[2]时,采用"可持续发展能力"角度。

虽然 2020 年 7 月钟秉林和王新凤在《我国"双一流"建设成效评价的若干思考》一文中提到,2020 年"双一流"建设高校将要接受中期建设成效评价,亟待构建"双一流"建设成效评价指标体系。但此处"成效评价"并未作为独立学术概念和评价方法提出,而是作为"'双一流'建设成效"评价出现,特指评估"双一流"建设成效,论文内容集中在辩证分析"双一流"建设成效的评价内容、标准和主体等。[3] 2021 年 3 月,林梦泉则进一步定义了成效评价的学术概念和实践方法。其将广泛应用于现代社会管理领域的成效评价引入学科和专业建设评估,提出了成效评价的新概念和新方法,指出成效为"在一定周期内,相对于预设的条件、范围、目标等基础前提,学科或专业建设所取得的成绩、成果、功效和效果"[4]。

综合来看,成效评价是以任务目标为主线的评价模式,可分为绝对成效评价、相对成效评价和增值成效评价三类。成效评价的类别,根据评价对象是否为同一大学、评价是否有对照周期而有所区分。绝对成

---

[1] 中华人民共和国教育部:《教育部 财政部 国家发展改革委关于印发〈"双一流"建设成效评价办法(试行)〉的通知》,2020 年 12 月 30 日,http://www.moe.gov.cn/srcsite/A22/moe_843/202103/t20210323_521951.html。
[2] 如结构布局、特色优势、资源投入、平台建设、体制机制改革和制度体系创新完善、治理效能等。
[3] 钟秉林、王新凤:《我国"双一流"建设成效评价的若干思考》,《高校教育管理》2020 年第 4 期,第 1—6 页。
[4] 林梦泉、陈燕、李勇等:《新时代大学学科成效评价理论框架与应用探索》,《中国高教研究》2021 年第 3 期,第 14—21 页。

效评价是检验大学学科、专业从建设起点到终点所取得的成果。相对成效评价是检验不同大学学科、专业在相同建设周期内所取得的不同成效比较情况(横向)。增值成效评价指同一个大学学科、专业与上一个建设周期相比建设成效的变化(纵向)。我国"双一流"建设评价以学科建设绝对成效评价为基础,综合使用了相对成效评价和增值成效评价。

(二) 成效评价方法

评价方法一般具有方法论和评价方法两层含义。评价模型的方法论是在高等教育价值观和质量观指导下形成和建立的,方法论的清晰合理是管理评价过程和使用评价结果的关键。评价方法包括指标设计的方法和开展评价工作的方法,是评价的执行准则和具体方法。

在评价方法论上,基于世界一流学科建设背景,我国更加注重学科在提供一流社会服务、引领一流学术研究、深化一流人才培养的成效建设,所以转变评价理念已然迫在眉睫。学者王战军提出的"三个结合"评价理念十分符合成效评价重点需求,即学术实力评价与服务效果评价相结合,显性内容评价与隐性内容评价相结合,结果性评价与成长性评价相结合,引导社会大众更加关注专业建设的服务效果、隐性内容和成长性评价。[①] 国际较有影响力的 US NEWS、THE、QS、ARWU 学科评价体系学术实力的指标比重均超过 50%,社会服务类的指标仅在 THE 评价体系中的"产业收入"(权重为 5%)一项有所涉及,这极易造成"唯论文""唯奖项"现象,弱化学科及专业的社会价值。偏显性的评价往往因显性可观察、量化可测量和资源易得而作为评价内容,但偏隐性的评价如学科发展、学科制度、学术组织等正在重塑学科专业竞争

---

① 王战军、杨旭婷:《世界一流学科建设评价的理念变革与要素创新》,《中国高教研究》2019 年第 3 期,第 1—7 页。

力。此外,成效评价用学科自身目标衡量建设效益,能更好地突出学科差异,推动个性化设定学科发展目标和考核学科建设效率,将打造比较优势内化到学科建设的各个环节,自然而然地形成专业特色。

在指标设计方法上,林梦泉团队创造性地提出了"三维立体成效评价体系设计法",其建议统筹建设任务、完成效果、评价方法三个维度的考察目标,增强指标的多元性和融通性,不断提高评价管理的系统性和可靠性。在三维立体成效评价体系中,第一个维度为建设任务维度。结合我国"双一流"建设、一流专业建设、一流课程建设等任务,提炼出人才培养、科学研究、师资资源、文化传承、社会服务、国际交流、治理机制等七个方面的任务。第二个维度为建设任务完成与发展效果维度。聚焦评价建设效果、效率、规律和趋势,重点考察建设目标达成度、成长度、贡献度和发展度。达成度和成长度为基础指标,贡献度为标志性、创新性、引领性、战略性成果指标,发展度对标可持续发展指标,如文化引领、治理机制、平台影响、大师队伍等。第三个维度为评价方法维度。为更好地解决"五唯"问题,增强评价方法的可操作性,林梦泉认为应增强评估指标与评估方法的对应性,清晰设定各类指标使用什么类型的评价方法,如定量评价需要完善的数据标准和优质的数据质量,定性评价需要确定的指标重点和可比形式,融合评价需要综合计量分析和同行评议"结构性证据"的可评估性等。

在评价工作方法上,我国"双一流"成效评价已经形成了良好的组合方法。首先,日常动态监测和周期评价相结合。建立常态化建设监测体系,在建设周期内对学科建设成效(过程和结果)进行持续性跟踪、监测和测评,周期评价以过程信息与数据要素为支撑。其次,定性评议与定量评价相结合。依据评估对象自评报告、定期工作总结、典型案例分析等写实性材料,组织专家进行定性评议。依据官方统计数据、监测数据、权威评价结果进行定量评价。定量与定性结果互相补充、互为印证,这个方法又被林梦泉称为"融合评价法"(详见图4-2)。融合评价主要有三种操作方法:其一是基于客观事实的同行评议,用数据计量提高定性评议的标准性和客观性;其二是基于专家意见的计量分析,用同行专家的专业性提高计量评价的专业性和准确性;其三是拓宽融

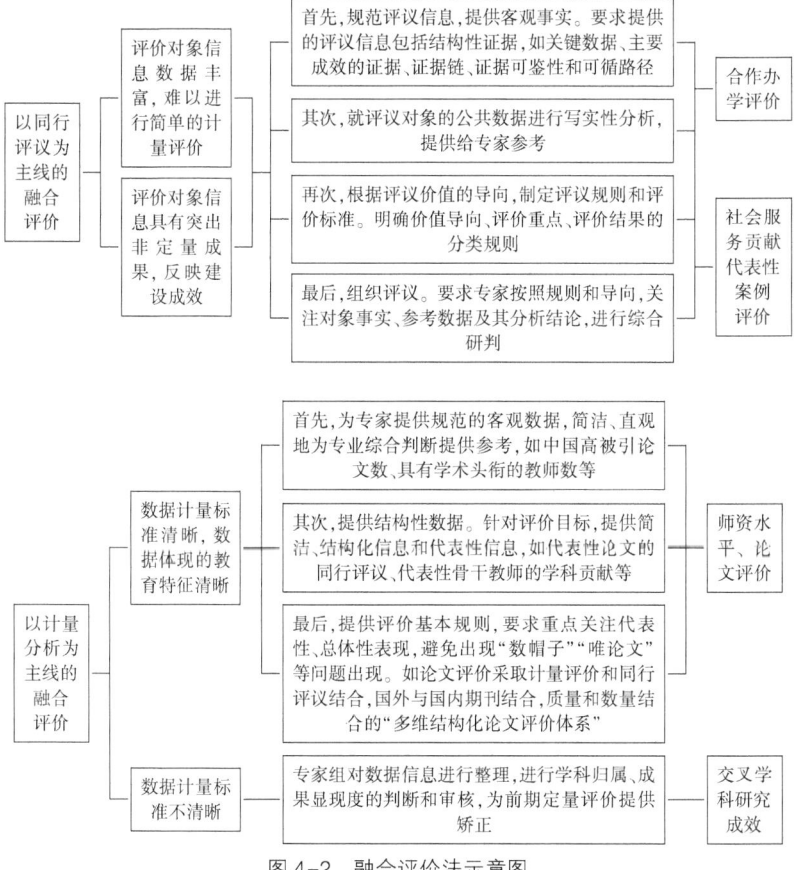

图 4-2 融合评价法示意图

资料来源:林梦泉、任超、陈燕等:《破解教育评价难题 探索"融合评价"新方法》,《学位与研究生教育》2019年第12期。

合评价到宏观应用层面,超过微观计量和同行评议融合,全面提升评价科学性,打通"宏观—中观—微观"多维融合指标信息类型和信息来源渠道。[①] 可从数据价值和质量的角度来判断使用哪种评价方法最合适,调查与获取的数据价值和质量较高时适宜采取定量评价方法,较低时适宜采取定性评价方法,中等时适宜采取融合评价方法。

(三) 成效评价要素

在评价要素组成上,林梦泉团队构建了"二维结构体系模型"整合成效评价的诸多要素(详见表4-2)。模型的第一个维度包括建设任务要素,第二个维度包括任务完成效果要素,二维内容对应形成矩阵式框架,所以每个指标都具有两个维度的概念和多个观测点。以"A 人才培养"任务维度为例,其达成度(1)、成长度(2)、贡献度(3)和发展度(4)的观测点分别包括人才培养目标达成度(A11)、教学资源变化(A21)、学生成长(A22)、思政教育成效提升(A23)、毕业生职业发展与贡献(A31)、就业毕业分布(A32)、教学质量(A41)、教学资源提供(A42)、思政教育引领发展(A43)等;以"B 科学研究"任务维度为例,其达成度(1)、成长度(2)、贡献度(3)和发展度(4)的观测点分别包括科学研究目标达成度(B11)、学位论文水平提升(B21)、科研获奖增值(B22)、科技成果转化(B31)、学术贡献(B32)、突出成果(B33) 科研平台与潜在资源(B41)等。

[①] 林梦泉、任超、陈燕等:《破解教育评价难题 探索"融合评价"新方法》,《学位与研究生教育》2019 年第 12 期,第 1—6 页。

表 4-2　林梦泉二维成效评价模型要素

	达成度(1)	成长度(2)	贡献度(3)	发展度(4)
A 人才培养	A11 人才培养目标达成度 ……	A21 教育资源变化 A22 学生成长 ……	A31 毕业生职业发展与贡献 A32 就业毕业分布 A33 思政教育成效提升 ……	A41 教学质量 A42 教育资源提供 A43 思政教育引领发展
B 科学研究	B11 科学研究目标达成度 ……	B21 学术论文水平提升 B22 科研获奖增值 ……	B31 科技成果转化 B32 学术贡献 B33 突出成果 ……	B41 科研平台与潜在资源 B42 学术创新
C 师资队伍	C11 师资队伍目标达成度 ……	C21 师资队伍影响力增强	C31 师资队伍荣誉称号	C41 一流大师
D 文化传承	D11 文化传承目标达成度 ……	D21 学科共同体发展 D22 学科社会影响力变化	D31 文化发展贡献 D32 学科话语权 ……	D41 文化引领 D42 学科体系可持续发展
E 社会服务	E11 社会服务目标达成度 ……	E21 社会服务水平变化 ……	E31 社会参与机制建设 ……	E41 社会服务引领 ……
F 国际交流	F11 国际交流目标达成度 ……	F21 国际交流合作水平变化 ……	F31 国际化环境 ……	F41 国际引领 ……

（续表）

	达成度(1)	成长度(2)	贡献度(3)	发展度(4)
G 治理机制	G11 治理体系建设达成度	G21 治理体系发展情况	G31 治理体系推广	G41 治理体系支撑持续发展
	……	……	……	……

资料来源:林梦泉、任超、陈燕等:《破解教育评价难题　探索"融合评价"新方法》,《学位与研究生教育》2019年第12期。部分内容为本书作者补充。

王战军团队则提出了"达成度、贡献度、支撑度、影响度和引领度"的任务完成效果"五度"要素。达成度对标目标实现程度和达成情况,可以用"建设目标－建设实际＝达成度"这一简单的公式进行计算。贡献度对标内外部发展的贡献程度。支撑度对标内外部重大问题解决的支撑程度,支撑度较高的学科专业一般为国家战略所需、科学研究核心和关键技术所在领域。影响度对标学科话语权和认可程度,具有较高影响度的学科一般处于学术共同体中的核心地位,为新观点、新范式和新发展的风向标。学科影响度可量化表现为排名、领军人才水平、就业表现、国际影响力、学科声誉等指标。引领度对标学科创新能力和未来发展潜力,引领度高的学科更能把握学科发展趋势、引导学术研究前沿、创新学科管理机制、改革人才培养模式、塑造学科文化。

对比两位学者成效要素的构建框架可以看出,成效要素中的核心要素为达成度和贡献度。王战军提到的学科对重大发展的"支撑度",本质亦是贡献度中"突出贡献"的一种表述。成长度与影响度相对,引领度与发展度相对,虽然在命名上有所差异,但细化指标一致,可互为补充。达成度评价可以更好地规避统一性指标带来的"一把尺子丈量所有人"的弊端,不同学校根据学科基础进行不同的目标设定,再结合建设实际,在结果性评价的基础上,利用增值成效评价方法可更全面地考察学科建设成效。贡献度评价将评价内容转化为成效内容,如以学科促进人力资源结构优化和质量提升状况作为人才培养成效的考察内容,以科研成果对经济发展和产业升级的驱动效果作为科学研究成果的评价,以文化自信和文化传播影响力、丰富区域文化资源、推动文化产业发展效果作为学科文化传承与创新的评价,以学科带头人、学科骨干、青年研究者的发展情况和研究基地、实验室、平台创建情况等作为一流学科建设的评价。贡献度评价亦突出不同学科的贡献特色,考察基础学科在形成具有国际影响力的新知识、新理论上的贡献,考察应用学科为突破关键技术和解决重大工程问题上的贡献,考察交叉学科在促进经济、政治、文化、社会、生态合理布局和协调发展上的贡献。

三、高质量发展评价模型

(一) 高质量发展评价的由来

质量是物理学的术语,也是管理学的重要概念。在物理学领域中,质量(mass)是物体所具有的一种物理属性,牛顿在《原理》(1687年)中最早引入质量的概念以表示物质的数量(the quality of matter),即物质多少的量度。在管理学领域中,泰勒制的诞生代表着科学管理的开端,也引入了最初的质量(quality)管理概念(1875年)。随后统计质量管理(1925年)、全面质量管理(1961年)、卓越绩效管理(1987年)等的全面发展,质量的概念也从产品好的程度[1]、产品的适用性[2]、一组固

---

[1] W. A. Shewhart, "Economic Quality Control of Manufactured Product", *System Technical Journal*, Vol. 9, No. 2, 1930, pp. 364-389.
[2] Joseph M. Juran, *Quality Control Handbook*, New York: McGraw-Hill, 1951.

有特性满足要求的程度①,发展到产品、服务、过程和体系的质量。高质量的概念源于管理学质量测量,代表一种良好的质量管理状态。而"高质量发展"是在马克思政治经济学的理论创新与中国发展实践的现实研判相结合的基础上,提出的兼具政治意涵与学术价值的重要概念。它不仅是对中国特色社会主义发展道路的理论升华,也是对全球发展范式的重要贡献。这一概念最初侧重从发展阶段的角度进行表述,即2017年10月习近平总书记在党的十九大报告中指出的"我国经济已由高速增长阶段转向高质量发展阶段"。随后,作为发展形态的高质量发展、作为发展理念的高质量发展和作为发展战略的高质量发展等一系列概念不断出现,扩充了高质量发展的概念体系,并在党的二十大报告中作为首要任务和中国式现代化的本质要求被提出,即"高质量发展是全面建设社会主义现代化国家的首要任务"。2023年12月,中央经济工作会议进一步提出,必须把坚持高质量发展作为新时代的硬道理。高质量发展的内涵层层递进、不断丰富,高质量发展在我国已然成为从实践中来并指导实践的科学理论。②

高质量发展正在塑造着高等教育改革与发展的新格局。2020年7月30日召开的中共中央政治局会议明确指出,"我国已进入高质量发展阶段"。国家经济社会的高质量转型和发展需要高等教育提供适配的人才和科技支撑。在高质量发展实践和理论的指导下,高等教育的发展理念、发展模式、评价体系和治理体系将发生一系列变革。2020年12月,时任教育部高等教育司司长吴岩在《中国教育报》上发表《构

---

① ISO 9001:2000, "Quality Management Systems—Requirements", Geneva: International Organization for Standardization, 2000, p.6.
② 顾严、张欣欣、马小腾:《高质量发展的体系化阐释》,《北京行政学院学报》2024年第1期,第73—83页。

建高质量发展体系　建设高等教育强国》。文中指出,中国教育将由高速发展转向高质量发展,要在高等教育进入普及化阶段的新起点上构建高质量发展体系,着力抓好根本质量、整体质量、成熟质量和服务质量等"四个质量"。[1] 学界亦有多位专家给出了"'十四五'期间我国高等教育将进入高质量发展阶段"的研判。

教育部高等教育司连续三年将高质量作为工作主线。2021年提出"加快构建高质量高等教育体系",2022年提出实施新时代高等教育育人质量工程,以"保合格、上水平、追卓越"三级认证促进专业建设和高质量发展,2023年将"推动高等教育体制机制创新和高质量发展"作为首要工作要点,要求在解决制约高等教育高质量发展重大问题、提升服务国家区域高质量发展能力、推动思政课高质量建设、形成部省校高质量发展合力、推进高质量开好"三会一课"等方面重点发力。[2] 2024年1月召开的全国教育工作会议中亦强调指出,要加快构建具有中国特色、达到世界水平、与中国式现代化相匹配的高质量教育体系,重点关注促进高校毕业生高质量充分就业,推进高校哲学社会科学高质量发展,实现办学质量高水平、产学合作高质量等。[3]

高质量发展是对我国高等教育发展状态的一种事实与价值判断,意味着高等教育在"质"和"量"两个维度要达到优质状态。"高质量"既约束了评价过程中多元利益主体的建构行为,又指明了评价追求的最终结果为"高质量"的发展。在高质量发展评价中,评价结果并不是

---

[1] 吴岩:《构建高质量发展体系　建设高等教育强国》,2020年12月8日,http://www.moe.gov.cn/jyb_xwfb/moe_2082/zl_2020n/2020_zl61/202012/t20201208_504136.html。
[2] 中华人民共和国教育部:《教育部高等教育司2023年工作要点》,2023年3月29日,http://www.moe.gov.cn/s78/A08/tongzhi/202303/t20230329_1053339.html。
[3] 中华人民共和国教育部:《2024年全国教育工作会议召开》,2024年1月11日,http://www.moe.gov.cn/jyb_xwfb/gzdt_gzdt/moe_1485/202401/t20240111_1099814.html。

最重要的,利益相关者通过价值协商共建评价结果是重要的,在共同建构过程中,实现发展是重要的。评价的概念在此逐渐弱化,合作的概念逐渐强化,各方对评价结果的可靠性负有共同责任。高质量发展评价既是高等教育高质量发展的工具,也是高质量教学体系的重要组成部分,不仅可以测量教育教学"投入""过程""结果"的发展水平,更可以激发多元主体共创价值的积极性,推动我国教育评价从百年来西方教育评价的历史叙事中实现理论自觉与实践超越,构建具有中国特色的教育评价学科体系、学术体系与话语体系。

(二) 高质量发展评价的重要定位

高质量发展评价是现代高等教育评价发展到一定阶段的产物,需要从评价范式和评价发展历史中去探寻、总结其发展和迭代的内在规律。高等教育评价范式主要分为科学范式和哲学范式两大类。科学范式是"主客二分"的评价范式,注重评价方法的科学性和评价结果的事实性,评价工作本身由评价专家和评价机构主导。哲学范式强调"主客合一",注重评价的过程性和构建性,即对思想涌现和数据处理的过程、评价结果与评价对象的构建。科学范式基于客观事实不断改进评价指标和评价方法,以得到科学的评价结果。哲学范式基于社会构建的事实不断进行评价主体和评价客体的相互构建,主张无论基于何种指标体系,都不可能得到完全与事实相符的评价结果。受科学主义和管理主义的影响,当前高等教育评价主要采取科学范式。

在高等教育评价的代际划分中,埃贡·古巴(Egon Guba)和伊冯娜·林肯(Yvonna Lincoln)提出的教育评价"四代"划分法影响最大。在《第四代评估》(*Fourth Generation Evaluation*)一书中,教育评价的代际从宏观的角度被分为测量时代、描述时代、判断时代和建构时代。第一代教育评价以"测量"为核心,主要围绕调查变量进行技术性的测量工作,评价的结果就是测量的结果,单线性较为明显,评价者扮演着测量专家和统计专家的角色。第二代教育评价以"描述"为核心,将测量作为评价工具加以使用,评价是对教育结果与预定目标的对照,进而描述预定目标的实现情况,评价者扮演着描述者的角色。第三代评价以"判断"为核心,不仅对教育目标的实现程度进行客观描述,还对教育目标本身的合理性和科学性进行价值判断,评价者扮演着判断过程的仲裁者这一角色。在评价实践中,"测量""描述"和"判断"并不具有排他性,而是作为一种兼并共存的功能存在,但因前三代评价受"管理主义至上"的价值观念影响,评价的"结果判断"功能仍具有压倒性影响,所以发展出了以"响应"和"建构"为核心的第四代评价。第四代评价以"人"为主体,利益相关者参与决定评价所需解决问题和所需收集信息,评价活动受"多元主义"影响[①],评价者和被评价者双方协商进行评估,从建构主义角度聚焦"主张"(Claims)、"焦虑"(Concems)、"争议"(Issues)。"主张"或"焦虑"是利益相关者所提出的有利于或不利于评估对象的方案,"争议"是对某种事物状态持赞同或否认态度,建构则是在方法论上给出往复的、互动的、辩证的、开放的一种特性。在第四代评价中,评价者不是以调查者的形象出现,而是具有教与学的双重身份。[②]

在第四代评价理论提出不久后,马坦·德·佩尔蒂埃(Martine de Perret)便提出"第五代评价",强调"评价即学习",评价与学习过程紧

[①] 石雪怡、杨颉:《何以实现多元的高校教学卓越——第四代评价理论视角下英国"教学卓越框架"(TEF)改革探析》,《外国教育研究》2023年第10期,第83—99页。
[②] 埃贡·G.古贝、伊冯娜·S.林肯:《第四代评估》,秦霖译,中国人民大学出版社2008年版,第5—8页。

密结合,评价实践中的数据应服务社会,强调通过利益相关者的"行动研究"进行整体评价,将评价、决策、行动融为一体,本质上是一种建构思想。所以中国教育评价专家刘云生认为马坦的第五代评价仍在第四代评价范畴之中,其基于中国教育高质量发展的现实基础,提出了以创生价值为本质、以育人为本位、以智能为特征、以服务为导向的"第五代评价"。① 相比前四代评价,第五代评价实现了从"发现价值""确认价值""判断价值""赋予价值"的价值认识论向"价值创生论"的转变,教育评价从"关于教育的评价""促进教育的评价"发展到"作为教育的评价",实现了从评价认识育人、评价支持育人向评价本身育人的转变。在评价实践中,第五代评价统一了教育的"质""量""场""时"等要素,更能将教育的全主体、全领域、全要素、全过程纳入评价范围,推动高等教育评价向"全息评价"转型。因此,"智能"是第五代评价的主要行为特征,人的智能、机器的智能、人机协同的智能等亟待发展,以满足大规模、全天候、及时性、有深度的教育评价之需。在第五代评价中,高等教育评价更加强调公共服务属性,推动评价向"服务时代"迈进,在保持评估鉴定、证明、资政和回应功能的基础上,推动服务功能向评价目的、过程、工具、方法和结果等全面开放,尤其在服务立德树人上发挥作用,实现从"指挥棒"向"服务器"的扩展。②

单从评价范式和代际划分上去理解高质量发展评价,具有一定的局限性,需辅以迭代的演化逻辑,这样方能更好地理解高质量发展评价的特殊定位。首先,可以明确的是高质量发展评价不是高质量发展的评价,也不是高质量评价,而是从"高质量发展"角度进行评价。虽然

---

① 本体论上强调"创生价值",价值论上强调"育人本位",实践论上强调"智能特征",关系论上强调"服务去向"。

② 刘云生主编:《教育评价研究》第!期,社会科学文献出版社2023年版,第11—16页。

尚未有学者明确提出名为"高质量发展"的评价模式,但高质量发展评价已逐渐成形。本书认为,高质量发展评价是融合科学范式和哲学范式、孕育于第五代评价的新型评价,涵盖经济、社会、生态、创新和民生多个维度。刘云生经研究发现,截至2018年我国仍处于前四代高等教育评价时期,2019年后国内开始出现关于第五代评价理论的各类研究和表述,探索出诸如"立体评价""智能评价""融合评价"等新的评价概念和评价理论。① 而2019年是我国高等教育普及化阶段的起始点,也是高等教育向高质量发展阶段迈进的转折点,更是高等教育高质量发展评价广泛应用的新起点。

(三) 高质量发展评价体系的探索与构建

在我国,高质量发展指标一般从创新发展、协调发展、绿色发展、开放发展、共享发展五个维度构建,这源于党的十八届五中全会提出的"创新、协调、绿色、开放、共享"新发展理念②。中国人民大学原校长刘伟曾指出:"高质量发展本质上是体现新发展理念的发展,是创新成为第一动力、协调成为内生特点、绿色成为普遍形态、开放成为必由之路、共享成为根本目的的发展。"③

因此,无论是在国家发展层面,还是在企业和行业发展层面,宏观和微观评价体系都具有一定的一致性。例如对于探讨最多的经济高质量发展,张涛提出了"企业—行业—区域"高质量发展宏微观一体化测度体系,将经济发展中的高质量供给、高质量需求、绿色发展、创新效率、

---

① 刘云生主编:《教育评价研究》第1期,社会科学文献出版社2023年版,第11—16页。
② 习近平:《全党必须完整、准确、全面贯彻新发展理念》,《新长征》2022年第10期,第4—7页。
③ 刘伟:《推动高质量发展必须贯彻新发展理念》,2020年12月15日,http://theory.people.com.cn/n1/2020/1215/c40531-31966410.html。

经济运行效率、共享开放程度和风险管理等要素纳入高质量发展评价范畴。① 再如，在五大方向明确下，从不同指标测度对国家和城市高质量发展的探讨。2018年8月，武汉市统计局从创新驱动、绿色发展、提质增效、民生保障和风险防范五个方面公布了武汉市高质量发展指数。师博和张冰瑶从发展的基本面、发展的社会成果、发展的生态成果三个维度构建了地级以上城市高质量发展评价体系。② 李金昌将经济活力、创新效率、绿色发展、人民生活和社会和谐五个维度与"人民美好生活需要"和"不平衡不充分的发展"相对应，构建了含GDP增长速度、全要素生产率、污水处理率、高等教育毛入学率、社会满意度指数等27项指标的高质量发展测度体系。③ 任保平和李梦欣构建了新时代中国高质量发展综合评价指标体系，将科技成果、城乡协调、环境治理能力、开放效果、福利水平等纳入考察④，推动了高质量发展理论的深化和统计应用的创新。

教育评价既要有国际公认的实行标准，也要有适合中国实践的特色体系。伴随着高质量发展理念从经济领域到社会领域再到教育领域的渗透，高等教育高质量发展评价成为重要的评价转向。建立高质量发展的教育评价机制，是我国在高质量发展阶段"破五唯"的大胆创新和特色实践，具有一定的国际引领性。2021年1月《普通高等学校本科教育教学审核评估

---

① 张涛：《高质量发展的理论阐释及测度方法研究》，《数量经济技术经济研究》2020年第5期，第23—43页。
② 师博、张冰瑶：《全国地级以上城市经济高质量发展测度与分析》，《社会科学研究》2019年第3期，第19—27页。
③ 李金昌、史龙梅、徐蔼婷：《高质量发展评价指标体系探讨》，《统计研究》2019年第1期，第4—14页。
④ 李梦欣、任保平：《新时代中国高质量发展的综合评价及其路径选择》，《财经科学》2019年第5期，第26—40页。

实施方案(2021—2025年)》出台,从"本科教学工作审核评估"[①]转变为"本科教育教学审核评估",高质量成为新一轮本科专业审核的总基调。在新评价中,评价对象总体分为两大类(详见表4-3),设置不同考察重点(详见表4-4和表4-5),遵循"评估申请—学校自评—专家评审—反馈结论—限期整改—督导复查"的工作流程,这是我国进行高等教育高质量发展评价探索的重要体现。

表4-3 本科教育教学审核评估对象分类

类型	对象	考察重点	指标体系
第一类	具有世界一流办学目标、一流师资队伍和育人平台,培养一流拔尖创新人才,服务国家重大战略需求的普通本科高校	建设世界一流大学所必备的质量保障能力及本科教育教学综合改革举措与成效	设有党的领导、质量保障能力、教育教学水平、教育教学综合改革等4个一级指标和相应的12个二级指标,37个审核重点
第二类	已参加过上轮审核评估,以学术型人才培养为主要方向的普通本科高校	人才培养的目标定位、资源条件、培养过程、学生发展、教学成效等	设有办学方向与本科地位、培养过程、教学资源与利用、教师队伍、学生发展、质量保障、教学成效等7个一级指标和相应的27个二级指标、78个审核重点
	已参加过上轮审核评估,以应用型人才培养为主要方向的普通本科学校		
	已通过合格评估5年以上,首次参加审核评估,本科办学历史较短的地方应用型普通本科高校		
模块化设定	统一必选项、类型必选项、特色可选项、首评限选项		

---

① 可参见《普通高等学校本科教学工作审核工作方案(2013年)》。

表 4-4　第一类教育教学审核评估指标体系

一级指标	二级指标
1. 党的领导	1.1 党的全面领导和社会主义办学方向
2. 质量保障能力	2.1 质保理念
	2.2 质量标准
	2.3 质保机制
	2.4 质量文化
	2.5 质保效果
3. 教育教学水平	3.1 思政教育
	3.2 本科地位
	3.3 教师队伍
	3.4 学生发展与支持
	3.5 卓越教学
	3.6 就业与创新创业教育
教育教学综合改革	学校系统性、整体性、前瞻性、协同性的本科教育教学综合改革与创新实践,且在国际上具有一定代表性

表 4-5　第二类教育教学审核评估指标体系

一级指标	二级指标
1. 办学方向与本科地位	1.1 党的领导
	1.2 思政教育
	1.3 本科地位
2. 培养过程	2.1 培养方案
	2.2 专业建设
	2.3 实践教学
	2.4 课堂教学
	K2.5 卓越培养
	2.6 创新创业教育

（续表）

一级指标	二级指标
3. 教学资源与利用	X3.1 设备条件
	3.2 资源建设
4. 教师队伍	4.1 师德师风
	4.2 教学能力
	4.3 教学投入
	4.4 教师发展
5. 学生发展	5.1 理想信念
	5.2 学业成绩及综合素质
	K5.3 国际视野
	5.4 支持服务
6. 质量保障	6.1 质量管理
	6.2 质量改进
	6.3 质量文化
7. 教学成效	7.1 达成度
	7.2 适应度
	7.3 保障度
	7.4 有效度
	7.5 满意度

注：X为首评限选项，K为特色可选项。

在国际上，英国的教育卓越计划评价体系是较为成熟的教育高质量发展评价体系，这是由英国学生事务办公室（Office for Students, OFS）实施的一项全国性计划。卓越发展与高质量发展指向一致，2016年英国基于高等教育的多样性，提倡遵循"质量多样性"的理念，激励高校追求多种类型的"教育卓越"，于是开展了首轮全国教育评价活动,出台了教育卓越框架评审计划(Teaching Excellence Framework,简称 TEF 2016)。为解决 TEF 2016 评价目标难落实、评价内容情境性不足、申诉机制不健全等问题,2022 年末英国公布了新一轮教育卓越框架(简称 TEF 2023),从评价制度上对高校教育多元和卓越发展的各类制约因素进行了全方位改革。

TEF 2023 为更好地实现英国各高校教学卓越发展和多元发展的双重目标理想,鼓励各高校在质量上追求卓越和精益求精,积极规划落实整体式的教育卓越发展计划。一方面,TEF 2023 引入强制性参评机制,全面提升各评级层面的评定要求。本科生数量和指标计算所需数据符合要求且达到学生事务办公室规定的高等教育质量基线的高校必须参评,高校必须有一定程度的教育卓越特征才能获得铜牌及以上的等级[1]。另一方面,TEF 2023 在综合评级的基础上增加了分维度评级,从 TEF 2016 中的教学质量、学习环境、学生学习成果和学习收益三维评价调整到学术体验和评价、资源支持和学生参与、积极成果、教育收获四维评价。学术体验和评价、资源支持和学生参与构成学生体验的主评维度,用以考察教学投入和教学过程质量,积极成果和教育收获构成学生成果的主评维度,用以考察教学成果质量,同时下设 13 个卓越特征测评指标(详见表 4-6)。[2] 在指标测量方式上,SE3 和 SO4—SO6 较多或完全参考定性材料,SO2 和 SO3 较多使用量化指标,但量化指标对专家的决策参考贡献度不得超过一半,考核范围包括每所高校独特的办学情境。

---

[1] 评级分为金牌、银牌、铜牌和不予评级四类。
[2] 石雪怡、杨颉:《何以实现多元的高校教学卓越——第四代评价理论视角下英国"教学卓越框架"(TEF)改革探析》,《外国教育研究》2023 年第 10 期,第 83—99 页。

表 4-6　英国教育卓越框架(2023 年)

一级维度	二级维度	测量点
学生体验 (Student Experience)	学术体验和评价	SE1:专业实施了专业且个性化的优秀教学、反馈和评估实践,以支持学生的学习、进步和成就
		SE2:课程的内容和传授方式能激励学生积极参与学习,并充分发挥学生在吸收知识和发展技能上的潜能
		SE3:高校通过相关学科领域的研究、创新、奖学金、专业实践和激励雇主参与,为学生提供卓越的学术体验
		SE4:为教职工的专业发展提供卓越支持,且校内随处可见优秀的学术实践
		SE5:专业提供支持性学习环境,使学生随时随地地获得和他们需求相符的广泛且优质的学术支持
		SE6:开发并有效使用个性化的线上线下学习资源,以支持卓越教学和学习时间
		SE7:专业和学生紧密合作,不断提高学生的在校体验和学习成果
学生成果 (Student Outcomes)	积极成果	SO1:专业使用卓越且个性化的方式,确保学生在学习及其他领域获得成功和进步
		SO2:学生的保留率和学业完成率很突出
		SO3:学生的进步率很突出
	教育收获	SO4:专业明确阐述了其期望学生获得的教育收获范围,以及为何这些教育收获与学生及其未来抱负高度相关
		SO5:专业支持学生实现这些教育收获的方法是基于证据的、高效的、适合学生及其不同学习起点的
		SO6:专业评估学生的教育收获,并证明学生取得了预期的教育收获

英国教育卓越计划真正从细节上实现了"学生中心"和"高校主体"的高质量发展诉求。教学卓越评判标准有一道"学生中心"底线。

学生作为专业教学活动的直接受益人,可以集体的名义提交一份不超过 10 页的教育卓越评价材料,将之作为专家做出最终评级的重要参考依据。在工作流程上,给予高校重要的申诉权。从"任务分配—确定暂定评级—修正暂定评级—提出申诉(未提出申诉)—公布最终评级"的决策程序来看,将暂定评级结果和评分理由发送给高校后,高校具有在 28 天内提出申诉并提供相关证据的权利,申诉内容可包括专家对证据参考程度不足、评分理由中的事实错误等。只有在高校未提出任何质疑的情况下,才会公开最终评级,高校可以把握教育卓越评价标准定型和评价结果公布前的"最后一关"。

第二节　竞争管理模型主研内容

从某种程度上来看,专业竞争力模型属于本书首创,因为专业特指高等教育领域的"本科专业",竞争力模型特指识别、分析、提升本科专业竞争力的工具,专业竞争力则指向教育现代化背景下本科专业获取并维持发展优势的综合能力与未来潜力。与专业评估相比,专业竞争力模型可更好地适应高校在市场化环境下自评自检、谋求可持续发展的需求。

一、管理学的竞争力概念

竞争力的概念来源于竞争,竞争的概念早在 1859 年查尔斯·达尔文提出的"物竞天择,适者生存"理论中就有所体现,物种间为争夺有限的资源而产生的相互影响即为竞争。随后,竞争的概念从生物学不断扩大应用到经济学、社会学、管理学等领域,用以描述个体、群体、组织之间为生存和发展而进行的各类活动。本书以张金昌提出的"竞争三要素",即利益独立的竞争主体、竞争对象和竞争结果为理论基础,将竞争定义为"基于资源的稀缺性和利益主体的理性人假设,处于不同生态系统下的活动主体为获取最大利益,而对有利的物质条件、精神条件等进行的较量、角逐、斗争"[1]。竞争行为因目的、范围、对象、方式、规则不同而不同,可能是人与人的竞争、组织与组织的竞争、物种与物种的竞争。而无论何种竞争,要想取得有利的竞争结果,就需要拥有一定程度的优势,即"竞争优势"。战略管理的鼻祖 H. 伊戈尔·安索夫(H. Igor Ansoff)认为竞争优势是由个别产品/市场等独特资产带给企业的一种强势竞争地位[2],查尔斯·W. 霍弗(Charles W. Hofer)和丹·E. 申德尔(Dan E. Schendel)强调竞争优势是组织通过对其资源的调配而获取的相对于竞争者的独特市场地位[3],迈克尔·E. 波特(Michael E. Porter)则认为竞争优势是因采取竞争策略而产生的支持性高的态势条件[4]。

竞争力是竞争优势的延伸和发展,相对于专注探讨企业领域的竞争优势,竞争力的研究更为广泛。在早期研究中,竞争力被认为是不可触知、不能度量、难以管理的。但在经济全球化和市场国际化的大背景下,任何国家、行业、企业都需要面对来自市场竞争的诸多挑战,在这一

---

[1] 张金昌:《国际竞争力评价的理论和方法研究》,中国社会科学院研究生院博士论文,2001 年,第 21 页。
[2] H. Igor Ansoff, *Strategic Management*, London: Palgrave Macmillan, 1979, pp. 97-106.
[3] Charles W. Hofer, D. E. Schendel, *Strategy Formulation: Analytical Concepts*, Berkeley: West Group, 1978.
[4] Michael E. Porter, *Competitive Advantage*, New York: The Free Press, 1985.

过程中,竞争力理论逐渐从现实事务中抽象出其独特的概念及意义。狭义上,竞争力是一个市场概念,指竞争者在竞争性市场上所具有的持续地、比其他竞争对手更有效地提供有形物质产品或无形精神产品的能力,以及由此获得的盈利能力和发展潜力。这一竞争能力既被要求是可持续性的,又被要求导向有利的竞争结果。广义上,竞争力为一个比较的概念,凡存在竞争、有此消彼长的关系领域,都有竞争力的存在。竞争力为竞争主体在相互竞争的环境下,在争夺竞争对象过程中所表现出的竞争优势,或可进一步理解为竞争主体通过建立持久性竞争优势,力图在竞争环境中取得的有利地位和态势。

简言之,竞争力是一种多维度的综合能力,体现为个体、组织或系统在特定环境中获取、维持和提升竞争优势的能力。它不仅包括静态的资源占有和能力积累,还涵盖动态的适应能力、创新能力和战略执行力。竞争力的概念具有较强的层次性,一般包括竞争主体、竞争客体、竞争结果和竞争环境四大要素,要素差异促使产生不同的竞争力类型,如经济合作与发展组织提出宏观竞争力、微观竞争力和结构竞争力,[1]费尔南多·法滋玻(Fernando Fajnzylber)提出虚假竞争力和真实竞争力[2],C. K. 普拉哈拉德(C. K. Prahalad)和加里·哈默尔(Gary Hamel)提出核心竞争力,[3]以及其他学者提出区域(城市)竞争力、教育(人才)竞争力、环境竞争力、价格竞争力等。

---

[1] Fidelis Ezeala-Harrison, *Theory and Policy of International Competitiveness*, London: Praeger Publishers, 1999, pp. 1–10.

[2] F. Fajnzylber, "International Competitiveness: Agreed Goal, Hard Task", *CEPAL Review*, No. 36, 1988.

[3] C. K. Prahalad, G. Hamel, "The Core Competence of the Corporation", *Harvard Business Review*, Vol. 68, No. 3, 1990, pp. 275–292.

二、管理学的竞争力模型概念

模型是对实际问题、客观事物、本质规律进行抽象后的一种形式化表达方式,是事物本质的抽象表征,即为了特定目的对事物间相互关系进行简化概括的描述,这种描述可以是定性的,也可以是定量的。模型一般由目标、因素和关系三个部分组成。目标指构建模型的原因,因素指特定对象/事物本质的要素/指标/变量等,关系指各因素间的关系,如统计关系、因果关系等。斯科特·E.佩奇(Scott E. Page)认为模型有三个共同特征:第一,模型都要简化,以剥离不必要的细节;第二,模型都是形式化的,要给出精确的定义;第三,所有模型都是相对正确的,模型只是在特定条件下才成立。在分类上,模型可以分为数学模型、程序模型、逻辑模型、结构模型、方法模型、分析模型、管理模型、数据模型、系统模型等诸多类别。在构建上,构建模型有具身法、类比法、另类现实法三种主要方法。具身法又可称为典型法,即将事物的关键(典型)特征、部分抽离出来,构建模型。类比法是对现实进行类比和抽象,用一个模型表示不同的系统。另类现实法也可称为替换现实法,即不去刻画现实,而是对现实情况做一个替换。在功能上,模型主要有推理(Reasoning)、解释(Explain)、设计(Design)、沟通(Conversation)、行动(Action)、预测(Predict)、探索(Explore)七大功能。[1] 总体上,模型是由经验抽象集合而成的一种高级知识,是人类为了研究真实世界中的某个问题而在逻辑世界构建的一个抽象系统,以作为认识复杂世界的一种快捷方式。

---

[1] 斯科特·佩奇:《模型思维》,贾拥民译,浙江人民出版社2019年版,第11—25页。

以此类推,竞争力模型是竞争力领域的经验认知和抽象系统,是竞争力形式化的表达方式。在竞争力相关研究中,结构学派、能力学派、资源学派和新竞争战略管理学派的模型最为著名。迈克尔·E.波特作为结构学派的创立者,其提出的竞争力模型广受关注和推崇,被统称为"迈克尔·波特竞争力模型",如其在1980年出版的《竞争战略》中提出的企业/行业竞争力"五力分析模型"(详见图4-3)。[1] 其在1990年提出的"钻石模型"指出,影响产业国际竞争力的要素状况、需求状况、相关和支柱产业、企业战略、结构与竞争、政府作用及机遇等六大要素构成了"钻石"构架(详见图4-4)[2]。

20世纪80年代中期,以加里·哈默尔、C.K.普拉哈拉德、乔治·斯多克(George Stalk)等为代表的能力学派,提出了"核心能力模型"和"整体能力模型"。普拉哈拉德等认为,企业竞争优势的根源在于组织内部的产品、知识、技能和技术的优势[3]。斯多克等则认为企业竞争优势来源于企业所有成员的集体知识与技能的有效整合,是一种整体性的优势。[4]

20世纪80年代中期到90年代初期,资源学派通过对企业所处内外部环境的综合分析,突破了结构学派和能力学派单方面分析的局限,将企业竞争力立足于企业资源差异,构建了"资源差异—战略差异—竞争力差异—绩效差异"的模型逻辑。现代企业资源观之父杰伊·巴

---

[1] Michael E. Porter, *Competitive Strategye: Techniques for Analyzing Industries and Competitors*, New York: The Free Press, 1980.
[2] Michael E. Porter, "The Competitive Advantage of Nations", *Harvard Business Review*, Vol. 37, No. 2, 1990, pp. 73-93.
[3] C. K. Prahalad, G. Hamel, "The Core Competence of the Corporation", *Harvard Business Review*, Vol. 68, No. 3, 1990, pp. 275-292.
[4] Stalk George, Philip B. Evans, Lawrence Shulman, "Competing on Capabilities: The New Rules of Corporate Strategy", *Harvard Business Review*, Vol. 70, No. 2, 1992, pp. 57-69.

尼(Jay Barney)亦认为,公司间的异质或差异使得一部分公司保持竞争优势,战略性资源是企业取得竞争优势的关键。①

新竞争战略管理学派强调动态竞争、资源异质性、能力构建和创新在竞争中的作用。玛格丽特·彼得罗夫(Margaret Peteraf)提出竞争模型应随资源差异变化而改变,并将其分为资源异质性模型、事前控制模型、不完全流动模型、事后控制模型。② 20世纪90年代后期,许多学者立足于"充满不确定性"的环境分析企业的动态竞争力,提出了柔性组织、动态能力、边缘竞争战略、蓝海战略、复杂适应系统等关于动态竞争力模型的研究内容。

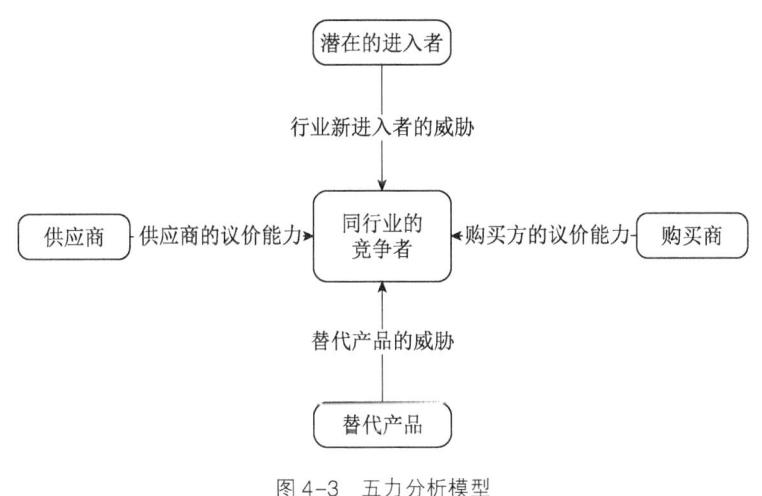

图 4-3 五力分析模型

---

① Jay B. Barney, "Firm Resources and Sustained Competitive Advantage", *Journal of Management*, Vol. 17, No. 1, 1991, pp. 99–120.

② Margaret A. Peteraf, "The Cornerstones of Competitive Advantage: A Resource-Based View", *Strategic Management Journal*, Vol. 14, No. 3, 1993, pp. 179–191.

图 4-4 钻石模型

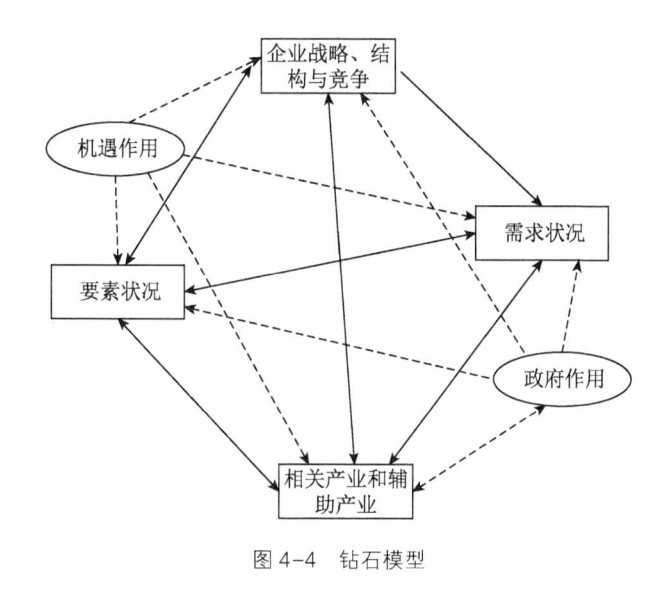

三、专业竞争力与专业竞争力模型

专业竞争力是典型的复合概念,可采用拆文解字的方法来理解"专业"和"竞争力"两个名词。首先,从教育层次来看,"专业"特指本科阶段的专业。专业作为本科人才培养的基本制度,是本科教育实践的基本单元;从各国教育实况来看,"专业"一般在本科生教育语境下被提及,专业建设依托的核心任务是教学活动,通过教学支撑人才培养。[①]

其次,"专业"一般指国家学科专业目录中的本科专业类别,如美

---

① 李明磊、王战军:《新时代一流专业建设应转向成效式评价》,《江苏高教》2020年第9期,第20—23页。

国的"学科专业分类目录"(Classification of Instructional Programs, CIP America)[1]、加拿大的"学科专业分类目录"(Classification of Instructional Programs, CIP Canada)[2]、英国的"综合学术编码"(Joint Academic Coding System, JACS)和"高等教育学科分类"(Higher Education Classification of Subjects, HECoS)[3]、澳大利亚的"标准学科分类"(Australian Standard Classification of Education, ASCED)[4]、新加坡的"标准教育分类"(Singapore Standard Educational Classification, SSEC)[5]、中国的"普通高等学校本科专业目录"[6]等。

最后,专业竞争力是管理学竞争力理论应用于教育领域的重要创新,在保持教育公共属性的同时,还强调了教育竞争的市场意义。在中国已经建成世界规模最大的高等教育体系的背景下,竞争力既对标2035年中国式教育现代化的主要目标和发展指标,又瞄准培养担当民族复兴大任的时代新人、培养社会主义建设者和接班人的终极目标。未来中国人力资源红利、人才红利将更加凸显,预计成为世界最大的人

---

[1] 美国目前先后发布了 CIP America 1985、CIP America 1990、CIP America 2000、CIP America 2010 和 CIP America 2020 五个修订版。
[2] 加拿大目前先后发布了 CIP Canada 2011、CIP Canada 2016 和 CIP Canada 2021 三个版本。
[3] 英国目前先后发布了 JACS 1.7、JACS 2.0、JACS 3.0 和 HECoS-CAH Mapping 等版本。
[4] 澳大利亚目前先后发布了 ASCED 2001、ASCED 2008 和 ASCED 2015 三个版本。
[5] 新加坡目前先后发布了 SSEC 2000、SSEC 2010、SSEC 2015 和 SSEC 2020 四个版本。
[6] 中国目前先后于 1954 年发布了《高等学校专业目录分类设置(草案)》,1963 年发布《高等学校通用专业目录》,1993 年正式颁布《普通高等学校本科专业目录》,1998 年颁布新的《普通高等学校本科专业目录》,2012 年颁布《普通高等学校本科专业目录(2012 年版)》(明确基本专业和特设专业两大类),2020 年颁布《普通高等学校本科专业目录(2020 年版)》(增补目录外新专业),2023 年颁布《普通高等学校本科专业目录(2023 年版)》(新增 21 种新专业),2024 年颁布《普通高等学校本科专业目录(2023 年版)》。

才之国,教育资本①向人才、文化、科技、创新转化的效率将变高。从数据来看,2035年中国教育现代化将达成四项重要内容,即各类教育指标达到经济合作与发展组织(OECD)国家水平,中国预期受教育年限达到较高人类发展水平,充分实现"全体人民的教育现代化",培养一大批高端人才。胡鞍钢和王洪川经测算发现,高等教育毛入学率预计从2021年的91.4%提高至2035年的99%,在校研究生人数预计从2021年的333万人增长至2035年的1000万人,劳动年龄人口受过高等教育的比例预计从2021年的24.8%提高至2035年的38%,劳动力人口平均受教育年限预计从2021年的10.8年增长至2035年的12年以上,2035年在人才资源总量预计增长至3.2亿人以上的同时,大专以上文化程度人数预计将达到4亿人以上(详见表4-7)。②

表4-7 中国式现代化及人力资源指标趋势表(2021—2035年)

指标	2021年	2025年	2030年	2035年	2021—2035年变化量
高等教育毛入学率(%)	57.8	>62	>68	>75	>20.6
在校研究生(万人)	333	—	>666	1000	667
大专以上文化程度人数(亿人)	2.4	2.8	3.4	>4	>1.6
人才资源总量(亿人)	2.2	2.6	2.9	>3.2	>1
劳动年龄人口受过高等教育的比例(%)	24.8	30	35	38	13.2

---

① 包括教育投入、科技研发资本、教育人力资本、物质资本等。
② 胡鞍钢、王洪川:《中国式教育现代化与教育强国之路》,《新疆师范大学学报(哲学社会科学版)》2023年第1期,第56—72页。

（续表）

指标	2021年	2025年	2030年	2035年	2021—2035年变化量
劳动人口平均受教育年限（年）	10.8	11.3	11.6	>12	>1.2
新增劳动力平均受教育年限（年）	14.2	14.9	15.5	>16.5	>2.3
全社会教育总经费与GDP之比（%）	5.2	>6.0	>6.8	>7.5	>2.3
财政性教育经费与GDP之比（%）	4.2	>4.6	>5	>5.5	>1.3
研发支出与GDP之比（%）	2.4	2.6	2.8	>3.1	>0.7
人力资本投资与GDP之比（%）	14.7	16.1	>17.9	>19.5	>4.8

资料来源：胡鞍钢、王洪川：《中国式教育现代化与教育强国之路》，《新疆师范大学学报（哲学社会科学版）》2023年第1期。

专业竞争力模型是专业竞争力具体表现形式的集合，是分析专业竞争力各要素及互动关系的工具。专业竞争力模型可从抽象层面描述专业竞争力的构成要素、内在机理、评价工具和运行机制，亦可通过整合专业竞争力的概念体系，展现专业竞争力的理论框架和测量指标。将企业管理领域的竞争力建模思路应用于专业建设领域，本质为更关注专业发展的竞争优势，找出其中的决定性因素和核心性因素。专业竞争优势包括专业能力和专业潜力两个维度，即过去或未来一段时间内专业取得持续增长的能力，而不单单是对过去某个时间段内教学成果或人才培养质量的考察与考核。专业评价是测量专业竞争力的一种方法，而不是终极目标，专业竞争力模型在测量专业招生、办学条件、人才培养、学生发展、毕业就业、社会服务、产学合作、专业声誉等专业竞争力要素时侧重于发掘竞争优势,寻找专业的经济价值和文化价值,而不是单纯依托评价体系进行先后排名。"以评促建"虽说是教育评价的重要导向,但其核心思路在于寻找"短板"、提升"短板",竞争力模型的思路则在于寻找"长板",高层次的竞争优势是"产品差异型竞争优势",寻找具有独特性、高附加值的教学成果和教育服务,从而帮助某一专业在教育提质、服务升级、资源整合、品牌建设、创新发展等方面获得差异化优势。

第三节 专业竞争力模型的五类范式

专业竞争力模型主要分为能力导向、就业导向、资源导向、需求导向和系统导向五种类型。能力导向模型聚焦探索专业差异化的能力素质,关键能力模型、21世纪能力模型、能力为重模型、卓越拔尖模型、STEM专业技能模型等均为能力导向模型。就业导向模型聚焦提高专业就业竞争力,从个人因素、学校因素、社会因素和家庭因素等角度探索专业的就业质量,考查学生的基本工作能力和专业胜任能力。资源导向模型聚焦各类教育教学资源,在关注生源、师资、论文、校友、项目、经费、组织、监管等资源时,以"投入—产出"的基本逻辑整合资源从而提高专业竞争力。需求导向模型聚焦专业与需求的适配性,强调专业知识生产的适应性情境,最终为国家战略发展需求服务。系统导向模型聚焦专业竞争力的特性、结构和逻辑构成的系统工程,综合了能力素质、职业发展、教学资源、市场需求等诸多维度。

一、能力导向模型

能力主导的专业竞争力模型强调不同专业培养的人才应具备差异化的能力素质。能力素质一般指以人一定的生理和心理素质为基础,在认识和实践活动中形成和发展的能动力量。美国社会心理学家戴维·C.麦克利兰(David C. McClelland)将能力定义为在工作岗位和组织环境中导致绩效水平差异的个人特征,其在1973年提出了明确区分卓越与一般的"胜任力"概念,指出胜任力由知识、技能、自我概念、特质和动机构成。[①] 从组织战略发展需求演化而来的能力素质模型则指个人为担任某一特定角色,强化角色竞争力,所需具备的能力素质总和。专业能力素质指个体获取、运用和创新某个专业知识的能力技能和品质素养,更深一步指个体使用专业知识和技能去认识和改造世界所表现的力量。能力导向的专业竞争力模型将人作为重要研究对象,综合考查学生或者教师的个人能力、专业能力、科研能力和实践能力,并不断细化出专业技能、沟通技能、人际技能、团队技能等技能类,思维能力、自主能力、社会适应能力、社会实践能力、应聘能力、通用职业能力等能力类,科学文化素质、职业素质、思想道德素质、心理素质和身体素质等素质类的"技能—能力—素质"分类。

能力主导的专业竞争力建设已成为各国教育改革和发展的重要任务。欧洲提出的"关键能力"(Key Competencies)、美国提出的"21世纪能力"(21st Skills)、OECD提出的"关键能力"、中国提出的"坚持能

---

① David C. McClelland, "Testing for Competence rather than for 'Intelligence'", *The American Psychologist*, Vol.28, No.11, 1973, pp.1-14.

力为重……着力提高学生的学习能力、实践能力、创新能力"[1]等战略要求都将能力作为教育的本位。新时代,我国为加快建设高水平本科教育,全面提高人才培养能力,于2018年10月17日出台《教育部关于加快建设高水平本科教育全面提高人才培养能力的意见》文件,推动实施"六卓越一拔尖"计划2.0。培养卓越工程师、卓越医生、卓越农林人才、卓越法治人才、卓越新闻传播人才、卓越教师、基础学科拔尖学生的基本逻辑是将人才能力提升至"卓越"水准。时任教育部党组书记、部长陈宝生指出,"启动实施系列卓越拔尖人才教育培养计划以来,为经济社会发展提供了有力的人才支撑"[2]。只有重视人才能力的培养,不断强化自主创新能力,引领新工科、新医科、新农科、新文科建设,引导高校不断优化专业结构布局,深化专业综合改革,努力培育以人才培养为中心的质量文化,才能实现真正意义上的高等教育"质量革命",才能更好地发挥教育的社会服务功能,更好地响应我国"四个面向"的重大战略需求。

在国际教育标准层面,联合国教科文组织国际教育局(IBE-UNESCO)于2019年发布了《探索21世纪STEM能力》的报告,从知识、技能、态度与价值观三个维度构建了国际STEM能力框架(详见表4-8),并以此为基础推出了能力为本的STEM课程体系。STEM教育联合科学、技术、工程和数学学科进行人才培养,提出"能力"既要知道"是什么",又要明确"怎么做",还要以一套整体的态度和价值观作为指导,从而有效识别、解释和解决世界各类复杂问题。IBE-UNESCO

---

[1] 中华人民共和国中央人民政府:《国家中长期教育改革和发展规划纲要(2010—2020)》,2020年7月29日,https://www.gov.cn/jrzg/2010-07/29/content_1667143.htm。
[2] 中华人民共和国教育部:《教育部启动"六卓越一拔尖"计划2.0》,2019年4月30日,http://www.moe.gov.cn/jyb_xwfb/xw_zt/moe_357/jyzt_2019n/2019_zt4/tjx/mtjj/201904/t20190430_380243.html。

提出，STEM 知识包括认识性知识、程序性知识和技术性知识，是 STEM 教育开展的基础，大概念知识架构和职业性知识架构是知识设计的重要思路。STEM 技能包括认知技能、信息处理、解决问题与工程思维、科学调查，计算思维与通信技术，设计思维与创新能力，动手操作技能，沟通协作技能等，是衡量专业能力的重要指标。STEM 态度与价值观，包括好奇心、诚信、思想开放、勤奋毅力，系统性、合作精神、责任心、严谨、适当的冒险、道德化决策、感恩心，是专业发展的内驱力。

表 4-8　IBE-UNESCO 提出的 STEM 能力框架

STEM 知识	认知性知识	从某一专业角度对客观世界认识中形成的相关事实、思想、概念、原理，以及科学本质的认识和理解。显示学生学习的相关性和目的，涉及像从业者那样思考、行动和理解
	程序性知识	指解决问题的执行程序列，通过课堂内外的调查和实践活动发展起来。学生掌握程序和应用能够促进其对 STEM 原理的理解和应用
	技术性知识	指知识、技能、态度和价值观在特定操作或任务中的应用，是对技能如何执行的理解，是影响特定职业或行业需求的特定知识形式
STEM 技能	认知技能	认知技能是识别、收集、处理和使用相关数据做出决策的过程，在信息管理处理、创造性和分析性思考，解决问题，科学调查，创新和计算性思考等技能的基础上做出判断
	信息处理	信息处理技能是为特定任务寻找、整理、组织和选择有效的信息，生成、理解、解释、分析和推断经验数据，测试其真实性、有效性和可靠性，并以有效的方式显示结果
	解决问题与工程思维	解决问题的过程包括识别和分解复杂的问题，分析数据，制定解决方案，评估选项和实施解决方案，工程思维体现系统化解决问题的能力

(续表)

STEM 技能	科学调查	科学调查是系统地获得信息和数据的方法,掌握科学调查的科学过程技能以及所需的知识和科学态度,是STEM学习的必要条件
	计算思维与通信技术	指用计算机科学的概念、算法、数据模拟等方式,进行问题求解,系统分析,人类行为理解等涵盖计算机科学之广度的一系列思维活动
	设计思维与创造能力	设计思维涉及一个结构化的框架,以创造性的战略和过程来设计方案或开发产品。创造力运用想象力创造事物的能力
	动手操作技能	指具有亲身参与正确操作科学技术设备、仪器、标本等的技能
STEM 技能	沟通协作技能	每一个人都是信息节点,学习活动具有社会性,学习者之间的交互显得非常重要。协作沟通的技能是所有人应具备的基本技能
STEM 态度与价值观	好奇心	对环境的兴趣;喜欢自主地探索信息和搜索材料;独立研究
	诚信	诚信行事;诚实记录观察和实验结果;准确记录和验证数据
	客观	客观记录观察到的数据,不受感情、想象的影响;合理解释观测结果
	思想开放	正视别人的意见;仅凭证据改变立场;没有偏见
	勤奋和毅力	乐于重复实验;坚持完成任务,乐于接受批评和挑战,坚持克服困难和挑战
	系统性	有系统、有秩序地进行活动,并遵守适当的时间
	合作精神	乐于与伙伴共同开展活动和实验
	责任心	对自己、他人和环境的安全负责;理解并权衡行动的后果
	严谨	进行实验以收集准确的数据;尊重测量精度

(续表)

STEM 态度与价值观	适当的冒险	愿意尝试不同的数据收集方法；愿意探索 STEM 领域的新领域
	道德化决策	以符合道德原则的方式评估和选择替代方案
	感恩心	感激 STEM 对我们日常生活的贡献；负责任地使用 STEM 发明；维护强大的 STEM 伦理

资料来源：Boon Soo Ng, "Exploring STEM Competences for the 21st Century", 2019 年 2 月, https://pdfs.semanticscholar.org/55f1/bff79642ca16d1054ef78f16cbb2b1b83234.pdf。

二、就业导向模型

就业主导的竞争力模型提倡专业的核心竞争力在于就业，一个专业是否具有竞争力，本质上由就业竞争力体现，可将人才需求市场上毕业生具有战胜竞争对手、凭借竞争优势获取个人满意的工作岗位的能力定义为专业竞争力。就业竞争力一般指毕业生能够获得就业机会及在工作岗位取得成功的能力素质的集合，是一种个人能力和职业期望相结合的职业能力。

美国劳工部的职场基本技能达成秘书委员会(Secretary's Commission on Achieving Necessary Skills, SCANS)将就业竞争力分为三项基础能力(16 项技能)和五类胜任能力(36 项技能)，即基本技能、思维技能、个人品质和资源统筹能力、人际交往能力、信息获取与使用能力、系统处理能力、技术能力。[①] 麦可思研究院将就业竞争力定义为由职业工作能力和基本工作能力构成的工作能力。从事某一种职业特殊需要

---

① Secretary's Commission on Achieving Necessary Skills, "What Work Requires of Schools: A SCANS Report for America 2000", 2008 年 2 月 22 日, http://depts.inverhills.edu/LSPS/scans report.htm。

的能力为职业工作能力,从事所有工作必须具备的能力为基本工作能力,如理解与交流能力、科学思维能力、管理能力、应用分析能力和动手能力等。曼兹·约克(Mantz Yorke)和彼得·奈特(Peter Knight)2004年开发出著名的就业USEM模型,该模型将就业分为学科理解力(Understanding)、专业技能(Skill)、自我效能(Efficacy Beliefs)和元认知(Meta-cognition)。[1] 梅尔·富盖特(Mel Fugate)等从心理和社会互动的角度,构建了嵌入个人心理特征的就业竞争力模型,该模型包括个人适应性、职业识别、社会及人力资本三个独立且相互关联的维度,强调职业生涯意识和个体积极性在职业发展中的作用。[2] 陈迎明从个人因素、学校因素、社会因素和家庭因素四个维度具体分析了就业竞争力的影响指标,如个人因素包括专业知识、学历层次、工作经历、在校学习情况、就业观念、就业能力、身份、性别和生源地、就业信息的掌握等指标,学校因素包括学科专业、学校层次和地理位置、学校就业指导工作等指标,社会因素包括经济发展状况、社会资本、人力资本、政策和法律法规、求职市场环境、社会媒体舆论导向等指标,家庭因素包括家庭社会关系、家庭背景等指标。[3]

高校专业就业竞争力模型通常通过计算就业率和收集就业薪资情况进行说明。麦可思研究院在《2024年中国本科生就业报告》中划分了"红绿牌"专业:红牌专业指就业压力大、就业率持续走低且薪资较低的专业,属于高失业风险型专业;绿牌专业指就业市场需求较大、就

---

[1] M. Yorke, P. T. Knight, *Embedding Employability into the Curriculum*, York, UK: Higher Education Academy, 2004, pp.6-5.

[2] M. Fugate, A. J. Kinicki, B. E. Ashforth, "Employability: A Psycho-social Construct, Its Dimensions, and Applications", *Journal of Vocational Behavior*, Vol.65, No.1, 2004, pp.14-38.

[3] 陈迎明:《影响大学生就业因素研究十年回顾:2003—2013——基于CNKI核心期刊文献的分析》,《现代大学教育》2013年第4期,第35—44页。

业率持续走高且薪资待遇较好的专业,属于需求增长型专业。2024 年绿牌专业有微电子科学与工程、电气工程及其自动化、新能源科学与工程、能源与动力工程、机械电子工程、机器人工程,红牌专业有音乐表演、绘画、美术学、应用心理学、法学(详见表 4-9 和表 4-10)。[①] 2023 届就业率排名前十的专业为电气工程及其自动化、机械设计制造及其自动化、机械电子工程、土木工程、自动化、工程管理、物流管理、车辆工程、化学工程与工艺、环境工程。[②] 2023 届就业薪资排名前十的专业为信息安全、微电子科学与工程、软件工程、数据科学与大数据技术、电子科学与技术、物联网工程、智能科学与技术、光电信息科学与工程、电子信息科学与技术、机械电子工程。[③] 具体来看,2023 届本科毕业生平均月收入达 6050 元,其中,工学、经济学、理学和管理学专业的平均月收入较高,工学专业平均月收入为 6709 元,而信息安全专业平均月收入最高,为 7756 元。[④]

表 4-9　近 5 年本科绿牌专业

本科绿牌专业	2024 年	2023 年	2022 年	2021 年	2020 年
新能源科学与工程	●				
机器人工程	●				
微电子科学与工程	●	●	●		

---

① 《2023 年本科毕业生就业结构分析》,载麦可思研究院主编:《2024 年中国本科生就业报告》,社会科学文献出版社 2024 年版,第 45 页。
② 麦可思研究院主编:《2024 年中国本科生就业报告》,社会科学文献出版社 2024 年版,第 21 页。
③ 麦可思研究院主编:《2024 年中国本科生就业报告》,社会科学文献出版社 2024 年版,第 57 页。
④ 麦可思研究院主编:《2024 年中国本科生就业报告》,社会科学文献出版社 2024 年版,第 46—62 页。

(续表)

本科绿牌专业	2024年	2023年	2022年	2021年	2020年
能源与动力工程	●	●	●		
电气工程及其自动化	●	●		●	●
机械电子工程	●				
信息工程		●	●	●	●
道路桥梁与渡河工程		●			
信息安全			●	●	●
网络工程			●	●	●
数字媒体技术			●	●	
软件工程				●	●
数字媒体艺术					●

表 4-10　近 5 年本科红牌专业

本科红牌专业	2024年	2023年	2022年	2021年	2020年
汉语国际教育		●	●		
绘画	●	●	●	●	●
应用心理学	●	●	●	●	●
音乐表演	●	●	●	●	●
法学	●	●	●	●	●
历史学				●	
化学					●
美术学	●				
教育技术学		●			

三、资源导向模型

资源主导的专业竞争力模型强调统筹和协调专业投入与产出的各类资源,如世界代表性学校排名、学科评估和专业评价体系,基本遵循资源导向的竞争力模型构建思路。资源包括优质生源、课程体系、师资情况、教材配套、出版物、国际合作论文、专利转化、培养模式、教学手段、保障机制、杰出校友、高端人才、学校收入、发展经费、重点实验室、重点基地等与专业建设和发展、教学设计和实施、成果产出和应用、人才培养和就业息息相关的各种有形和无形资源。

孙阳春指出,多数专业竞争力模型指标可从"投入—过程—产出"三个环节进行选取。投入指标是高校为获得产出而消耗的资源指标,如生源、师资、经费、教材、设施、平台等;过程指标是资源配置使用的指标,如教学模式、组织机构、保障措施、评价体系等;产出指标是资源产出成果的指标,如出版著作、期刊论文、专业声誉、杰出校友等。[1] 例如,武汉大学中国科学评价研究中心从师资队伍、学生状况、教学水平和科研能力四大维度构建的专业竞争力模型,涵盖对教师数量、教师结构、杰出人才、教育专业、学生总量、学位点数、特色专业、人才基地、教学成果、科研基地、发明专利、论文数量等各类资源的考核和评估。[2]

我国一流本科专业建设的"双万计划"[3]是使用资源主导专业竞争

---

[1] 孙阳春、王富荣:《专业学位研究生教育质量评估的指标选取维度述评》,《现代教育管理》2010年第12期,第67—70页。
[2] 邱均平、马力、杨强、柴雯:《2016年中国大学本科专业建设质量分析》,《重庆大学学报(社会科学版)》2016年第4期,第104—110页。
[3] 一流本科专业建设的"双万计划",即到2022年建设一万个左右国家级一流本科专业点和一万个左右省级一流本科专业点。

力模型的典型案例。我国一流本科专业建设充分结合了竞争性遴选与选优式建设的优势,拓展了我国专业教学质量标准中"培养目标、课程体系、师资队伍、教学条件、质量保障"的基本要求,基于工程教育"专业目标、质量评价、课程体系、师资队伍、支持条件、学生发展和管理制度"和师范类专业"培养目标、毕业要求、课程与教学、合作与实践、师资队伍、支持条件、质量保障、学生发展"专业认证考察内容,设定了多元化的资源考察指标。

一流本科专业建设点的申报条件中,明确要求专业建设在符合本科专业国家标准的基础上,具备"专业定位明确、专业管理规范、改革成效突出、师资力量雄厚、培养质量一流"的条件。[①] 在专业认证环节,国家级和省级一流专业认证均有资源考察内容。国家级一流本科专业建设点考核的指标较为全面和宏观,有利于充分发挥各省市教育部门的自主性和创新性,以专业建设资源评估为基础,指导相关认定工作的开展和监督。省级认证参照《国家级一流本科专业建设点推荐工作指导标准》,从高校基本情况和专业建设情况两方面设定特色化资源评价指标,以明确评价标准,增强专业竞争力的可比性,如江苏省的"七类指标"、陕西省的"八类指标"、河北省的"七类指标"等(详见表4-11)。

表4-11 国家及部分省份一流本科专业考察指标

国家	江苏省	陕西省	河北省
全面落实"以本为本、四个回归"举措有力	专业目标与要求	生源与就业	专业定位与特色优势

---

① 中华人民共和国中央人民政府:《教育部办公厅关于实施一流本科专业建设"双万计划"的通知》,2019年4月2日,https://www.gov.cn/zhengce/zhengceku/2019-12/03/content_5458035.htm。

(续表)

国家	江苏省	陕西省	河北省
积极推进新工科、新医科、新农科、新文科建设	师资队伍	培养目标与培养方案	培养方案
完善协同育人和教学实践机制	教学资源	学习成果	专业建设成效
培养以人才为中心的质量文化	培养过程	课程与教材	师资队伍
专业建设水平高、专业定位准确及特色优势突出	学生发展	师资队伍	教学资源与利用
专业综合改革取得较大进展	质量保障	经费与条件	质量保障
师资队伍和基层教学组织建设成效显著	专业特色	产学研合作	生源及招生情况
人才培养质量较高、质量保障体系健全		质量保障与特色	
下一步建设和改革的思路明确、举措得力			

四、需求导向模型

需求主导的专业竞争力模型突出专业的"适用性",即专业竞争力由专业与社会需求的匹配程度界定。需求导向不仅注重从供给侧提高专业竞争力,更是将需求侧的要求放至核心位置,指出高校专业人才培养最终要以满足国家发展战略需求为终极目标。杜燕锋和于小艳以知识生产模式为基础,提出专业竞争力正在从"政府—大学—企业"三重螺旋模型演化为"大学—产业—政府—基于媒体和文化的公众/公民社会"四重螺旋模型,以及"大学—产业—政府—基于媒体和文化的公众/公民社会—强调社会自然环境对知识生产和创新"五重螺旋模型。[①] 在三重螺旋模型向四重螺旋模型及五重螺旋模型发展的过程中,很重要的一点是,知识生产情景由认知性情境、应用性情境向适应性情境发展,面向国家、社会、企业、公众的适用性知识越来越重要。

专业的建设逻辑随着知识经济转型,从单纯依靠学理逻辑转向更加依靠市场逻辑。知识生产能否满足行业质量标准与市场客户需求越来越重要,知识的效用成为评判专业水平的重要标准,专业服务需求导向越发明显。如澳大利亚"卓越研究计划"将科研应用作为重要评价内容,2018年增加了"社会互动与影响力"指标,突出专业与社会的联系和对社会的贡献。新公共管理主义强调,政府及市场对科学研究资助的合法性来自科学研究对经济社会的反哺。服务各类需求逐渐成为学科与专业的第三职能,科学研究主动外溢其影响,触达文化、环境、经济等社会的方方面面,形成了以国家、社会、市场等"客户"为中心的服务形式和服务内容。[②] 知识生产模式中适应性情境理论指出,在谈及专业宏观管理和中观管理时,需求导向竞争力模型更能综合评价专业的科学价值、技术价值、经济价值、社会价值、文化价值,而在理解具象专业知识和发展时,学理逻辑和学术追求则更能提供清晰的思路。

我国一直十分重视专业的"需求导向,聚焦服务贡献"[③]。2020年9月11日,习近平总书记在主持召开科学家座谈会时提出"坚持面向

---

① 杜燕锋、于小艳:《大学知识生产模式转型与人才培养模式变革》,《高教探索》2019年第8期,第21—25、31页。
② 杜燕锋、于小艳:《知识生产模式转型与大学科研评价的变革》,《高教发展与评估》2022年第4期,第1—8、119页。
③ 中华人民共和国教育部:《教育部 财政部 国家发展改革委关于印发〈"双一流"建设成效评价办法(试行)〉的通知》,2021年3月23日,http://www.moe.gov.cn/srcsite/A22/moe_843/202103/t20210323_521951.html。

世界科技前沿、面向经济主战场、面向国家重大需求、面向人民生命健康,不断向科学技术广度和深度进军"①,为我国教育事业发展擘画了清晰路径。高校的专业建设总体上要服务"四个面向"需求,为打造国家战略科技力量、为推动经济社会高质量发展、为服务国家战略需求、为保护人民生命健康保驾护航,不断推动教育体系与科技体系、产业体系、社会体系、文化体系互通互联。以需求为导向,围绕提升教育链、人才链和产业链、创新链的匹配度,在探索科技成果转化新机制、科研育人新方法的过程中不断增强专业竞争力,落实"把论文写在祖国的大地上,把科技成果应用在实现现代化的伟大事业中"②的时代需求,是我国由"高速发展"向"高质量发展"转型、增强教育服务贡献能力的应势之举。

因此,国家鼓励高校聚焦战略需求,把握社会、人民与高等教育的供需关系,针对一系列"卡脖子"问题进行技术攻关,站在新的历史方位将教育改革与社会发展、经济环境、个人需求等融为一体,形成统一的生态格局,协调专业建设、人才培养与外界需求之间的张力。以我国官方专业政策文件的调改来看,加强对国家急需的响应能力是专业调整和改革的重要依据。在《普通高等学校本科专业目录(2024)》中特设冰雪运动(2017年增设)、数字经济(2018年增设)、会展(2019年增设)、智能工程与创意设计(2020年增设)、科技艺术(2021年增设)、乡村治理(2022年增设)、国家安全学(2023年增设)、海外利益安全(2023年增设)、汉学与中文学(2023年增设)等专业,以不断优化与新

---

① 《以科技创新开启国家发展新征程》,《光明日报》2020年9月12日,第1版。
② 习近平:《为建设世界科技强国而奋斗》,《人民日报》2016年6月1日,第2版。

发展格局相适应的专业结构。[①] 在《研究生教育学科专业目录(2022)》中新增交叉学科门类,通过在研究生阶段设立集成电路科学与工程、国家安全学、设计学、遥感科学与技术、纳米科学与工程、区域国别学等一级学科,[②]来响应国家现代化建设的最新重大要求,以达到高效能服务社会的发展目标。

五、系统导向模型

系统主导的专业竞争力模型以复杂适应系统理论为基础,将专业竞争力视为具有涌现性、非线性和自组织特征的动态系统。区别于传统要素叠加模型,其将提升专业竞争力视为开创未来的系统工程,以"要素—结构—功能"的系统逻辑统筹竞争力的微观基础、要素的协同网络和系统的涌现性输出。系统主导的专业竞争力模型并非通用模板,而是学科基因与系统规律共演的适应性框架,在系统特性、结构和逻辑体现出显著的教育学特征。

在专业系统特性上,多从专业外部性、专业内涵性和专业层次性构建专业竞争力模型。专业外部性指专业服务区域产业经济发展的契合程度,考察专业的职业定位是否紧贴市场、产业和职业,是否符合新业态和新技术发展的最新需求,人才培养目标是否与产业需求一致等。专业的内涵性指专业的内涵建设对人才培养和质量的保障度,即专业

[①] 中华人民共和国教育部:《教育部关于公布2023年度普通高等学校本科专业备案和审批结果的通知》,2024年2月5日,http://www.moe.gov.cn/srcsite/A08/moe_1034/s4930/202403/t20240319_1121111.html。

[②] 中华人民共和国教育部:《国务院学位委员会 教育部关于印发〈研究生教学学科专业目录(2022)〉〈研究生教育学科专业目录管理办法〉的通知》,2022年9月13日,http://www.moe.gov.cn/srcsite/A22/moe_833/202209/t20220914_660828.html。

的软件和硬件状态如何。软件方面考察人才培养方案是否科学可行、课程体系是否完善、教材配套是否与时俱进、管理办法是否到位等因素,硬件方面考察教学团队及组织管理是否健全、实训基地条件如何、产出成果(毕业率、论文、科研项目等)是否体现专业水平等因素。专业的层次性是指专业的建设及发展水平,如专业在学校专业体系中的地位和作用,专业的整体建设水平,专业的规划、建设和特色是否具有一定引领和示范作用等。

在专业系统结构上,由表及里构建专业竞争力模型的系统结构是各高校的重要实践。如表层结构由科研、人才培养和社会服务等专业智能要素构成,中层结构由学科、制度、院系、管理等专业组织要素构成,深层结构由专业理念、研究范式、学术氛围等文化要素构成。郁建兴以新文科建设结构为例,指出创新人才培养模式是新文科的核心,创新哲学社会科学话语体系是新文科的担当,创新学科结构体系是新文科的重点,实现研究范式革命是新文科的关键,形成自主性理论体系是新文科的方向,创新文科发展理念是新文科的基础。只有贯穿系统化建设理念,才能更好地建设有高度、有硬度、有温度、有黏度、有气度和有广度的新文科。[①]

在专业系统逻辑上,"双一流"建设逻辑和教育"一体化"建设逻辑是我国专业建设的主要逻辑。钟秉林等学者提出提升专业竞争力要从建设世界一流大学和一流学科"双一流"的逻辑出发,统筹"双一流"建设与一流本科教育的综合改革和内涵式发展,系统推进更新教育思想观念、深化本科人才培养模式改革、加强人力资源与物质资源建设、创

---

① 郁建兴:《以系统思维推进新文科建设》,《探索与争鸣》2021年第4期,第72—78、178页。

新教学管理制度、营造优良校园文化五方面的工作。[①] 教育一体化是指通过制度设计、资源整合和路径贯通,将原本相对割裂的基础教育、职业教育和高等教育有机衔接,进而构建纵向贯通、横向融通、资源共享的终身学习体系,以实现教育目标、内容、评价的协同化。教育一体化的建设逻辑也为业界共识,即专业建设需要高等教育、职业教育、基础教育等共同作为、协同努力。高等教育要以明确的学科建设和学术研究范式引导专业规范化发展,形成专业的研究方法、知识理论、人才培养模式。职业教育应立足技能性和实践性,从实操和应用的角度着力培养一批高水平应用型人才。基础教育可通过专业知识传授、能力培养和价值塑造等方式,为专业发展打好观念基础、人才基础和社会基础。

[①] 钟秉林、方芳:《一流本科教育是"双一流"建设的重要内涵》,《中国大学教学》2016年第4期,第4—8、16页。

第五章
文化产业管理专业竞争力模型的创新构建

构建有效的文化产业管理专业竞争力模型是回应社会需求和改革评估实践的现实选择。充分探讨和实践多维度、多组分、涵盖学科发展全路径的专业竞争力模型,对专业建设和发展具有重要的导向和激励作用。传统教育评价被视作教育成效的"晴雨表"和工作方向的"指挥棒",而专业竞争力模型强调面向劳动力市场和人力资本培养的需求,从竞争主体、竞争客体、竞争环境和竞争结果四个方面综合考虑设置模型指标,从现实应用的角度帮助不同高校找到专业竞争优势,从而摆脱专业排名的限制。因此,本章先从专业竞争力模型建构展开,随后研讨文化产业代表性学科带头人对专业竞争力模型的探索经验,最后结合国内外教育评价体系和文化产业专业特殊性,尝试构建涵盖表层智能要素、中层组织要素和深层文化要素的竞争力模型。

第一节 专业模型构建动因探究

构建文化产业管理专业的竞争力模型,是文化产业发展和专业教育主动应对国际形势变化的应时之举,也是满足本硕博学科体系构建现实诉求的关键之举,更是激发专业系统评估以评促建的改革之举。

一、国际形势变化的主动应对

文化作为现代民族、国家追寻和平发展愿景的精神依托与身份表征,在百年未有之大变局中遭遇不稳定性、不确定性带来的多重挑战。文化发展建设隶属于人类精神内容生产的根本属性没有改变,依托个人或团队扎根现实并实施文化审美内容的原创逻辑没有改变,但借以开展文化创新的媒介、工具、手段、流程、平台等发生了翻天覆地的变化。文化在全球总体发展中的权重有大幅度增加,软实力在很大程度上成为衡量文化发展水准的又一种表述。2016年,联合国发布的有关报告就已命名当今时代为"文化时代"。"文化时代"的出现,与21世纪以来文化呈现的普遍渗透化、跨界融合化、主体模糊化发展趋势直接相关。① 目前,文化几乎扩张渗透到了所有行业、产业,产业的文化属性也已成为提升品牌附加值的必由之路,文化与其他行业、产业间的跨界融合成为新常态。互联网通信技术、数字多媒体技术、大数据云计算技术和移动智能终端技术等叠加融合与全面普及,既从产出规模、产出效能、传播速率等诸多方面让文化发展建设实现了巨大跨越,也通过为民众实施"媒体化赋权"和"媒介化赋能",实现了文化建设参与主体和创业主体的数量级增长,为文化的创新超越提供了无限可能。

综观近年来文化产业管理专业建设相关研究,学界从媒介融合、文化大发展、城镇化背景、"互联网+"、创客时代、大数据时代、文旅融合、

---

① 中国青年网:《大变局下如何谋划文化发展》,2020年10月20日,https://wenhua.youth.cn/whyw/202010/t20201020_12537950.htm。

新文科、新工科等技术、文化、经济等角度数次审视文化产业管理专业建设的合理性，政治、经济、社会等环境因素的变化实际对文化产业管理专业建设产生了深刻的影响。通过上述研究，除了暴露出共性问题，如学科体系不健全、教学实践缺位、师资力量不足等，更多细节问题也被发掘出来，如创客时代背景要求的创意思维和创新能力不足，"互联网+"、"5G"、人工智能所要求的技术在教学场景中的利用率不高，文旅融合背景下兼通旅游运营和管理的人才缺口越发凸显等。不同环境下专业培养暴露出来的问题，恰恰反映了社会发展对文化产业管理专业建设提出的新要求。

从社会主义精神文明建设的提出，到社会主义核心价值体系的建构，再到文化强国战略的稳步推进，当前众多文化工程实施、文化产业结构优化、新兴文化业态培育都从国家文化软实力的高度对文化产业发展提出了新的要求。我国文化产业发展格局发生了巨大改变，文化产业管理专业人才定位理应结合国家文化发展战略及时更新。尤其是世界正经历百年未有之大变局，各行业发展进入动荡变革期，人类要应对共同挑战、迈向美好未来，始终离不开文化的力量。文化产业在文化强国战略的实施、人类命运共同体的构建上都将发挥重要作用，文化产业管理人才已然成为重要的人才支撑。在党和政府的引导下，面向社会现实需求，梳理文化产业管理专业所应做的事，探讨该专业所培养的人才应具备什么能力，帮助高校与学生个人突破文化产业管理专业人才培养困境，是新时代提升文化产业管理专业竞争力非常值得思考的问题。

二、学科体系构建的现实诉求

自2004年文化产业管理专业试点设立以来，不断有学者聚焦文化产业发展的状况,对文化产业管理专业的建立、建设、发展过程中存在的问题进行剖析。在我国,"学科目录"是学位授权审核、学科建设、人才培养和学位授予的基本依据。以最新出台的学科目录为准,本科阶段在工商管理类下设了"文化产业管理专业",研究生阶段以2024年1月最新公布的《研究生教育学科专业简介及学位基本要求(试行版)》[1]为准,在管理学门类下一级学科"信息资源管理"设置了"数字人文"和"公共文化管理",在文学门类下一级学科"中国语言文学"设置了"民间文学",这三个二级学科与文化相关,从而打破了以往研究生阶段在目录内未有文化相关的一级学科或二级学科的桎梏。

在学科发展过程中,文化产业学科体系不完备导致文化产业人才培养陷于困境,由此带来的师资储备不足、教学实践缺位、创新能力一般等问题成为专业可持续发展的短板。尤其在研究生培养阶段,文化产业管理专业学科归属五花八门,受文旅融合发展、数字经济跨界、交叉学科建设的影响,现实中文化产业人才培养遍布新闻传播学、中国语言文学、中国史、管理科学与工程、公共管理学、艺术学、数字经济、旅游管理等学科,未能与本科阶段工商管理专业相对应、相继承、相发展,加之在我国学科评估主要针对《研究生教育学科专业目录》中的一级学科,专业评估主要针对《普通高等学校本科专业目录》中的专业,两类评估虽有联系,但未理顺的内在机理让文化产业管理等具有交叉学科性质的专业因学校博士学位和硕士学位的授予资格问题而越发分散在不同学院。由学科归属不清所导致的人才交流壁垒、实习实践模糊笼统、就业市场萎靡等问题,业已上升为文化产业管理专业高质量发展的显性掣肘。

---

[1] 此前我国已公布研究生教育的学科专业目录有1983年版、1990年版、1997年版、2011年版、2018年修订版以及2022年版六个版本。

三、系统评价实施的迫切需求

文化产业管理专业的评价多集中在培养质量、专业条件、科研水平等方面,少有评价模型联系产业变化规律、社会发展动态等环境因素和培养目标、知识体系、学生成长等专业建设内部因素进行综合测评。2017 年,向勇提出我国文化产业管理人才培养的目标是创意经理人[①],即在创意管理、符号价值创造和 IP 授权经营模式上具备相应能力的管理型人才。随着文化强国战略的深入实施以及交叉学科建设的全面推进,创意经理人培养目标必须与时俱进,适应数字化、全球化和可持续发展的时代需求。从多年来高校开设和撤销文化产业管理专业的"进退"情况来看,不少高校因培养目标模糊、理论范式缺失、对口就业低迷、高投低产失衡、教学转型滞后等原因停办该专业。文化产业管理专业评价缺位,进一步导致专业人才培养治理缺乏监管,学科体制机制构建缺乏标准,多元主体权责缺乏细化。

现有商业排名,如软科排名、艾瑞深校友会排名和金平果排名多基于可搜索、可计量、可对比的客观数据对高校专业建设水平进行测量,根据得分对高校进行分级排序,"黑箱操作"的特点使得高校、学生、教师等主体丧失更多自主权。如在 2024 年软科文化产业管理专业排名中,18 所院校的专业点为 A 类专业(详见表 5-1),排名全部采用从学校条件、学科支撑、专业生源、专业就业、专业条件五个维度搜集的客观指标数据进行评价(采用软科中国大学专业评价指标体系同一体系)。

---

① 向勇:《创意创业家精神:文化产业管理专业人才培养的探索》,《中国大学教学》2017 年第 10 期,第 26—30 页。

表 5-1　2024 年软科文化产业管理专业排名

排名	学校	等级
1	上海交通大学	A+
2	同济大学	A+
3	对外经济贸易大学	A+
4	中央财经大学	A
5	暨南大学	A
6	湖南师范大学	A
7	华南师范大学	A
8	山东财经大学	A
9	河南大学	A
10	中国传媒大学	A
11	浙江工商大学	A
12	首都师范大学	A
13	贵州大学	A
14	西安建筑科技大学	A
15	上海对外经贸大学	A
16	西南大学	A
17	广东财经大学	A
18	北京电影学院	A

资料来源：软科官网发布的"2024 中国大学专业排名—文化产业管理"，https://www.shanghairanking.cn/rankings/bcmr/2024/120210。

2024 年 4 月，艾瑞深校友会网发布《2024 校友会中国大学排名·高考志愿填报指南》，从学科水平、培养质量、师资水平、专业水平和专业影响五个维度，对我国文化产业管理研究型专业（详见表 5-2）和应用型专业（详见表 5-3）进行了评估。艾瑞深校友会排名依据中国高校办学定位、学科建设水平和本科专业发展定位采取分类分级分档评价，将专业类型分为"研究型"和"应用型"两大类。

表 5-2　2024 年校友会"文化产业管理"专业排名（研究型）

全国排名	学校名称	星级排名	办学层次	专业档次
1	上海交通大学	5★	中国一流专业	A++
1	中国传媒大学	5★	中国一流专业	A++
3	山东财经大学	4★	中国高水平专业	A+
3	西安建筑科技大学	4★	中国高水平专业	A+
5	北京电影学院	4★	中国高水平专业	A
5	福建师范大学	4★	中国高水平专业	A
5	贵州大学	4★	中国高水平专业	A
5	贵州师范大学	4★	中国高水平专业	A
5	华东政法大学	4★	中国高水平专业	A
5	山东工艺美术学院	4★	中国高水平专业	A
5	首都师范大学	4★	中国高水平专业	A
5	天津音乐学院	4★	中国高水平专业	A
5	同济大学	4★	中国高水平专业	A

资料来源：艾瑞深校友会官网发布的"2024 年中国大学文化产业管理专业排名（研究型）"，http://www.cuaa.net/2022index/news/information.jsp?information_id=12398。

表 5-3　2024 年校友会"文化产业管理"专业排名（应用型）

全国排名	学校名称	星级排名	办学层次	专业档次
1	大连艺术学院	6★	中国顶尖应用型专业	A++
1	武汉传媒学院	6★	中国顶尖应用型专业	A+
1	厦门理工学院	6★	中国顶尖应用型专业	A+

(续表)

全国排名	学校名称	星级排名	办学层次	专业档次
1	浙江传媒学院	5★	中国一流应用型专业	A+
5	贵州师范学院	5★	中国一流应用型专业	A+
5	内蒙古艺术学院	5★	中国一流应用型专业	A+
5	山西传媒学院	5★	中国一流应用型专业	A+
5	四川文化艺术学院	5★	中国一流应用型专业	A+
5	新疆艺术学院	5★	中国一流应用型专业	A+
5	中华女子学院	5★	中国一流应用型专业	A+

资料来源:艾瑞深校友会官网发布的"2024中国大学文化产业管理专业排名(应用型)",http://www.cuaa.net/2022index/news/information.jsp?information_id=12398。

如何将社会需求转化成人才培养目标,从而制定相应的人才培养方案、引进优秀师资、设计专业课程,并引导学生发掘自身能力价值,在宽泛的文化产业管理专业教学内容中抓住重点,这些均是高校在提升文化产业专业竞争力过程中需要攻克的难题,也是本书探索目标所在。

第二节 高校模型构建案例深描

在我国,各高校基于文化产业管理专业的学科特性,在教学实践中不断摸索着如何提升专业竞争力,一些代表性高校的学科带头人提出了极具时代价值和推广意义的竞争力模型[1],本节将引入模型的主要

---

[1] 本书作者根据各位学科带头人在讲座、论文、著作中发表的观点进行整理,学者们并未直接称其研究为竞争力模型,但内容均指向竞争力,所以本书进行了汇总分析。

内容进行分析,作为高校自主、创新地构建专业竞争力模型的经验总结,以期获得一些可供参考的专业特色构成性分析指标和效果性分析指标。

一、"双一流"高校竞争力模型构建经验

(一)清华大学代表性模型

熊澄宇[①]在"2022全国高校文化产业学科建设论坛"上提出了专业建设的系列创新举措,指出文化产业专业具有人文属性、艺术属性、创意属性、经济属性、管理属性、治理属性和技术属性,需要政府、公共机构、文化园区、文化企业多方主体共同参与建设,人才培养需要贯彻落实从微观到宏观、从项目到战略、从本科到博士的一体化路径。但现行文化产业学科建设仍存在许多亟待解决的问题:其一,基于技能和生产应用的文化产业人才市场需求与厚基础、宽口径的本科人才培养之间的矛盾,产业发展新业态发展迅速与文化管理人才培养之间的矛盾;其二,学科交叉融合与多学科基础课程体系设计之间的矛盾,学科归属与人才培养层次定位之间的矛盾,校内不同专业融合的问题,不同专业背景的教师融合和团队建设的问题;其三,教育部未设立相关的学科专业指导委员会,缺乏全国相对统一的学科基础课程体系规范,缺乏规范的教材体系建设;其四,学科归属模糊,学科名称存在争议,学界普遍呼吁文化产业学科/文化产业管理学科成为一级学科,但对学科的经济学属性、文化属性、管理属性孰重孰

---

① 熊澄宇,清华大学传播系原常务副主任和学术副院长,现任中国传媒大学文化产业管理学院院长,深耕文化产业教育科研多年,是文化产业界代表性学科带头人之一。

轻仍存在一定争议。

故熊澄宇代表由中国传媒大学、武汉大学、南京艺术学院、北京大学、上海交通大学五所院校有关单位组成的工作小组，创新性提出"增设文化产业为一级交叉学科，下设文化产业管理、艺术与科技、文化创意与版权三个二级学科"（详见图5-1），依托《交叉学科设置与管理办法（试行）》中"交叉学科是多个学科相互渗透、融合形成的新学科，具有不同于现有一级学科范畴的概念、理论和方法体系……"的要求和指导，开展文化产业学科定位与建设方案设计工作，从文化产业学科总量、存在的问题、建议和对策等方面详细地加以设计，筹划建立高校文化产业学科建设联盟作为管理组织，从而尽快推动交叉学科门类下建设文化产业学一级学科，并加快文化产业的二级学科建设及试点工作。

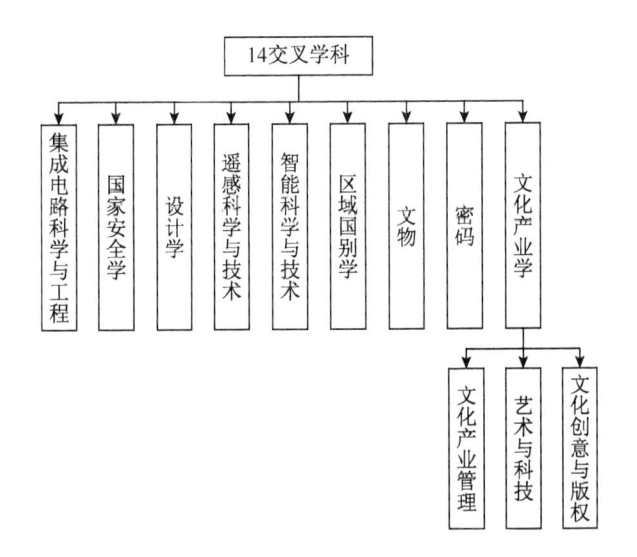

图5-1 文化产业学交叉学科建设逻辑

资料来源：熊澄宇在2022年全国高校文化产业学科建设论坛上的主题演讲。

(二) 北京大学代表性模型

向勇[①]提出了文化产业专业建设 CIs-AET 金字塔模型(详见图 5-2),从概念范畴、要素创新、社会治理和组织管理四个维度论述了文化产业专业竞争力。金字塔四个顶端分别为文化产业(Cultural Industries)、文化资源(Art)、经济商业模式(Economy Business Model),以及技术(Technology)、人才(Talent)、环境宽容度(Tolerance),整体统筹了文化产业专业概念特征、内涵外延、历程趋势、文化资源、文化技术、文化资本、文化治理、文化调查、文化创意、创意领导力、文化金融等众多要素。

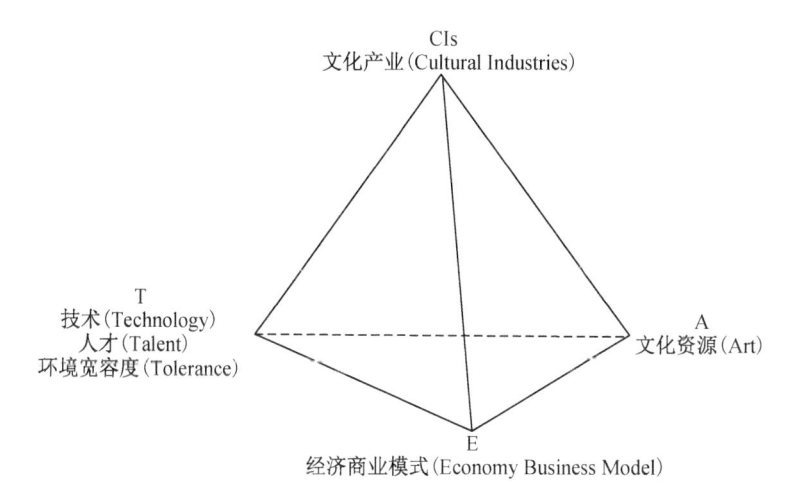

图 5-2 CIs-AET 金字塔模型

资料来源:向勇在 2022 年全国高校文化产业学科建设论坛上的主题演讲。

该模型基于文化产业管理专业发展史、支撑学科情况、文化产业理

[①] 向勇,北京大学艺术学院教授、文化产业研究院院长,一直在北京大学文化产业教育阵地探索着中国特色文化产业专业建设道路。

论研究综合提出。据向勇考证,文化产业管理专业经历了三个阶段的发展:第一阶段为1966年至今的"艺术管理的理论研究与专业建设",从1996年美国耶鲁大学开始设立艺术管理专业,到21世纪以来全球约有100所大学进行艺术管理专业的建设;第二阶段为1990年至今的"文化产业的理论研究与专业建设",英国、中国等国家文化产业和文化产业专业逐渐兴起;第三阶段为2010年至今的"创意管理的理论研究与专业建设",注重对创意管理的探讨。

向勇经过教学和科研实践发现,文化产业学的学科支撑有艺术学、美学、历史学、理论经济学、应用经济学、工商管理学、行政管理学、社会学、新闻传播学、法学、民俗学、计算机技术、信息资源管理等(详见图5-3)。其中,文化哲学为学科建设提供了思辨气质,如马克斯·韦伯(Max Weber)、克利福德·格尔茨(Clifford Geertz)、瓦尔特·本雅明(Walter Benjamin)、费孝通、法兰克福学派等进行了批判性论述;文化社会学为学科建设贡献了基本分析对象,以伯明翰学派、皮埃尔·布尔迪厄(Pierre Bourdieu)、布莱恩·莫伦(Brian Moeran)、让·鲍德里亚(Jean Baudrillard)等学者为代表,重点关注劳动者、劳动资料和劳动对象生产力三要素;文化经济学为学科建设贡献了分析模型,如威廉·J. 鲍莫尔(William J. Baumol)、大卫·赫斯蒙德夫(David Hesmondhalgh)、艾伦·J. 斯科特(Allen J. Scott)、约翰·厄里(John Urry)、大卫·罗伯茨(David Roberts)等从经济学的角度整合了文化产业的研究范式;文化管理学为学科建设贡献了实践操作、能力模块和实务流程的指引,如克里斯·比尔顿(Chris Bilton)著名的商业与创新的再联结;文化创意学为学科建设贡献了核心学习对象,即文化产业应是专注故事创作、故事驱动的内容产业。

中国的文化产业在经历了合法性研究[①]和理论合理性、政策合理性、学科合理性、实践合理性等合理性研究后,在研究视域、研究议题、理论供给、价值逻辑、概念命题、范式创新等方面更具开放性,在未来应继续坚定文化自信、坚持中国立场、坚持人民中心、坚持义利和合,以"价值评估""创意管理""艺术授权""故事驱动""符号生产""审美治理"等整合性的原理突破和学理贯通来融合文化产业学科的核心理论和研究范式。

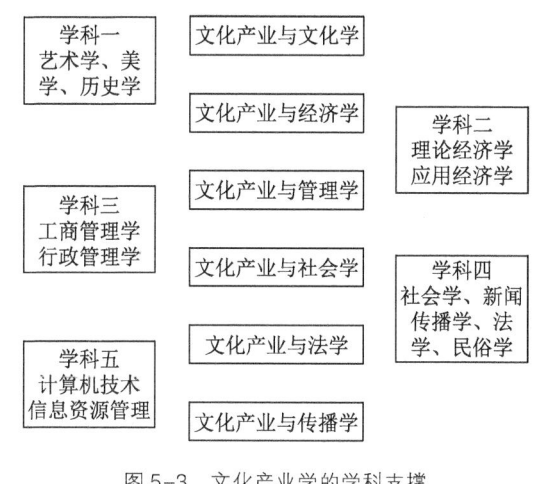

图 5-3 文化产业学的学科支撑

资料来源:本书作者根据向勇的观点自绘图片。

(三) 上海交通大学代表性模型

李康化[②]认为"在中国,文化产业管理作为一个学科,首先是与上

[①] 2002 年之前为文化产业合法性研究阶段,2002 年党的十六大报告里第一次完整地表述了"文化产业"作为"文化事业"相对应的方面,是社会主义文化建设不可分割的一部分,由此确定了文化产业合法化的产业地位。

[②] 李康化,上海交通大学媒体与传播学院副院长,扎根文化产业管理专业建设和人才培养一线数十年。

海交通大学联系在一起的"①,所以上海交通大学的学科建设经验具有重要的示范意义。上海交通大学文化产业管理专业与传播学、影视学相得益彰,注重基础知识和基础理论教学,率先以数字文化内容为重点而知名,总体上有"四个坚持"的专业建设逻辑。具体而言:第一,坚持价值引领,以文化人,把文化史、文化理论类课程放在重要位置,把价值、内容和意义的生产与传播贯穿于全部教学活动。第二,坚持走文理交叉之路,聚集"文史基础、创意经济、管理智慧、数字内容"的"课程—知识"体系,引进工科教师组建跨学科授课团队,开设多门数字文化类的交叉课程。第三,坚持加强培养基地建设,形成产学研协同创新的培养环境,全面培养学生"心—脑—手"并用的能力。第四,坚持以内涵建设为主题,致力于提升学生的跨国交流能力,做好优秀人才"引进来"和"走出去"工作,与联合国教科文组织合作举办"全球文化管理学术研讨会"。

但如何对标文化产业高质量发展需求,培养坚守中华文化立场的文管人才?如何跨越数字技术与文化理论的鸿沟,搭建文理交叉的新文科课程体系?如何顺应社会对复合型人才的需求,提升文化产业管理卓越人才的综合能力?这些是每个高校在新文科背景下建设文化产业管理专业都必须认真回答的问题,更是新时代构建文化产业管理专业竞争力的重要维度。上海交通大学给出了答案,如设计并推广基于"数字内容产业"的文化、经济、管理、技术四位一体人才培养方案,推动方案的类别规划更加细致、课程主题更加多元、产研比重更加平衡、时间分配更加合理。再如践行文理交叉、跨界融合的"STEAM"课程体系搭配理念,依托上海交通大学工科优势,将工程科学与技术类、数学

---

① 2022年12月30日李康化于"经验与问题:发展中的中国文化产业管理专业——文化产业管理专业院长、系主任恳谈会"会议上指出。

类课程纳入专业教育课程或通识教育课程,并以课程为导向整合师资力量,建设一系列金牌课程。又如建立 P(Problem)-P(Practice)产学研并举的协同育人模式,基于文化产业管理专业的实践特点,将课堂学习与项目研究有机结合,通过以问题为导向,以实践为路径的机制,帮助学生在解决问题中培养能力,在实践活动中掌握知识,培养学生的文创与科创能力。文化产业管理专业应扎根中国大地,开展基础理论与重大问题研究,少一些学科焦虑,多一些问题意识,在译介西方理论的同时,也应加紧构建中国自主的学科体系、学术体系、话语体系,从而实现问题性学术与学科性学术的统一(详见图5-4)。

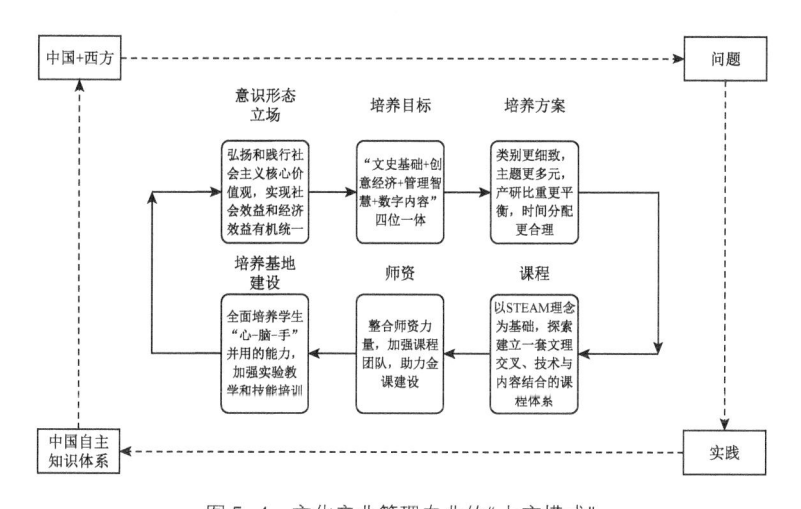

图 5-4 文化产业管理专业的"上交模式"

资料来源:本书作者根据李康化总结的上海交通大学专业建设经验自绘图片。

张伟民[①]建议使用"文创产业专业"这一概念。与学科目录中文化

---

① 张伟民,上海交大-南加州大学文化创意产业学院党总支书记兼院长,长期从事跨学科复合型人才培养与研究工作。

产业管理的命名不同,他强调在数智时代,文化产业必定是与大数据、大智能、大健康、大生态、大金融等产业融合而形成的"大文创"。文创产业专业更能体现其明显的交叉性、融合性和社会性。他指出,在本科阶段将文化产业管理专业归入工商管理专业类别,实际上并不能支撑文化创意专业的丰富内容;在研究生阶段,各校依托各自资源进行学生培养工作,学科发展合力不足,亦影响着培养质量。而文创产业专业是集经济、文化、创意、技术为一体的专业,更能突出文化是专业的基础,创意是专业的灵魂,技术是专业的支撑,经济是专业的效用,展现出整个学科的高跨学科性和知识融合性、高社会影响渗透力和高经济杠杆辐射力。文创产业专业模式聚焦艺术能量、哲学思想、经济管理能力和设计与技术,强调培养具有数字技术和数字素养、创新操作能力、管理能力和领导力、国际行业前瞻性思维的人才。在新文科建设和交叉学科建设的发展趋势下,该模式更强调进一步打破学科专业壁垒,加强文理交叉、文管交叉、文工交叉和文文交叉,从"文化+创意+科技"出发,以期实现"3+N"文创产业交叉学科点模式的具体落地(详见图5-5),实现"艺术+管理+技术+其他学科",促进文创艺术交叉、文创管理交叉、文创技术交叉以及文创学科与其他专业交叉。

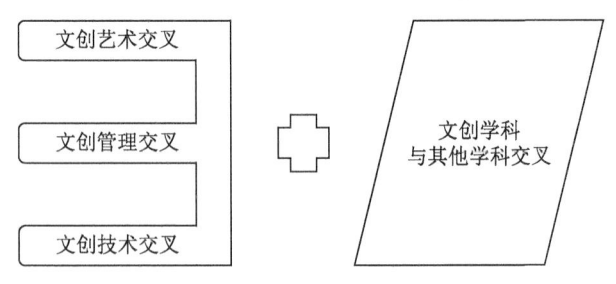

图5-5 "3+N"文创产业交叉学科点模式
资料来源:本书作者根据张伟民的发言自绘图片。

(四) 同济大学代表性模型

夏洁秋[①]在教学领域积累了丰富的一线经验和管理心得,对同济大学文化产业管理专业学科归属、特色方向设定和学生职业发展均有独到见解。学科归属上,同济大学以人文学院为主要培养单位,自2007年文化产业管理专业招生以来,目前已培养出十余届毕业生,并于2021年获批国家一流本科专业建设点。文化产业系拥有文化产业管理学学士学位、艺术学理论一级学科硕士学位、MFA硕士专业学位、美学(艺术哲学、文化产业研究方向)博士学位的授予权,形成了多学科支撑的本硕博一体化培养体系(详见表5-4、图5-6)。但《研究生教育学科专业目录(2022)》将"艺术学理论"一级学科变为"艺术学(含音乐、舞蹈、戏剧与影视、戏曲与曲艺、美术与书法、设计等历史、理论和评论研究)"一级学科后,夏洁秋指出,所有硕士阶段在"艺术学理论"一级学科下招生、培养文化产业人才的高校该何去何从,是需要文化产业界共同探讨的重大问题。

表5-4 同济大学人文学院文化产业管理专业建设历程

学位	专业/方向	设立时间
管理学学士	文化产业管理	2007年
艺术学硕士	艺术学理论/艺术与文化产业研究	2018年
	艺术学理论/艺术史与艺术理论	2018年
	艺术学理论/当代艺术批评与实践	2018年
艺术学硕士专业学位	艺术设计/MFA硕士	2015年
哲学博士学位	美学(艺术哲学、文化产业方向)	2012年

资料来源:本书作者根据同济大学官网专业介绍信息自制表格,https://sal.tongji.edu.cn/xygk/xyjj.htm。

[①] 夏洁秋,同济大学人文学院文化产业系副主任。

方向设定上,同济大学一直坚持立足长三角一体化以及上海建设创意城市的战略定位,以"文化艺术+科技+管理"为专业特色,聚焦"智能技术+文化产业+当代艺术",设置了文化创意产业管理、艺术研究与实践、文物与博物馆管理、珠宝产业管理四个特色方向,其中,珠宝产业管理与同济大学海洋学院和英国珠宝鉴定培训班合办,总体就业率与深造率持续保持高水平。同时,人文学院紧抓元宇宙发展机遇,在2022年11月25日协同同济大学科技与未来研究院、清华大学文化创意发展研究院、华东政法大学数字文化研究中心共同发起成立了中国首个文化元宇宙专业委员会,随后推出"文化元宇宙的中国印象"前沿工作坊,举办全国文化元宇宙创意传播大赛,发布《中国文化元宇宙白皮书》。

职业发展上,人文学院主要依托同济大学的优势学科和跨学科教师团队的专业特色,努力培养具有深厚人文素养、开拓性思维和现代产业理念及经营技能的高层次复合型文化产业管理人才,致力于为数字文化产业高质量发展和文化强国战略提供人才支撑。本科生毕业后,就业情况十分理想,如有前往佳士得工作的同学,再如2019—2021年出国深造的毕业生到QS排名前100学校的比例高达66.67%,到国内"双一流"高校深造的比例更是高达100%。

解学芳[①]提倡紧抓智能时代专业建设先机,鼓励各高校实验"智能+"的专业竞争力新模式。未来专业应紧跟文化产业数字化、在线化、网络化、体验化、智能化的新业态和新模式,教授学生掌握文化产业高度创意化和高度科技化、高度市场化和高度跨界化、高度品牌化和高度授权化的发展新思路,突出交叉趋向和表征,突出自主创新的新主

---

① 解学芳,同济大学人文学院副院长、艺术与创意产业研究所所长,中国文化产业协会文化元宇宙专委会主任。

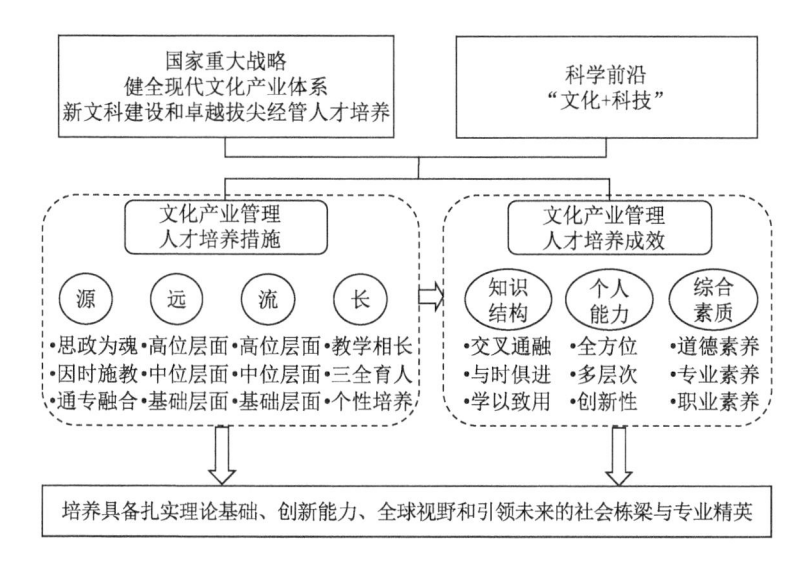

```
┌─────────────────────────┐  ┌─────────────┐
│    国家重大战略          │  │  科学前沿    │
│ 健全现代文化产业体系     │  │ "文化+科技"  │
│新文科建设和卓越拔尖经管人才培养│  │             │
└─────────────────────────┘  └─────────────┘
```

```
┌─ 文化产业管理 ─┐         ┌─ 文化产业管理 ─┐
│  人才培养措施   │         │   人才培养成效  │
│ 源  远  流  长 │         │ 知识  个人  综合│
│                │         │ 结构  能力  素质│
│·思政为魂·高位层面·高位层面·教学相长│ ·交叉通融·全方位·道德素养│
│·因时施教·中位层面·中位层面·三全育人│ ·与时俱进·多层次·专业素养│
│·通专融合·基础层面·基础层面·个性培养│ ·学以致用·创新性·职业素养│
└────────────────┘         └────────────────┘
```

┌──┐
│培养具备扎实理论基础、创新能力、全球视野和引领未来的社会栋梁与专业精英│
└──┘

图 5-6　同济大学文化产业管理专业建设模式
资料来源:本书作者根据夏洁秋会议发言自绘图片。

流,重构技术、网络、版权、品牌等重要概念。"数智文化创意+版权"突出了数字时代文化产业管理专业的核心竞争力,在新模型中内容创新是核心,版权增值是关键,多学科交叉融合是必需,模型兼顾文化创意数字化与智能化、文化创意 NFT 化与 IP 化、文化创意与版权治理化、"UGC+PGC+EGC+AGC"的跨界、"艺术学+经济学+管理学+新闻传播学+法学+计算机科学"的交叉(详见图 5-7)。文化内容趋向数字版权,数字版权走向智能化流转,元宇宙释放创意价值,指明了数字时代提升专业竞争力的逻辑和最终培养目标,即培养出文化内容智能化创新与文化创意复合型人才、文化创意主体 IP 增值与数字版权人才、数字版权集聚与国际版权贸易/运营人才、数字技术隐忧与综合型文化科技治理人才等。

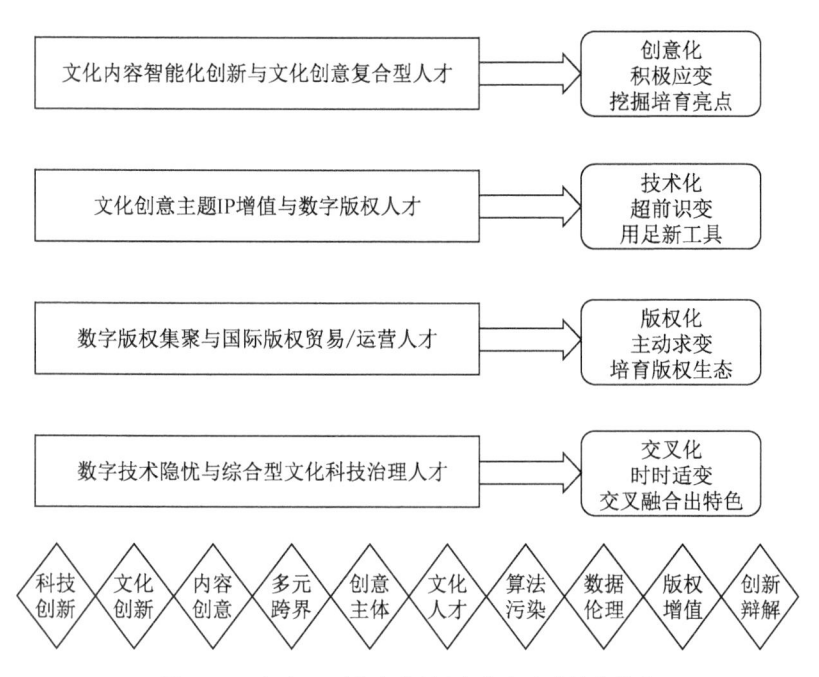

```
┌─────────────────────────────────┐      ┌──────────┐
│ 文化内容智能化创新与文化创意复合型人才 │─────▶│  创意化   │
└─────────────────────────────────┘      │  积极应变 │
                                         │挖掘培育亮点│
                                         └──────────┘

┌─────────────────────────────────┐      ┌──────────┐
│ 文化创意主题IP增值与数字版权人才    │─────▶│  技术化   │
└─────────────────────────────────┘      │  超前识变 │
                                         │ 用足新工具│
                                         └──────────┘

┌─────────────────────────────────┐      ┌──────────┐
│ 数字版权集聚与国际版权贸易/运营人才 │─────▶│  版权化   │
└─────────────────────────────────┘      │  主动求变 │
                                         │培育版权生态│
                                         └──────────┘

┌─────────────────────────────────┐      ┌──────────┐
│ 数字技术隐忧与综合型文化科技治理人才 │─────▶│  交叉化   │
└─────────────────────────────────┘      │  时时适变 │
                                         │交叉融合出特色│
                                         └──────────┘
```

◆科技创新 ◆文化创新 ◆内容创意 ◆多元跨界 ◆创意主体 ◆文化人才 ◆算法污染 ◆数据伦理 ◆版权增值 ◆创新辩解

图 5-7 "智能+"时代文化创意与版权人才培养模式

资料来源：本书作者根据解学芳会议发言自绘图片。

（五）武汉大学代表性模型

傅才武，作为武汉大学国家文化发展研究院院长，一直引领着武汉大学文化产业专业教学和科研工作的前沿，在新时代尝试构建"立体交叉融合"的文化产业专业竞争力模型。他提出一个重要判断：我国文化产业增加值从 2004 年发展至 2022 年，实现了约 15 倍的飞速增长，与世界宏观经济增长相协调，虽然当前出现增速收敛的趋势，但在经济衰退时期可能会出现"口红效应"，这无疑为专业建设注入了强大的信心。我国文化产业相关专业经历了初创期、成长期和调整期的发展阶段，因在教材、教学和就业对口上学生专业认可度不高，部分高校自 2014 年开始撤销文化产业管理本科专业,加之研究生培养阶段文化产业学科归属泛化、人才培养供需错配、学科建设中西差异大、中国代表性学者话语体系分歧、产业融合创新与学科分类的"悖论"等问题,文化产业学科体系一直未能理顺。

因此,傅才武提出要借助国家设立"交叉学科门类"之契机,突破类型技术的专业分工思路,重建基于数字技术之上的学科模式,以数字信息技术作为平台技术,驱动实现文化艺术、经济和管理三个学科"立体交叉融合"的文化产业专业竞争力模型(详见图 5-8),重建综合型文科。这不单纯是新知识、新技术和新方法的扩展与融合,而且要更新学科观念和创新学术思想,以文本创造和流通的专业知识,创意和知识管理的专业知识,促进经济、社会及文化变迁机制的专业知识,贯穿本科对点的专业技能培养、硕士线与面的知识运用、博士从实践到理论的立体构架发展,从而实现实践与理论的多层次互动。

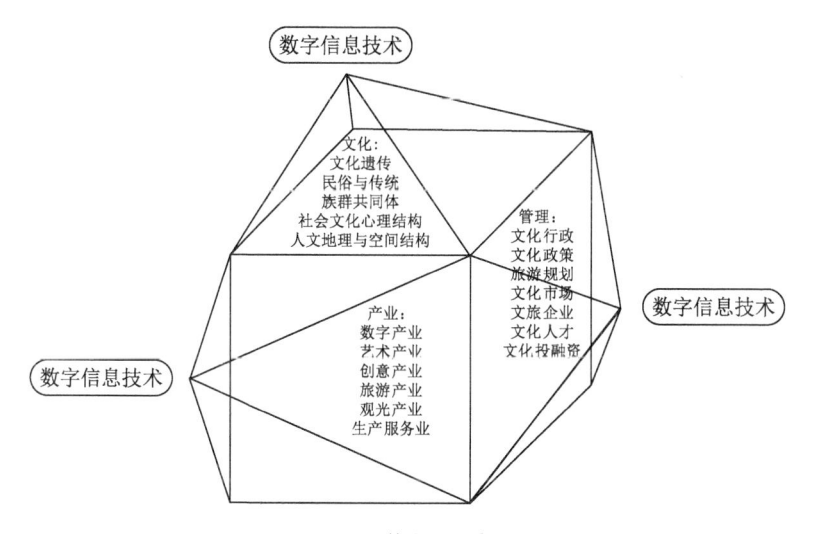

图 5-8 立体交叉融合模型

资料来源:明琰、傅才武:《"新文科"背景下我国文化产业学科的困境与出路》,《同济大学学报(社会科学版)》2023 年第 1 期。

（六）山东大学代表性模型

邵明华[①]指出,山东大学作为教育部首批设立文化产业管理专业的高校之一,其专业建设的"秘诀"在于坚持走"文史见长"的可持续发展之道,不断革新科学合理的学科体系和组织架构[②],将培养"具有纵观古今文化视野和现代产业理念及经营管理等知识和技能"的复合型文化管理人才作为核心使命。专业建设的"山大经验"立足于人才培养和科研服务。在人才培养过程中强调围绕文化资源与文化产业、区域文化产业和数字文化产业三大学术方向进行文化资源、文化经济学和文化产业的理论学习,紧抓对文化产业新业态、文化产业品牌与项目管理、区域文化产业规划、文化旅游等领域产业特点和经营模式的实务操作,鼓励学生开展各类文化创意活动,支持学生创办"文化产业俱乐部"和《文化产业前沿》电子期刊。

在科研服务上,山东大学历史文化学院注重发挥专业特长服务社会,积极为齐鲁文化创造性转化和创新性发展、山东新旧动能转换、乡村振兴、智库建设等献智献策献力,在实践中产出了一批理论真知,如被央视《新闻联播》报道的《中国文化产业学术年鉴（1978—2008年卷）》、由专业一线授课教师编著的本科系列教材"高等院校文化产业基础教材"[③]等。为提高专业竞争力,紧跟文化科技发展前沿,山东大

[①] 邵明华,山东大学文化产业研究院副院长、历史文化学院文化产业管理学系主任。

[②] 大致发展历程为:2003年11月设立山东省文化产业研究基地,2005年4月成立文化产业管理系,2007年4月设置"文化产业管理"二级学科硕士点,2008年招收文化产业方向博士后,2015年与其他学院共同组建了文化产业研究院。

[③] 包括《文化产业概论》(福建人民出版社2012年版)、《文化产业项目管理》(福建人民出版社2017年版)、《文化创意与策划》(福建人民出版社2014年版)、《文化市场营销学》(福建人民出版社2014年版)、《文化资源学》(福建人民出版社2012年版)、《文化投资学》(福建人民出版社2015年版)、《文化产业商业模式概论》(福建人民出版社2017年版)、《海外文化产业概论》(福建人民出版社2017年版)、《广告创意与文案策划》(福建人民出版社2012年版)、《动漫产业概论》(福建人民出版社2013年版)、《文化产业管理学》(福建人民出版社2013年版)、《文化产业文献导读》(福建人民出版社2013年版)等。

学"文化产业动能转换与生态系统"实验室[1]协同校内外多部门合作开展了一系列高水平文化创新研究，围绕文化产业生态化主题，在"文化资源评估和传统业态动能提升""文化消费预测与新型业态动能创新""文化与相关产业：业态融合与区域互动技术"三个核心优势方向推动山东省文化产业动能转换，集合渠道、平台、经营、管理等多项功能构建文化产业新型的数字生态。

（七）对外经济贸易大学代表性模型

吴承忠[2]认为，对外经济贸易大学（以下简称对外经贸大学）文化产业管理专业具有鲜明的国际化、贸易化特色，人才培养突出"专业+外语+经贸"的思路。自2007年设立文化产业管理专业以来（详见图5-9），政府管理学院在学科建设、人才培养、师资队伍建设和教学改革等方面进行了丰富的探索与实践，充分融合了学校对外贸易专门人才的培养优势和学院管理人才的培养优势。学校在国际经济、国际贸易、国际企业管理和国际商务法专业上的优势为开展国际化的文化产业管理人才培养奠定了良好的学科基础，尤其是2021年建设"文化+""科技+""智能+"的数字经济实验室，为发挥产学研合作优势、共同培养"新文科"人才提供了更为广阔的平台。学院经济学、管理学和法学专业教育基础厚实，赋予了文化公共管理、国际文化贸易与投资管理、文化产业规划和文化产业政策、文化产业战略、旅游和休闲产业等特色研究领域得天独厚的竞争优势。

总体来看，对外经贸大学形成了"一系、四中心、一部级基地、一会、一刊、一国际学校"六位一体的文化产业管理学科发展格局："一

---

[1] 该实验室为山东省文化科技重点实验室。
[2] 吴承忠，对外经济贸易大学文化与休闲产业研究中心主任。

系"指文化产业管理系,"四中心"指文化服务贸易与产业发展创新中心(2022年成立)、文化与休闲产业研究中心(2008年成立)、祥祺奢侈品研究中心(2009年成立)、公共文化研究中心(2015年成立),"一部级基地"指文旅部文化和旅游研究基地,"一会"指国际文化管理大会(2013年创办,已举办9届),"一刊"指《国际文化管理》年刊,"一国际学校"指暑期国际学校。并为此配套了"三个圈层"的研究梯队:"第一圈层"为约30人的核心和骨干团队,由文化管理学、应用经济学(国际贸易学、区域经济学、产业经济学、财政学)、工商管理学、法学、信息技术学五个学科骨干教师组成;"第二圈层"为约50人的辅助支撑团队,由上述五个学科的其他教师和保险、金融学、文学、公共管理学等其他学科相关教师组成;"第三圈层"由基地聘用的60名校外(国内外)专家组成,主要进行暑期国际学校课程教学、开展讲座交流等活动。

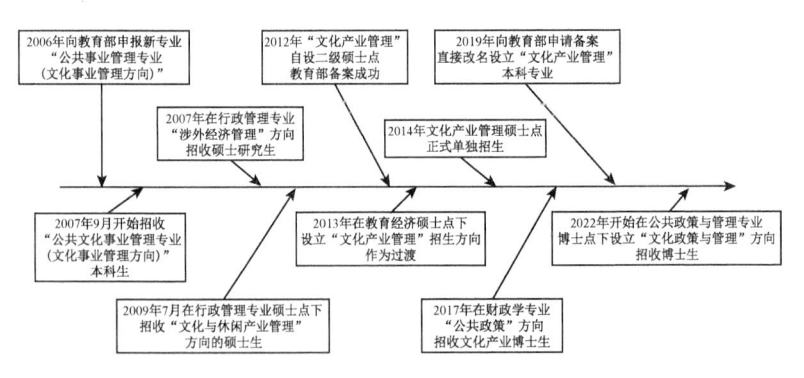

图5-9 对外经贸大学文化产业管理专业发展历程

资料来源:本书作者根据对外经贸大学官网文化产业管理专业介绍信息自绘图片。

（八）中央财经大学代表性模型

魏鹏举[①]在看待文化产业管理专业竞争力问题时，注重考察专业出现和生成的背景，将专业定位与聚焦点视为人才培养的根本性问题。他指出，文化产业管理（专业）这一概念本身是极富中国特色的，国外没有叫作"文化产业管理"的专业，这与我国文化产业的发生和发展有极大关系。改革开放带来的文化体制改革和发展，使得文化领域开始出现商业化运营的现象，并逐渐扩大规模，出现大量经营性文化机构，促使作为事业单位的文化机构与资本市场对接，经历了"从组织结构调整到文化机构所有制格局扩展，从文化行政管理体制机制创新到文化生产和消费格局拓展，从专注国内文化发展到全面对外文化开放交流"[②]，极大地解放和发展了文化生产力，实现了对"文化属性"的全面认识这一巨大突破和进步，"文化市场"和"文化产业"概念得到合法性认可。这与法兰克福学派提出的"文化工业"发生和发展的基础是不同的，文化工业是基于原生的市场经济加上技术变革，对文化生产传播系统不断渗透与影响的产物。中国文化产业发生、发展是制度问题，与国家改革开放在制度上的总体转型和深化、细化有关，中国模式与典型的市场经济下文化工业、大众文化、流行文化的发展模式并不相同，但随着文化体制改革的不断深化和创新，其也有所靠拢。

当前文化产业的专业性焦虑较为普遍，原因在于专业定位的复杂性，各个学校因教学背景、师资团队、学术传统不同而聚焦点不同，文化、管理、产业、经济、技术都有所涉及。魏鹏举认为需回归到"文化与经济"的大命题下讨论文化产业的根本性问题和战略性问题，采用马

[①] 魏鹏举，中央财经大学文化经济研究院院长。
[②] 高宏存：《改革开放 40 年文化体制改革的主要成就与趋势展望》，《行政管理改革》2018 年第 12 期，第 55~62 页。

克斯·韦伯式的追问①：中国文化传统是否适合现代市场经济？在学习西方道路时如何处理工具理性和价值理性之间的关系？只引进技术层面的经验是否可行？不可行的话，中国传统的经济价值是否可以对接中国市场经济的发展？落实到完善学科体系和专业建设方面，就应聚焦在"文化与经济"和"文化的经济"两个方面狠下功夫。文化强国不仅仅代表文化的强度，更代表文化赋能强大的国家。文化如何赋能经济发展，使得经济更有韧性和竞争力，这是"文化与经济"须探讨的深刻话题，而文化相关的一系列经济现象，如当下最火热的数字文化产业等，都属于"文化的经济"，即文化产业管理专业的本体特征在于"文化经济学"，专业的基础性和专业的独特性也由此展开。

（九）湖南师范大学代表性模型

湖南师范大学历史文化学院文化产业管理系主任于兵，从专业教学中提炼出"如何看待文化与'构建'文化""如何树立对文化的正确态度""如何培养文化品位和文化习惯""如何对接时代文化发展命题"四组问题来探讨专业建设的未来方向。他指出，高校在设立"培养×××的创新型、复合型人才"的目标时，定语一般为对文化有一定的了解，熟练地运用文化，有产业的思路、科技的手段、外语的优势等。但在就业市场上，文化产业管理缺乏鲜明的学科边界，文学、历史、艺术等学科也有关于中国文化的通识性教育，其独特之处是否可定位于"文化"是需要深思的。

如果定位于"文化的传承"，国内文化产业确实展现出鲜明的中国

---

① "韦伯之问"，即韦伯在《中国的宗教：儒教与道教》等著作中反复提出的问题：为何中国、印度这样的东方社会，没能在政治、经济、科学乃至艺术领域走上独立于西方之外的理性化道路？

特色,如东方美学、中国茶道、二十四节气、太极拳、中国戏曲等,但要传承、发展国家所需要的文化,就需要回答好以下问题。第一,文化是作为文化原点的文化还是构建的文化? 这涉及真实性和非真实性两个方面。在现实教学中,对于非真实类,即建构类文化传授较多,可能导致学生在学习、创意、就业等方面一直展现为某一家、某一派的文化,而不是一种全貌的文化。第二,在对文化的正确态度上,出现"00后"大学生普遍肯定中华优秀传统文化的社会影响和时代价值,但对传统文化知识的实际掌握情况不理想的矛盾,如何处理这种矛盾?[①] 也许贯彻"文化作为族群认同的方式"这一思想,会增强大学生对于中国性和中国文化的坚守。但如果仅将文化作为获取资源的工具和手段,可能会导致对无形文化关注少、转化少,对有形文化关注多、转化多的不平衡现象 。第三,如何引领学生的文化品位和文化习惯? 后现代时期,高雅文化与大众文化之间的界限较为模糊,国内文化产业管理专业在价值链实施环节侧重大众文化,而忽略了高雅文化的继承和发扬,文化品位的培养不只关乎学生自身的发展,更涉及社会分层。专业是倾斜于服务社会大众的趣味和体验,还是处于"相对高但可够得着"的位置,有所"区隔"以体现引领意义? 是否能以"培养创意阶层"为目标,既对文化产业发展产生促进作用,又对提升大众文化产生积极效果? 第四,如何让学生对接时代? 目前在产业和教学领域,传统文化及资源转化实践较多,但在与当代衔接方面,缺乏当代思潮、当代文化产业(政治、种族、个人)等内容,设置双向的互动课程与创新课程、培养和保护学生的当代思维和创意思维十分必要。

[①] 张严、邵云:《"00后"大学生对中华优秀传统文化认知的现状调查及对策分析》,《北京教育(高教)》2021年第5期,第61—64页。

（十）北京科技大学代表性模型

北京科技大学工业设计系主任覃京燕一直处于信息与交互设计的前沿，其紧跟元宇宙带来的技术变革，提出元宇宙文化产业学科建设的整体架构。在这一架构中，元宇宙具有 11 层信息维度，文明从原子走向比特量子，带来了智能生命形态、智造生产方式、智美生活文化、智慧生存文明等改变，文化产业学科发展要以量子思维和量子教育为驱动，以立德树人三观培养为指导，构建 5S（学校［School］、学生［Student］、学习［Study］、学者［Scholar］、学社［Society］）教育生态双循环模式，推动自然数字生态文明可持续，实现新文科、新工科多交叉融合。文化产业人才培养的关键在于激发学习之心，从教"是什么"到教"怎么做"再到教"为什么"，由"爱、望、信"联结自由的万物，互联个体与群体，呈现出全息交感的教育生态可持续图景。学科发展的最终目的在于推动达成新型可持续创新发展的范式与目标，如消除物质与数字贫困，消除物质与数字强权，减少信息饥渴、信息焦虑与信息不对称，实现健康的数字化生存环境，共享量化自我大数据资产，制定实体与虚拟经济融合的游戏规则，存量零和博弈与非零和博弈的共存与进化转化，开发绿色信息技术与启发式生活美学，实现自然文化思维的多样化与人类命运的文明共同体等。

二、其他高校竞争力模型构建经验

（一）山西财经大学代表性模型

山西财经大学文学与新闻传播学院文化产业管理系主任李军红，基于专业教育管理的一线经验，提出地方类高校的文化产业学科建设应最大化比较优势,依托地方专业学术平台,凝聚更多专业资源,真正与政府、行业和市场形成良性互动的产学研关系,服务地方经济发展。如山西财经大学文学与新闻传播学院文化产业管理专业在新文科、新商科背景下,顺应文化产业"国家战略性产业"和"山东省新旧动能转换十强产业"定位,突出经管特色,以培养"复合型+应用型+创新型"的高水平应用型专业人才为目标,以文化、产业、管理为支撑点形成了"文化产业规划"和"文化企业管理"两个优势方向,积极承担国家级课题研究、山东省系统重要政策咨询工作、文旅规划和服务培训项目,依托山东省文化产业经营管理研究基地、山东省非遗研究基地、国际文化创意产业研究院、文旅融合研究中心等学术平台积极拓宽专业发展道路,将助力齐鲁文化创造性转化落到实处,在迎接数字文化浪潮和建设专业共同体方面不断寻求着特色化发展之路。因此,该专业于2014年获批文化产业管理专业硕士点,2018年入选山东省文化艺术科学重点学科,2021年入选国家级一流本科专业建设点[1],一直保持较为强劲的竞争力。

(二)深圳大学代表性模型

深圳大学文化产业研究院院长周建新提出,要从历史发展的角度构建文化产业新文科。其认为20世纪80年代出现"交叉学科热",但当时因计算机和网络尚未普及,缺乏新科技支撑,人脑功能有限,未能逾越学科间的巨大鸿沟。而21世纪的今天,世界进入5G网络时代,人工智能、生物基因工程、虚拟数字技术、大数据、云计算等各种科技奔

---

[1] 商业专业排名也取得了较好的成绩:2022年在中国科教评价网发布的金平果文化产业管理专业排名中位居第一,在艾瑞深校友会研究型文化产业管理专业排名中位居第三,在软科中国大学文化产业管理专业排名中位居第七。

涌而至,为新文科建设提供了历史性机遇,使得学科交叉融合真正成为现实。文化与科技、文化与金融、文化与旅游等文化与新业态、新技术交叉融合的趋势,指引着不同学科间的交叉融合,打造着新文科的学理指征和模态样式,而实现哪些学科融合,融合的点落脚于何处,如何解决好学科专业或知识体系间的有机更新问题,都是新文科建设的难题。周建新认为,思维的融合要求充分发挥技术媒介的重要作用,把握好科技手段之"术"与学科建设之"道"之间的关系,研究对象和场域的融合要求文化产业不能"故步自封",推动文科知识生产和创造的结构性变革,以文科知识创新的综合性、系统性和整体性为原则,重视数字技术科学为人文社会科学带来的全新场景、研究工具和思路方法。在交叉学科建设背景下,文化产业整体研究范式由模型驱动研究向数据驱动研究转变,以问题为平台,而不是以学科为平台,更多地关注问题与数据之间的关联。如有的学者运用大数据研究唐代诗人的社交网络和关系图谱,向我们直观展示了古代文化艺术中心的历史迁移和人文思想的时代特征;再如数字敦煌为敦煌研究提供了新资料新视野,实现了敦煌石窟文物的永久保存、永续利用。

(三) 西南民族大学代表性模型

国家文化产业创新与发展研究基地西南研究中心执行主任兼首席专家、西南民族大学旅游与历史文化学院教授马健,在2021年全球文化创意产业合作与发展国际会议中批判性地讨论了文化产业管理的学科归属和专业设置问题。他建议以"文化经济与管理"替代"文化产业管理",以容纳文化产业管理专业的丰富内容。严格来说,文化产业管理属于中观管理的范畴,文化企业管理属于微观管理的范畴,而文化企业管理又不能完全同微观层面的管理画等号,因为微观层面的管理还包括经营型文化事业单位和文化类民办非企业单位等市场主体的管理,所以建议以"文化经济与管理"替代"文化产业管理"的专业名称。同时将文化事业管理人才的培养方向归属于"工商管理类"也有违学科范式,可增加设置"公共文化服务与管理专业"。具体凝练为三种调整方案:一为将原属"工商管理类"专业类别的"文化产业管理"专业归属调整到"文旅管理类"专业类别,并更名为"文化经济与管理"专业,在"公共管理类"专业类别新设"公共文化服务与管理"专业;二为在管理学门类下新设"文化管理类"专业类别,并开设"公共文化服务与管理"和"文化经济与管理"专业;三为在"交叉学科"门类下,新设"文化学类"专业类别,并设"公共文化服务与管理"和"文化经济与管理"专业。

第三节 模型"智能—组织—文化"要素辨析

本书基于国内外对竞争力模型的定义和演化规律,结合文化产业业界和学界对文化产业管理专业竞争力的探讨,立足中国第五轮学科评估指标、普通高等学校本科教育教学审核评估指标体系(2021—2025)、国家级一流本科专业建设点考核内容和 QS 世界大学排名指标、THE 世界大学排名指标、US NEWS 世界最佳大学排名指标、艾瑞深校友会中国大学排名指标、艾瑞深中国一流学科评估指标、软科中国大学专业排名指标、软科中国最好学科排名、金平果中国大学学科专业评价指标、ABC 中国大学排行指标等国内外代表性高校、学科和专业评估体系,从表层专业智能要素、中层专业组织要素、深层专业文化要素三个维度,构建文化产业管理专业竞争力模型(如表5-5所示)。

表5-5 文化产业管理专业竞争力模型

指标分类	一级指标	二级指标	三级指标
表层智能要素	人才培养	学生体验	学生发展情况
			资源支持情况
		学生成果	教育收获情况
			积极成果情况
	科学研究	科研成果	学术论文情况
			学术著作情况
			获批专利情况
			获批版权情况
		科研项目与获奖	科研项目情况
			科研获奖情况
		产业实践项目与获奖	文化产业实践项目情况
			文化产业实践获奖情况
	社会服务贡献	社会服务效益	企业效益
			政府效益
			个人效益
		社会服务典型	典型集体
			典型个人
			典型案例
中层组织要素	课程教学	课程质量	一流课程建设情况
			教授授课建设情况
			就业与创新创业课程建设情况

(续表)

指标分类	一级指标	二级指标	三级指标
中层组织要素	课程教学	课程思政	专业思政课程建设情况
			专业课程思政教学案例
		卓越教学	实践教学情况
			教学改革情况
			教学成果获奖情况
			教材建设情况
	师资队伍	师资条件	生师比
			师资结构
			国家教学名师情况
			高层次人才情况
		师德师风	建设机制与做法
			建设成效
	平台资源	重点实验室建设	国家级重点实验室建设情况
			教育部重点实验室建设情况
			文旅部重点实验室建设情况
		智库建设	国家智库资质情况
			行业智库资质情况
			南大索引智库资质情况
		基地建设	文化产业基地建设情况
			科技转化基地建设情况
深层文化要素	思想政治教育	思政教育特色做法	"三全育人"情况
			思政队伍建设情况
		思政教育取得成效	思政教育项目入选和完成情况
			思政教育获取奖励情况

(续表)

指标分类	一级指标	二级指标	三级指标
深层文化要素	思想政治教育	思政教育取得成效	思政教育荣誉表彰情况
			思政教育基地建设情况
	学科范式	学科体系	专业知识体系建设情况
			本硕博一体化建设情况
			专业建设水平
		学术体系	理论体系建设情况
			学术组织建设情况
			学术期刊建设情况
			学术会议组织情况
		话语体系	重大战略问题响应程度
			生源竞争力
			专业声誉调查
	国际影响力	学生国际交流	来华留学生情况
			国外交流学习情况
			国际学术会议报告情况
			国外实习情况
		教师国际交流	国际教职工情况
			国外交流学习情况
			国际学术会议报告情况
			国际组织与国际刊物任职情况
			国外讲学情况
		国际合作办学	国际合作办学项目
			国际合作办学机构

(续表)

指标分类	一级指标	二级指标	三级指标
深层文化要素	国际影响力	国际合作成果	国际合作科研项目
			国际合作学术论文
			国际合作学术著作
			国际会议
			国际合作文化产业实践成果

一、表层智能要素

在表层智能要素中,人才培养质量、科学研究水平和社会服务贡献是重要的考察维度,该类型的指标主要测量最直观的专业产出,如学生发展和相应资源支持、学生教育收获和取得的积极成果,再如科学研究过程中所取得的科研成果、科研项目与获奖、艺术/设计实践项目与获奖,或者是专业在社会服务过程中发展的社会服务典型和取得的社会服务效益(详见表5-6)。

表5-6　文化产业管理专业竞争力模型的表层智能要素

一级指标	二级指标	三级指标	测量内容
人才培养	学生体验	学生发展情况	学生成长增值(重视学生学习体验、自我发展能力和职业发展能力的具体措施及实施成效)
			学生(毕业生与在校生)对学习与成长的满意度
		资源支持情况	设施条件(教学经费、教室、实验室、图书馆、体育场馆、艺术场馆等设施条件满足教学需要情况)

(续表)

一级指标	二级指标	三级指标	测量内容
人才培养	学生体验	资源支持情况	资源建设(学科资源、科研成果、产业技术发展成果、产学研合作项目转化为资源情况)
	学生成果	教育收获情况	学生在核心期刊发表的论文情况
			学生获批国家专利/软件著作权情况
			学生在校期间获得国家认可的职(执)业资格证书情况
			近五年专业领域的优秀毕业生十个典型案例及培养经验
		积极成果情况	党建思政获奖情况(最美大学生、中国大学生年度人物、全国优秀共青团员、中国大学生自强之星、学雷锋志愿服务"四个100"先进典型、全国向上向善好青年、中国青年志愿者等)
			学术成果与获奖情况
			学科竞赛获奖情况
			体育比赛获奖情况
			实践与创业成果情况(KAB高校大学生创业社团、全国大学生百强暑期实践团队等)
			美育与劳动教育成果情况(知行计划榜样100全国大学生社团、中国大中专学生志愿者暑期"三下乡"社会实践活动优秀个人与团队等)
			杰出校友发展与贡献情况

(续表)

一级指标	二级指标	三级指标	测量内容
科学研究	科研成果	学术论文情况	国际重要期刊论文/中文顶尖期刊论文/ CSSCI 来源期刊论文数量
			学术引用
		学术著作情况	专业教师、学生学术著作出版数量
			全国百佳出版社/中国政府出版奖数量(含国家图书奖)
			学术引用
		获批专利情况	专业教师、学生所获批的专利数量
			专业教师、学生所获批的专利转化情况
		获批版权情况	专业教师、学生所获批的版权数量
			专业教师、学生所获批的版权使用情况
	科研项目与获奖	科研项目情况	国家级科研项目(国家自然科学基金、国家科技重大专项、国家重点研发计划、国家社会科学基金)
			其他代表性科研项目(中央和国家机关委托项目、省级科研项目、有关行业和重要企业委托项目)
		科研获奖情况	国家级科研获奖(国家最高科学技术奖、自然科学奖、技术发明奖、技术进步奖、国际科学技术合作奖)
			教育部奖(教育部人文社会科学研究优秀成果奖、高等学校科学研究优秀成果奖[人文社科]、全国教育科学研究优秀成果奖)
			民政部奖(民政部民政政策理论研究成果奖)

(续表)

一级指标	二级指标	三级指标	测量内容
科学研究	科研项目与获奖	科研获奖情况	文旅部奖(文化和旅游优秀研究成果奖)
			国家民委奖(国家民委社会科学研究成果奖)
			其他部级奖(霍英东基金奖、安子介国际贸易研究奖、浦山世界经济学优秀论文奖、思勉原创奖、张培刚发展经济学研究成果奖、孙冶方研究基金会、吴玉章研究基金会、陶行知教育基金会、钱端升基金会社科优秀成果奖)
			其他代表性科研获奖(省级哲学社会科学优秀成果奖、省级优秀调研成果奖、重要国际奖、学会协会奖)
	产业实践项目与获奖	文化产业实践项目情况	国家级文化产业实践项目
			其他代表性文化产业实践项目
		文化产业实践获奖情况	国家级文化产业实践项目/作品获奖
			其他代表性文化产业实践项目/作品获奖
社会服务贡献	社会服务效益	企业效益	以转让、许可、作价投资方式转化研究成果的合同金额
		政府效益	研究成果被政府认定、采纳情况(国家领导人批复、政府机关部门的采纳证明等)
		个人效益	研究成果转化奖励个人现金和股份总金额
	社会服务典型	典型集体	全国文化和旅游系统先进集体
		典型个人	全国文化和旅游系统先进工作者和劳动模范
		典型案例	社会服务典型案例及其推广经验

为谁培养人、培养什么人、怎样培养人始终是教育的根本问题,高校的根本任务是立德树人,而专业是人才培养的基本单元,所以我国各专业建设的根本任务是培养专业人才,引领学生成为实现中华民族伟大复兴的追梦者、全面建设社会主义现代化强国的筑梦者和中国特色社会主义事业的开拓者。因此,在衡量和提升专业竞争力时,首先要以人才培养质量为基点。尤其纵观我国第四轮和第五轮学科评估工作,在第五轮学科评估指标中有一显著变化,即将"人才培养质量"作为首要的一级指标,并围绕思政教育、培养过程、在校生和毕业生四类二级指标展开评估。而文化产业竞争力模型亦遵循这一内在逻辑,将人才培养质量作为首位考察的一级指标,下设学生体验和学习成果两个二级指标,进而综合考察学生发展情况、资源支持情况、教育收获情况和积极成果情况。学生发展情况以"学生成长增值(重视学生学习体验、自我发展能力和职业发展能力的具体措施及实施成效)"和"学生(毕业生与在校生)对学习与成长的满意度"为测量内容,资源支持情况以"设施条件(教学经费、教室、实验室、图书馆、体育场馆、艺术场馆等设施条件满足教学需要情况)"和"资源建设(学科资源、科研成果、产业技术发展成果、产学研合作项目转化为资源情况)"为测量内容,主要参考了英国教育卓越框架(2023)指标。教育收获情况以"学生在核心期刊发表的论文情况""学生获批专利/软件著作权情况""学生在学期间获得国家认可的职(执)业资格证书情况""近五年专业领域的优秀毕业生十个典型案例及培养经验"为测量内容,主要参考了普通高等学校本科教育教学审核评价指标体系(2021—2025)。积极成果情况以"党建思政获奖情况""学术成果与获奖情况""学科竞赛获奖情况""实践与创业成果情况""美育与劳动教育成果情况""杰出校友发展与贡献情况"为测量内容,主要参考了中国第五轮学科评估指标和艾瑞深校友会中国大学排名指标。

科学研究作为高校的重要职能,更是专业建设的重要组成部分,对专业建设和改革发展具有重要的支撑、驱动和引领作用。在2020年9月11日的科学家座谈会上,习近平总书记指出党的十八大以来,我国高校科研成果不断涌现,获得了60%以上的国家科技三大奖励,承担了全国60%以上的基础研究和80%以上的国家自然科研基金项目,学科建设作为高校开展科学研究的重要依托,在推动科技创新和文化传承方面发挥着重要作用。与此同时,科教融合是国内外人才培养的典型方式,科教融合强调科学研究与教学融为一体、学科与专业融为一体,以高水平科研支撑人才培养。科学研究可以丰富学生的认知经历,在本科阶段为学生提供高质量科研项目作为学习内容,可以提升学生的分析、综合、评价、批判和创造等能力。因此,在文化产业竞争力模型中,将科学研究水平作为重要的衡量维度,并下设科研成果、科研项目与获奖、产业实践项目与获奖三个二级指标,进而综合考察文化产业专业的学术论文、学术著作、获批专利、获批版权、科研项目、科研获奖、文化产业实践项目和文化产业实践获奖等情况。学术论文情况以"国际重要期刊论文/中文顶尖期刊论文/CSSCI来源期刊论文数量"和"学术引用"为测量内容,学术著作情况以"专业教师、学生学术著作出版数量""全国百家出版社/中国政府出版奖数量(含国家图书奖)"和"学术引用"为测量内容,获批专利情况以"专业教师、学生所获批的专利数量"和"专业教师、学生所获批的专利转化数量"为测量内容,获批版权情况以"专业教师、学生所获批的版权数量"和"专业教师、学生所获批的版权使用情况"为测量内容。科研项目情况以"国家级科研项目"和"其他代表性科研项目"为测量内容,科研获奖情况以"国家级科研获奖""教育部奖""民政部奖""文旅部奖""国家民委奖""其他部级奖""其他代表性科研获奖"为测量内容,这一部分测量内容主要参考了中国第五轮学科评估指标、软科中国最好学科排名、艾瑞深中国大学排名指标。文化产业实践项目情况以"国家级文化产业实践项目""其他代表性文化产业实践项目"为测量内容,文化产业实践获奖情况以"国家级文化产业实践项目/作品获奖"和"其他代表性文化产业实践项目/作品获奖"为测量内容,主要参考了中国第五轮学科评估指标后自设。需要强调的是,本竞争力模型对科研成果的评价主要采取成果计数法和引用分析法。对于专业建设而言,科研成果的数量可以有效地反映科研的实力和水平,具有较强的客观性。在具体计算时,往往会侧重于计算具有权威性、代表性的科研成果的数量。引用分析法以"质量越高的文章或研究成果被引用的次数越多"为前提认定,通过被引用的次数多少来判别科研成果的水平。

社会服务作为高校的重要职责和使命,一直被公认为高校的"第三使命",是建设优势专业的内在需求。2017年公布的《关于加强和改进新形势下高校思想政治工作的意见》明确指出,高校肩负着人才培养、科学研究、社会服务、文化传承创新、国际交流合作的重要使命。越来越多的国家注重专业对社会、经济、文化、公共服务、公民生活质量等所产生的积极影响和推动作用,关注专业人才和科研成果为外部社会带来的贡献和收益,比如知识生产和创新成果在社会中被传播和使用的效果、科研成果如何通过社会参与的方式被公众所认知和理解、专业的发展是否促进了创新,抑或促进了新公司的上市、推动了公共事务等。《第五轮学科评估工作方案》《关于开展清理"唯论文、唯帽子、唯职称、唯学历、唯奖项"专项行动的通知》《关于优化科研管理提升科研绩效若干措施的通知》《深化新时代教育评价改革总体方案》等文件均突出强调了学科与专业建设成果对社会的实际影响与贡献,引导专业研究更多地面向国家重大需求和社会经济发展。因此,在文化产业管理专业竞争模型中,将社会服务贡献作为第三个一级指标,并下设社会服务效益和社会服务典型两大二级指标,以考察专业建设所带来的企业效益、政府效益、个人效益,产生的典型集体、典型个人和典型案例,所构建的文化产业智库和基地。企业效益以"以转让、许可、作价投资方式转化研究成果的合同金额"为测量内容,政府效益以"研究成果被政府认定、采纳情况(国家领导人批复、政府机关部门的采纳证明等)"为测量内容,个人效益以"研究成果转化奖励个人现金和股份总金额"为测量内容,典型集体以"全国文化和旅游系统先进集体"为测量内容,典型个人以"全国文化和旅游系统先进工作者和劳动模范"为测量内容,典型案例以"社会服务典型案例及其推广经验"为测量内容,总体上参考了艾瑞深中国大学排名指标中对社会服务贡献的测量维度,但根据文化产业管理专业建设的专业指向性进行了调整。

二、中层组织要素

周光礼认为,学科、学术、学者、学生"四学"的组织管理水平,关系着是否能建设世界一流学科,产出一流的学术成果,汇聚一流的学者队伍,培养一流的学生。[1] 在中层组织要素中课程教学、师资队伍、平台资源是重要的考察维度,该类型的指标主要考核专业组织管理的水平(详见表5-7),如专业建设过程中一流课程建设情况、教授授课情况、就业与创新创业课程建设情况等课程质量情况,思政课程与课程思政建设情况,实践教学、教学改革、教材建设和教学成果获奖等卓越教学

---

[1] 周光礼:《"双一流"建设中的学术突破——论大学学科、专业、课程一体化建设》,《教育研究》2016年第5期,第72—76页。

情况。再如专业师资队伍建设所搭建的师资结构、培养的教学名师和高层次人才、师德师风建设机制和成效等,以及专业推动的重点实验室建设、智库建设和基地建设情况等平台资源都是衡量专业组织管理水平的重要内容。专业组织管理的首要原则在于集中有限的资源打造比较优势,这亦是专业发展战略规划的核心要义。

表5-7　文化产业管理专业竞争力模型中层组织要素

一级指标	二级指标	三级指标	测量内容
课程教学	课程质量	一流课程建设情况	线上一流课程、线下一流课程、线上线下混合式一流课程、虚拟仿真实验教学一流课程、社会实践一流课程、国家级精品在线开放课程和国家虚拟仿真实验教学项目建设等举措及成效
		教授授课建设情况	教授人均年平均给本科生上课门数及课时数
			教授授课建设举措与成效
		就业与创新创业课程建设情况	就业与创新创业课程数量
			就业与创新创业课程建设举措与成效
	课程思政	专业思政课程建设情况	专业思政课程建设举措与成效
		专业课程思政教学案例	近五年专业十大课程思政教学代表性案例
	卓越教学	实践教学情况	实践教学学分占总学分比重
			国家级、省级实践教学基地数(实验教学示范中心、虚拟仿真实验中心、人才培养模式创新实验区、大学生校外实践及创新基地、基础学科拔尖学生培养基地等)/专业与科研院所、企业共建科研实践、实习实训基地情况/专业与企业、行业单位共建实习实训基地情况

(续表)

一级指标	二级指标	三级指标	测量内容
课程教学	卓越教学	实践教学情况	毕业论文(设计)选题来自教师专业实践、科研课题/毕业论文(设计)选题来自行业企业一线需要、实行校企"双导师"制情况及完成质量
		教学改革情况	教学改革举措及成效
			国家级教改项目、省级教改项目情况
		教学成果获奖情况	国家级教学成果奖
			中国学位与研究生教育学会研究生教育成果奖获奖情况
			其他代表性教学成果奖,如军队教学成果奖、省级教学成果奖获奖情况
		教材建设情况	一流教材出版数量及社会影响力
师资队伍建设	师资条件	生师比	专业折合在校生数/专任教师总数
		师资结构	教师学历结构(具有硕士学位、博士学位的专任教师占专业专任教师总数的比例[达标线为50%])
			教师职称结构(具有高级职称的专任教师占专业专任教师总数的比例)
			行业导师比例(行业导师数量占专业教师总数的比例)
		国家教学名师情况	获颁"国家教学名师奖"情况
			获选"国家万人计划教学名师"情况
		高层次人才情况	资深学术权威(科学院士/工程院士/万人计划杰出人才/重大项目主持人/重大权威奖项获得人)
			中年领军专家(长江学者/国家杰青/科技领军/哲社领军/工程领军/重大项目主持人/权威奖项获奖人)

(续表)

一级指标	二级指标	三级指标	测量内容
师资队伍建设	师资条件	高层次人才情况	青年拔尖英才(国家优青/海外青年/青年拔尖/青年长江/青年权威奖项获奖人)
			文科学术骨干(文科重大项目主持人/文科权威奖项获奖人)
			国际知名学者(科睿唯安高被引)
	师德师风建设	建设机制与做法	师德师风建设的机制与创新措施
		建设成效(专任教师获得荣誉奖章情况)	共和国勋章
			人民英雄
			人民教育家
			人民楷模
			人民科学家
			人民艺术家
			文物保护杰出贡献者
			全国高校黄大年式教师团队
			时代楷模
			全国教书育人楷模
			最美教师
			全国优秀教师
			全国模范教师
			全国优秀教育工作者
			全国教育系统先进工作者
			全国教育系统先进集体
			全国师德标兵
			全国师德模范

(续表)

一级指标	二级指标	三级指标	测量内容
师资队伍建设	师德师风建设	建设成效（专任教师获得荣誉奖章情况）	全国劳动模范
			全国先进工作者
			全国道德模范
			全国五一劳动奖章获得者
			全国三八红旗手
			最美奋斗者
			感动中国年度人物
			全国优秀共产党员
			全国优秀党务工作者
平台资源	重点实验室建设	国家级重点实验室建设情况	全国重点实验室
		教育部重点实验室建设情况	教育部（含省部共建）重点实验室
			教育部哲学社会科学实验室
			教育部（含省部共建）人文社会科学重点研究基地
		文旅部重点实验室建设情况	文化和旅游部重点实验室
	智库建设	国家智库资质情况	国家高端智库建设试点单位
		行业智库资质情况	文化旅游行业智库建设试点单位
		南大索引智库资质情况	南京大学中国智库索引（CTTI）来源智库

（续表）

一级指标	二级指标	三级指标	测量内容
平台资源	基地建设	文化产业基地建设情况	国家民委人文社会科学重点研究基地
			中华优秀传统文化传承基地
			铸牢中华民族共同体意识研究基地
			文化和旅游研究基地
			国家文化产业示范基地
			国家文化和科技融合示范基地
		技术转化基地建设情况	国家级产教融合研究基地
			国家2011计划协同创新中心

文化产业管理专业建设强调培养知识面广、应用能力强、就业竞争力强的专业人才，课程教学是人才培养的核心要素。如果把大学视为"超市"，学生视为"顾客"，专业只是展示商品的柜台，而课程才是琳琅满目的"商品"。[1] 课程的规划和设计能力是专业发展的核心竞争力，如何从前沿性的学科知识中选取"最有价值"的知识有效地传递给学生则指向如何组织教学这一重要命题。一流课程建设情况，以"线上一流课程、线下一流课程、线上线下混合式一流课程、虚拟仿真实验教学一流课程、社会实践一流课程、国家级精品在线开放课程和国家虚拟仿真实验教学项目建设举措及成效"为测量内容，教授授课建设情况以"教授人均年平均给本科生上课门数及课时数""教授授课建设举措及成效"为测量内容，就业与创新创业课程建设情况以"就业与创新创业课程数量""就业与创新创业课程建设举措与成效"为测量内容，主

---

[1] 周光礼：《"双一流"建设中的学术突破——论大学学科、专业、课程一体化建设》，《教育研究》2016年第5期，第72—76页。

要参考普通高等学校本科教育教学审核评估指标体系(2021—2025)设置指标。专业思政课程建设情况以"专业思政课程建设举措与成效"为测量内容,专业课程思政教学案例以"近五年专业十大课程思政教学代表性案例"为测量内容,主要参考了中国第五轮学科评估指标自设指标。实践教学情况以"实践教学学分占总学分比重""国家级、省级实践教学基地数(实验教学示范中心、虚拟仿真实验中心、人才培养模式创新实验区、大学生校外实践及创新基地、基础学科拔尖学生培养基地等)/专业与科研院所、企业共建科研实践、实习实训基地情况/专业与企业、行业单位共建实习实训基地情况""毕业论文(设计)选题来自教师专业实践、科研课题/毕业论文(设计)选题来自行业企业一线需要、实行校企'双导师'制情况及完成质量"为测量内容,教学改革情况以"教学改革举措及成效""国家级教改项目、省级教改项目情况"为测量内容,教学成果获奖情况以"国家级教学成果奖获奖情况""中国学位与研究生教育学会研究生教育成果奖获奖情况""其他代表性教学成果奖获奖情况,如军队教学成果奖、省级教学成果奖获奖情况"为测量内容,教材建设情况以"一流教材出版数量及社会影响力"为测量内容,主要参考普通高等学校本科教育教学审核评估指标体系(2021—2025)和中国第五轮学科评估指标自设指标。

新时代中国特色社会主义"九个坚持"教育理论中"坚持把教师队伍建设作为基础工作"的论断指明了教师队伍建设是教育工作的基础工作。习近平总书记在全国教育大会重要讲话中提及,教师队伍建设是其中重要的一部分,可见其分量之重、要求之高。加之《中共中央、国务院关于全面深化新时代教师队伍建设改革的意见》《教师教育振兴行动计划(2018—2022年)》《关于深化高校教师考核评价制度改革的指导意见》等文件的出台和落实,使得大力提升教师的专业能力和教学能力,持续加强和深化师德师风建设成为专业高质量建设的重点内容。在专业高质量建设过程中,体制层面的改革需要政府来发力,管理层面的变革需要高校来努力,技术层面的突破则主要依靠教师队伍来实现。无论是"双一流"建设还是本科一流专业建设和一流教材建设,破解教师如何教和学生如何学的技术难题,关键需要加强教师队伍建设。文化产业管理专业师资队伍建设主要考察师资条件和师德师风建设两大内容。生师比以"专业折合在校生数/专任教师总数"为测量内容,参照教育部教发〔2004〕2号文件中"折合在校生数=专业在校生数+专业留学生在校生数+专业预科生注册生数""专任教师总数=本校专任教师数+本学年聘请校外教师数×0.5"的计算方法。师资结构以"教师学历结构(具有硕士学位、博士学位的专任教师占专业专任教师总数的比例[达标线为50%])""教师职称结构(具有高级职称的专任教师占专业专任教师总数的比例)"和"行业导师比例(行业导师数量占专业教师总数的比例)"为测量内容,国家教学名师情况以"获颁'国家教学名师奖'"情况和"获选'国家万人计划教学名师'情况"为测量内容,高层次人才情况以"资深学术权威(科学院士/工程院士/万人计划杰出人才/重大项目主持人/重大权威奖项获得人)""中年领军专家(长江学者/国家杰青/科技领军/哲社领军/工程领军/重大项目主持人/权威奖项获奖人)""青年拔尖英才(国家优青/海外青年/青年拔尖/青年长江/青年权威奖项获奖人)""文科学术骨干(文科重大项目主持人/文科权威奖项获奖人)""国际知名学者(科睿唯安高被引)"为测量内容,各项指标综合参考了中国第五轮学科评估指标、软科中国大学专业排名、艾瑞深校友会中国大学排名指标、ABC中国大学排行指标、艾瑞深中国一流学科评估指标、软科中国最好学科排名。师德师风建设机制和做法以"师德师风建设的机制与创新措施"为测量内容,主要参考了中国第五轮学科评估指标。师德师风建设成效以专任教师获得的荣誉奖章情况为测量内容,包括共和国勋章、人民英雄、人民教育家、人民楷模、人民科学家、人民艺术家、文物保护杰出贡献者、全国高校黄大年式教师团队、时代楷模、全国教书育人楷模、最美教师、全国优秀教师、全国模范教师、全国优秀教育工作者、全国教育系统先进工作者、全国教育系统先进集体、全国师德标兵、全国师德模范、全国劳动模范、全国先进工作者、全国道德模范、全国五一劳动奖章获得者、全国三八红旗手、最美奋斗者、感动中国年度人物、全国优秀共产党员、全国优秀党务工作者的获得情况,测量内容主要参考了软科中国大学专业排名指标。

平台建设是增强专业服务经济发展的有力抓手,根据专业前沿和国家重大需求建设文化产业管理专业的重点实验室、智库和基地,可以更好地集聚创新要素,集聚科研人才、技术人才和产业人才开展文化产业创新工作,促进知识链、产业链、技术链、资金链深度融合,助力区域文化产业提档升级。平台等级可以最直观地反映出平台资源水平,主要分为校级平台、地(市)级平台、省部级平台、国家级平台等。而平台功能则反映专业建设的广度,科研平台、教学平台、实训平台、科创平台等为文化产业管理专业建设提供不同维度的平台支撑。在文化产业管理专业竞争力模型中,国家级重点实验室建设情况主要以"全国重点实验室"为测量内容,教育部重点实验室建设情况主要以"教育部(含省部共建)重点实验室""教育部哲学社会科学实验室""教育部(含省部共建)人文社会科学重点研究基地"为测量内容,文旅部重点实验室建设情况以"文化和旅游部重点实验室"为测量内容。国家智库资质情况以"国家高端智库建设试点单位"为测量内容,行业智库资质情况以"文化旅游行业智库建设试点单位"为测量内容,南大索引智库资质情况以"南京大学中国智库索引(CTTI)来源智库"为测量内容。文化产业基地建设情况以"国家民委人文社会科学重点研究基地""中华优秀传统文化传承基地""铸牢中华民族共同体意识研究基地""文化和旅游研究基地""国家文化产业示范基地""国家文化和科技融合示范基地"为测量内容,技术转化基地建设情况以"国家级产教融合研究基地""国家2011计划协同创新中心"为测量内容,主要参考了艾瑞深校友会中国大学排名评价指标来设置并根据文化产业管理专业特性进行调整。

三、深层文化要素

在深层文化要素中,思想政治教育的特色做法与取得成效、学科范式和国际影响力是重要的考察维度,该类型的指标主要考核专业内在文化特色,如依托文化产业管理专业特色进行"三全育人"的情况、思政队伍建设情况,开展的思政教育项目、建设的思政教育基地、所取得的思政教育奖励和思政教育荣誉情况,再如专业是否具有较好的学科体系、学术体系和话语体系,专业知识体系、本硕博一体化、专业建设水平如何,理论体系、学术组织、学术期刊、学术会议等建设成果如何,在新文科建设浪潮下是否较好地回应了文化强国建设的重大战略问题,在声誉调查和社会影响力调查方面是否有良好的表现。此外,国际影响力是衡量高校发展和学科建设的重要指标,聚焦到专业建设维度,则反映了专业国际化的一面,教学、学术和科研上的国际交流合作反映了不同高校文化产业管理专业的不同文化特色。本质上专业文化是专业师生围绕专业培养目标所构建和共同遵守的价值观与行为准则,体现在思维方式、学科规范、话语体系、情感态度、自觉行动等方面,影响着教学组织和教学环境。专业文化与职业文化、大学文化、学科文化、院系文化相联系,是为育人服务的文化,可以帮助学生在习得专业知识和专业技能的基础上实现能力素质结构的完善。[1]

文化产业作为文化产品生产和服务的社会文化系统、社会发展的文化生产力形态、人与社会一切文化关系的总和[2],其本身就具有经济性、政治性、社会性、文化性和意识形态性多重属性[3],会进一步通过教学内容的设定影响专业文化的建构。文化产业围绕内容进行生产和提供服务,选择什么样的内容体现着特定的价值选择,是一段时期内社会意识形态的体现。所以在文化产业管理专业建设过程中,选择什么样的课程内容和知识模块进行教授,代表着不同的价值取向和认识差异,尤其影响着专业教师和学生认识与改造世界的理解、态度和行为。培育和弘扬社会主义核心价值观,抵制文化霸权和抵御不良文化渗透,是文化产业管理专业文化建设应当承担起的重任。因此,在专业竞争力模型深层文化要素中,首先要考察专业思想政治教育的特色做法与取得成效,将思政教育特色做法和思政教育取得成效作为二级指标。"三全育人"情况以"全员育人情况""全过程育人情况""全方位育人情况"为测量内容,思政队伍建设情况以"思政队伍建设措施及成效"为测量内容,思想教育项目入选和完成情况以"国家社科基金高校思政课研究专项""高校思想政治工作精品项目""高校思想政治工作研究文库""'高校原创文化精品推广行动计划'入选项目""高校辅导员工作精品项目""全国高校'礼敬中华优秀传统文化'项目"为测量内

---

[1] 叶泽滨:《专业文化:本科专业建设的一项内容》,《江苏高教》2010年第6期,第55—57页。
[2] 胡惠林:《论文化产业的本质——重建文化产业的认知维度》,《山东大学学报(哲学社会科学版)》2017年第3期,第1—15页。
[3] 胡惠林:《论文化产业的本质——重建文化产业的认知维度》,《山东大学学报(哲学社会科学版)》2017年第3期,第1—15页。

容,思政教育获取奖励情况以"全国高校校园文化建设优秀成果""全国高校思想政治理论课教学展示活动奖""全国高校廉政文化作品""全国高校'两学一做'支部风采展示活动成果""全国高校大学生讲思政公开课展示活动获奖成果""全国大学生网络文化节入选作品""全国高校网络教育优秀作品""中国青年志愿服务公益创业赛"为测量内容,思想教育荣誉表彰情况以"全国文明单位""全国先进基层党组织""全国五四红旗团委(团工委)""全国先进社会组织"为测量内容,思想政治教育基地建设情况以"大思政课实践教学基地""'三全育人'综合改革试点单位""新时代高校党建示范创建和质量创优工作""高校'双带头人'教师党支部书记工作室""全国学雷锋活动示范点""高校思想政治理论课教师研修基地""高校思想政治工作创新发展中心""教育部师德师风建设基地"为测量内容,指标主要参考了中国第五轮学科评估指标和艾瑞深校友会中国大学排名指标。

  学科是围绕一定知识体系形成的规范化、专门化的社会建制,明确的研究对象、成熟的理论和相对稳定的研究方法是其主要特征。学科范式又称"专业母体",是一门学科利益相关者共同制定的一整套原则、理论、定律、准则和方法等。在科学研究领域,利益相关者可以更准确地被称为科学共同体。南京大学的周晓虹教授认为学科范式是"某一学科领域内获得的最广泛共识的单位,它将不同的范例、理论、方法和工具加以归纳、定义并相互联系起来",范式可以区分不同的学科,划分某一学科发展的不同阶段,可以代表同一时期、同一领域内不同的科学家共同体。[①] 聚焦到文化产业管理专业,文化产业学科建设的标志就是要形成文化产业的学科范式,实现本硕博一体化学科建设,即要

[①] 华东师范大学:《对话学者:"范式"转换与创新并非易事》,2016年12月27日,https://www.ecnu.edu.cn/info/1095/5616.htm。

有清晰的学科界限、成熟的知识体系、标志性的理论成果、明确的研究对象、独立的研究方法和规范的人才体系。由此可知,在学科框架上,文化产业还未能成为一门独立的学科,所以在研究文化产业管理专业竞争力时,将学科范式作为重要的考察维度,以学科体系、学术体系和话语体系为代表性指标,可以在总结各高校本土化实践经验的基础上,不断强化学科建设的规范性和一致性。

综合理查德·梅耶(Richard Mayer)和本杰明·布鲁姆(Benjamin Bloom)的知识分类可以发现,一个专业成熟的知识体系,包括陈述性知识、程序性知识、策略性知识和价值性知识四大类。专业知识体系建设情况以"陈述性知识""程序性知识""策略性知识""价值性知识"为测量内容。就文化产业管理专业而言,陈述性知识包括文化产业类、管理类、经济类、文化类、艺术类、法规类和技术类七类,程序性知识包括产业管理类、艺术管理类、文化经济类和文化传媒类四类,策略性知识包括专业英语、专业实操、数据分析、研究方法和创新学习五类,价值性知识包括文化产业伦理、中国文化国情和当地文化研究三类,均为自设指标。本硕博一体化建设情况以"专业在本科及研究生阶段的设置情况"为测量内容,为自设指标。专业建设水平以"国家级一流本科专业""国家级特色本科专业""省级一流本科专业""软科文化产业管理专业排名""艾瑞深校友会文化产业管理专业排名""金平果文化产业管理专业排名"为测量内容,前三项指标主要参考了软科中国大学专业排名指标、艾瑞深校友会中国大学一流专业排名指标、金平果中国大学学科专业评价指标,后三项指标综合国内文化产业管理专业排名而自设。理论体系建设情况以"专业理论成果创新"为测量内容,学术组织建设情况以"权威性学术组织数量及影响力"为测量内容,学术期刊建设情况以"期刊数量及影响力"为测量内容,学术会议组织情况以

"学术会议数量及影响力"为测量内容,均为自设指标。

重大战略问题响应程度以"专业设置、专业建设与国家重大发展战略及社会对创新型人才需求的契合情况"为测量内容,主要参考了中国第五轮学科评估指标和普通高等学校本科教育教学审核评估指标体系(2021—2025)设置。生源竞争力以"新生高考成绩"为测量内容,主要参考了艾瑞深校友会中国大学排名指标设定,所采取的计算方法为:首先计算一所学校文化产业管理专业在各省各科别录取最低分的排名名次;其次计算文化产业管理专业在各省各科别的排名名次与对应省份对应科别招生学校数的比值,即专业位次得分;最后计算文化产业管理专业在全国所有省份和科别的专业位次得分的中位数,通过计算该专业位次得分中位数与同专业的位次得分中位数的最大值的比值,得到专业的标准化生源质量得分。

声誉是衡量专业影响力和可信度的一项重要标准,声誉评价作为客观测量的重要补充,是质量测量手段和同行评价的一部分,可以帮助我们更好地捕捉到专业建设的质量差异。大学声誉是社会对大学组织综合实力的反馈和评价,学科声誉是利益相关者对学科综合实力的认识印象和情感态度等概念性评价,专业声誉则聚焦到某一专业,讲述利益相关者对专业实力的综合印象。目前国外代表性大学排名中声誉数据调查占据了20%—50%不等的权重,如THE世界大学排名中声誉指标权重为33%,QS世界大学排名中声誉指标权重占50%,US NEWS全球大学排名中声誉指标权重占25%。在文化产业管理专业竞争力模型中,采用主观数据和客观数据结合的方式来衡量专业声誉。声誉调查以"毕业生与在校生对专业学习与成长的满意度""教师对专业教学工作的满意度""用人单位对专业建设的满意度"为测量内容,主要参考了中国第五轮学科评估指标、普通高等学校本科教育教学审核评估指标体系(2021—2025)、THE世界大学排名指标、US NEWS世界最佳大学排名、QS世界大学排名指标而设。

专业建设在要求有"范式"等稳定内核的同时,亦要求有较高的开放水平和国际化程度,以不断增强专业的国际影响力和国际话语权。扎根中国大地办好一流本科专业,需要不断提升教育的国际化能力,同世界一流资源开展高水平合作办学与交流,吸引全球优秀学生学者来华学习。美国、英国、德国、日本、韩国、法国等国家文化产业规模化、科技化、市场化的强势发展都离不开成熟的国际化教学模式,所以在探讨文化产业管理专业的深层文化要素时,要极其注重国际化影响力。在文化产业管理专业竞争力模型中,学生国际交流下设"来华留学生情况""国外交流学习情况""国际学术会议报告情况""国外实习情况"四个指标。来华留学生情况以"来华留学生数量""来华留学生占在校生的比例""来华留学生来源国分布"为测量内容,国外学习交流情况以"赴国外交流学习(一学期及以上)学生数量""赴国外交流学习(一学期及以上)学生比例"为测量内容,国际学术会议报告情况以"参加代表性国际学术会议并作口头报告(大会报告、分会报告)的学生数量"为测量内容,国外实习情况以"赴国外实习的学生数量"为测量内容,主要参考THE世界大学排名指标、QS世界大学排名指标和中国第五轮学科评估指标而设定。

教师国际交流下设"国际教职工情况""国外交流学习情况""国际学术会议报告情况""国际组织与国际刊物任职情况""国外讲学情况"五个指标。国际教职工情况以"国际教职工数量""国际教职工比例"为测量内容,国外交流学习情况以"赴国外交流学习(进修、考察、留学)教职工数量""赴国外交流学习(进修、考察、留学)教职工比例"为测量内容,国际学术会议报告情况以"参加代表性国际学术会议并作口头报告(大会报告、分会报告)的教师数量"为测量内容,国际组织与国际刊物任职情况以"国际组织、刊物任职教师数量"为测量内容,国外讲学情况以"国外讲学教师数量"为测量内容,主要参考 THE 世界大学排名指标、QS 世界大学排名指标、中国第五轮学科评估指标和教育部直属高校国际化水平排行指标而设定。国际合作办学下设"国际合作办学机构"和"国际合作办学项目"两个指标,分别以"与专业建设有关的国际合作办学机构"和"与专业建设有关的国际合作办学项目"为测量内容,主要参考教育部直属高校国际化水平排行指标而设定。国际合作成果下设"国际合作科研项目""国际合作学术论文""国际合作学术著作""国际会议""国际合作文化产业实践成果"五个指标,分别以"国际合作科研项目数量及经费""国际合作发表的论文数量""国际合作出版的教材和著作数量""依托专业举办的国际会议数""国际合作产出的文化作品、文化产品和文化服务等"为测量内容,主要参考教育部直属高校国际化水平排行指标、THE 世界大学排名指标、中国第五轮学科评估指标而自设(详见表5-8)。

表5-8 文化产业管理专业竞争力深层文化要素

一级指标	二级指标	二级指标	测量内容
思政教育	思政教育特色做法	"三全育人"情况	全员育人情况
			全过程育人情况
			全方位育人情况
		思政队伍建设情况	思政队伍建设措施及成效
	思政教育取得成效	思政教育项目入选和完成情况	国家社科基金高校思政课研究专项
			高校思想政治工作精品项目
			高校思想政治工作研究文库

(续表)

一级指标	二级指标	三级指标	测量内容
思政教育	思政教育取得成效	思政教育项目入选和完成情况	"高校原创文化精品推广行动计划"入选项目
			高校辅导员工作精品项目
			全国高校"礼敬中华优秀传统文化"项目
		思政教育获取奖励情况	全国高校校园文化建设优秀成果
			全国高校思想政治理论课教学展示活动奖
			全国高校廉政文化作品
			全国高校"两学一做"支部风采展示活动成果
			全国高校大学生讲思政课公开课展示活动获奖成果
			全国大学生网络文化节入选作品
			全国高校网络教育优秀作品
			中国青年志愿服务公益创业赛
		思政教育荣誉表彰情况	全国文明单位
			全国先进基层党组织
			全国五四红旗团委(团工委)
			全国先进社会组织
		思政教育基地建设情况	大思政课实践教学基地
			"三全育人"综合改革试点单位
			新时代高校党建示范创建和质量创优工作
			高校"双带头人"教师党支部书记工作室

(续表)

一级指标	二级指标	三级指标	测量内容
思政教育	思政教育取得成效	思政教育基地建设情况	全国学雷锋活动示范点
			高校思想政治理论课教师研修基地
			高校思想政治工作创新发展中心
			教育部师德师风建设基地
学科范式	学科体系	专业知识体系建设情况	陈述性知识
			程序性知识
			策略性知识
			价值性知识
		本硕博一体化建设情况	专业在本科及研究生阶段的设置情况
		专业建设水平	国家级一流本科专业
			国家级特色本科专业
			省级一流本科专业
			软科文化产业管理专业排名
			艾瑞深校友会文化产业管理专业排名
			金平果文化产业管理专业排名
	学术体系	理论体系建设情况	专业理论成果创新
		学术组织建设情况	权威性学术组织数量及影响力
		学术期刊建设情况	期刊数量及影响力
		学术会议组织情况	学术会议数量及影响力
	话语体系	重大战略问题响应程度	专业设置、专业建设与国家重大发展战略及社会对创新型人才需求的契合情况
		生源竞争力	新生高考成绩

(续表)

一级指标	二级指标	三级指标	测量内容
学科范式	话语体系	专业声誉调查	毕业生与在校生对专业学习与成长的满意度
			教师对专业教学工作的满意度
			用人单位对专业建设的满意度
国际影响力	学生国际交流	来华留学生情况	来华留学生数量
			来华留学生占在校生的比例
			来华留学生来源国分布
		国外交流学习情况	赴国外交流学习(一学期及以上)学生数量
			赴国外交流学习(一学期及以上)学生比例
		国际学术会议报告情况	参加代表性国际学术会议并作口头报告(大会报告、分会报告)的学生数量
		国外实习情况	赴国外实习的学生数量
	教师国际交流	国际教职工情况	国际教职工数量
			国际教职工比例
		国外交流学习情况	赴国外交流学习(进修、考察、留学)教职工数量
			赴国外交流学习(进修、考察、留学)教职工比例
		国际学术会议报告情况	参加代表性国际学术会议并作口头报告(大会报告、分会报告)的教师数量
		国际组织与国际刊物任职情况	国际组织、刊物任职教师数量
		国外讲学情况	国外讲学教师数量

(续表)

一级指标	二级指标	三级指标	测量内容
国际影响力	国际合作办学	国际合作办学机构	与专业建设有关的国际合作办学机构
		国际合作办学项目	与专业建设有关的国际合作办学项目
	国际合作成果	国际合作科研项目	国际合作科研项目数量及经费
		国际合作学术论文	国际合作发表的论文数量
		国际合作学术著作	国际合作出版的教材和著作数量
		国际会议	依托专业举办的国际会议数
		国际合作文化产业实践成果	国际合作产出的文化作品、文化产品和文化服务等

应用篇 竞争力模型的课程应用与创新开发

在应用篇中,我们将课程设定为文化产业管理专业竞争力模型的主要应用对象。第六章"基于专业竞争力模型的中国课程分析"和第七章"基于专业竞争力模型的国际课程分析"阐述了专业竞争力模型中学科、专业与课程的共建关系,应用竞争力模型分析了国内外专业课程开设的现状和存在的不足,既有统计意义,又具对比效果。第八章"专业竞争力模型驱动的文管课程创新"进一步展示了应用竞争力模型进行课程创新的具体操作方法,从课程创新原则、创新维度、创新框架和主题设计等方面进行了探索研究。

第六章
基于专业竞争力模型的中国课程分析

在各国的教育改革中,课程改革一向是改革的主战场。课程居于教育事业的核心,是教育的心脏。高等学校的课程是教育教学活动的基本依据,也是实现教育目标的基本保障,更是学校一切活动的中介。在专业竞争力模型中,课程要解决教育中最根本的"培养人"的问题,淘汰低阶性、陈旧性、不用心的"水课",打造真正有深度、有难度、有挑战的"一流课程",这是走入"质量时代"的中国高等教育关注的重要主题,亦是"双一流"建设、一流本科教育、一流本科专业建设的重要依托。竞争力模型课程设计从竞争力视角综合了知识中心模式、社会中心模式、学习者中心模式、存在中心模式和后现代主义模式。课程设计以学生为中心,以学科知识为结构框架,注重设置文化要素(如文化遗产等)、经典名著等课程,以解决社会问题和改造社会为导向,帮助学生自我实现和自我发展,而将课程作为竞争力市场中的"产品"的最终目标则在于提高其价值性和不可替代性。

第一节　一流"高校—学科—专业—课程"建设

要想厘清竞争力模型中专业与课程的关系,就必须统筹分析学科、专业与课程的概念、内涵及联系。学科建设、专业建设、课程建设是高校建设的重要内容。在教育现代化的发展中,学科、专业和课程具有协同共建的显著特征,即学科是同类别专业的组合,专业是同领域知识的组合,课程是知识教学的组合。

一、学科、专业与课程的概念、内涵及联系

本科教育中的学科、专业和课程是一组重要的概念。在高等学校里,讨论得最多的是学科建设和专业建设问题,有时"学科专业"甚至被当作一个专门词语来使用。从认识上厘清学科、专业和课程的关系,有助于研究和回答现代化教育改革中的一些现实问题。学科(Discipline)是科学学的概念,是学术制度的产物,指一定科学领域或一门科学的专业分支,具有知识体系和组织体系两方面的含义。学科包括相对独立的知识体系和相关学术组织,因此学科发展的核心是知识的发现和创新,同时关注研究组织的发展壮大。学科功能集中在创造知识、知识的转化与应用、知识的积累、培养师资队伍四大方面,学科体系、学科方向、学科组织、学科基地、学科制度都是学科建设的重要内容。专业(Specialty/Major)是社会学的概念,意指专门学业或专门职业。专

业是根据社会分工需求,以相关学科为依托设置的一种课程组织形式。周光礼认为,"围绕一个培养目标组成的课程群就是一个专业"[1]。冯向东指出,专业不是某一级学科,而是"处在学科体系和社会职业需求的交叉点上"[2]。专业一般由培养目标、培养方案、教学条件等因素构成,设置专业的目的是为某类或某种社会职业提供必须接受的训练。学科建设是专业建设的基础,但专业建设有自身的任务。专业是学科承担人才培养职能的基本单元,学校人才培养的质量取决于其学科水平,因此学科建设是专业建设的基础,为专业建设提供高水平的师资队伍、最新科研成果、教学和研究基地等。专业建设要在学科基础上,解决专业培养目标、人才规格、设置口径、教学计划等问题。

改革开放前,高校的工作绝大部分是教育而几乎没有科研,所以高校的基本任务是专业建设而不是学科建设,目标是培养德智体美劳全面发展的专业人才。当时,学科建设是服务于专业建设的,专业建设直接服务于学生,学校的行政建制基本以专业为单元,教师队伍也以专业建设为中心。瞿振元认为,"我国高等教育有意识地抓学科建设的时间不长,对什么是学科、怎样建设学科等重要问题认识还不足,对学科发展规律还缺少把握"[3]。从政府的角度来看,明确提出加强学科建设是从1995年实施的"211工程"开始的。这源于新中国成立后教育和科研分割的体制藩篱长期存在,直到1977年7月29日邓小平同志提出"要抓一批重点大学,重点大学既是教育的中心,又是办科研的中心"[4],推动

---

[1] 周光礼:《"双一流"建设中的学术突破——论大学学科、专业、课程一体化建设》,《教育研究》2016年第5期,第72—76页。
[2] 冯向东:《学科、专业建设与人才培养》,《高等教育研究》2002年第3期,第67—71页。
[3] 瞿振元:《刍议学科建设历史、现状与发展思路》,《中国高教研究》2020年第11期,第7—12、18页。
[4] 罗平汉:《引领科教领域的拨乱反正:1977年科教工作座谈会》,2015年2月12日,http://dangshi.people.com.cn/n/2015/0212/c85037-26555906.html。

了高校教育体制的改革和高校职能的完善。1978年我国恢复招收研究生,建立研究生学位制度,1980年2月出台的《中华人民共和国学位条例》和1981年5月出台的《中华人民共和国学位条例暂行实施办法》第一次对学科进行了法规性意义的分类,正式明确了学位授予的学科结构。之后国务院学位委员会于1983年、1990年、1997年、2011年、2022年公布了五版研究生教育学科专业目录,进行学科专业调整的制度化改革,学科专业调整一般包括学科划分的调整和专业布局的调整。

课程(Curriculum/ Program/ Course)是教育学的概念,来源于学科,是从学科知识中根据需求挑选一部分有价值的知识组成的教学内容。朱熹曾说:"宽着期限,紧着课程。"[1]课程指依规程推进课业进程,具有学习范围和学业进程的含义。在《辞海》中,课程狭义上指一门学科,广义上指所有学科(教学科目)的总和,或指学生在教师指导下各种活动的总和。[2] 1984年出版的《高等教育学》第三章"高等学校的教学过程"指出:"课程体系是培养目标的具体化,教学内容需服从专业人才培养规格。"[3]大教学观将课程定义为教学的内容,涉及教学文本(教材)、教学组织、教学方法等。课程学视课程为"由一定育人目标、基本文化成果及学习活动方式组成的用以指导学校育人的规划和引导学生认识世界、了解世界、提高自己的媒体"[4]。大课程观将课程视为学生的生命经验,关注人,将对课程的探讨上升到对生命价值的研究,强调在体验过程中帮助学生解决问题,诸如认识论层面和存在论层面的问题。如派纳(W. Pinar)建议从"存在经验课程"去理解课程,"cur-

---

[1] 王星贤点校:《朱子语类》第1册,中华书局1986年版,第163页。
[2] 陈至立主编:《辞海》(第七版)第4卷,上海辞书出版社2020年版,第22233页。
[3] 潘懋元:《高等教育学》,人民教育出版社1984年版,第85—86页。
[4] 廖哲勋:《课程学》,华中师范大学出版社1991年版,第28页。

rere"的动词性比"curriculum"的名词性更贴切课程的真正含义。① 文本、方案、程式、设计、开发、规划、编制、评价等科学主义的理论话语是课程讨论的内容,文化、方法、价值、审美、自我实现、精神构建、人的现代化等更是教育强国背景下课程高质量发展的关键。② 课程不仅是学科与专业的联系中介,更是专门人才的知识、能力、素质得以完成的有效载体和实践途径,而且淡化专业、强化课程是全球大学教学改革的一个重要趋势,课程是大学真正的"产品"。周光礼认为,大学教师不可替代之处在于挑选前沿性学科知识中"最有价值"的部分纳入课程,再把这些知识有效地传授给学生。科学、合理的课程规划和设计能提升高等学校教师队伍乃至高等学校的核心竞争力。③ 可见,课程来自学科,学科通过课程影响专业。

学科、专业和课程三者既有区别,又存在不可割裂的内在联系。学科建设强调要建设综合性的高水平科研共同体,专业建设强调要培养知识过硬和能力过强的专业人才,课程建设强调要提升教学能力、保证教学质量。宏观上专业以学科为依托,进行专业设置与布局、专业结构优化与调整、重点特色专业建设与发展等;微观上专业以课程为核心,进行师资队伍建设、人才培养方案制定、课程体系建设、实习基地建设等。总体上,三者都强调组织建设、内容建设、评价体系建设等竞争力的构建和提升。学科是专业和课程的基础,专业是学科的拓展延伸和课程的组织形式,而课程是学科和专业的桥梁纽带。学科、专业与课程

---

① 汪霞:《建构课程的新理念——派纳课程思想研究》,《全球教育展望》2003 年第 8 期,第 40—44 页。
② 熊和平:《课程与教学的关系:七十年的回顾与展望》,《高等教育研究》2019 年第 6 期,第 40—51 页。
③ 周光礼、马海泉:《教学学术能力:大学教师发展与评价的新框架》,《教育研究》2013 年第 8 期,第 37—47 页。

建设存在相辅相成、协同共进和有机共建的关系。学科建设对专业建设和课程建设具有引领作用,专业建设对学科建设和课程建设具有促进作用,课程建设对学科建设和专业建设具有中介作用。学科建设和专业建设是高等学校内涵建设的两条主线:学科一般有相对稳定的研究领域,遵循知识体系逻辑,呈现"树状分支结构";专业一般按领域和岗位所需的能力结构作为基础,以学科为依托,但不是"树状结构"中的哪一个"分支"。学校中的专业会随着社会产业结构调整和人才需求变化而变化,新的专业不断产生,旧的专业不断更新或被淘汰,成为市场上的"热门"专业和"冷门"专业。以专业为基础的课程体系改革是高等学校教学改革的一个重要趋势,尤其是在我国,为推动高等教育内涵式发展,教育部先后出台了与学科、专业、课程建设有关的一系列政策性文件。

二、学科、专业和课程协同建设的中国特色

我国高等教育领域中四个"一流"建设是学科、专业和课程协同建设的中国特色实践,不仅在认识上理顺了三者之间的关系,更在实践上抓住了中国高等教育改革的关键点,推动了高等教育现代化的重要转向。"四个一流"分别指"双一流"建设、一流本科教育、一流本科专业建设和一流本科课程建设(详见表6-1)。

表6-1 "四个一流"建设政策逻辑

时间	政策文件	相关内容	解读
2015.10	《统筹推进世界一流大学和一流学科建设总体方案》	"提高高等学校人才培养……水平"作为总体目标的组成部分,将"培养拔尖创新人才"作为五项建设任务之一	方案未明确提及本科教育或本科人才培养

(续表)

时间	政策文件	相关内容	解读
2016.5	《一流大学要办好一流本科教育》	建设一流本科教育,是"双一流"建设的重要基础……一流的本科教育是一流大学的重要基础和基本特征,建设一流大学必须建设一流本科。坚持"以本为本",是我国一流大学建设的必然选择	文章明确提出一流本科教育及其重要性
2017.1	《统筹推进世界一流大学和一流学科建设实施办法(暂行)》	"双一流"遴选条件中包括"有高质量的本科生教育和研究生教育"	实施办法强调本科生教育质量
2018.8	《关于高等学校加快"双一流"建设的指导意见》	在"培养拔尖创新人才"部分明确提出"率先确立建成一流本科教育目标,强化本科教育基础地位,把一流本科教育建设作为'双一流'建设的基础任务,加快实施'六卓越一拔尖'人才培养计划2.0,建成一批一流本科专业"。在"完善评价和建设协调机制"中明确指出"探索建立中国特色'双一流'建设的综合评价体系……把一流本科教育作为重要内容"	既把一流本科教育建设作为"双一流"建设的基础任务,又将其作为考核"双一流"建设成效的重要内容
2018.9	《关于加快建设高水平本科教育 全面提高人才培养能力的意见》	意见要求"加快建设高水平本科教育",并达到"到2035年,形成中国特色、世界一流的高水平本科教育"。在"大力推进一流专业建设"中明确指出"实施一流专业建设'双万计划'。专业是人才培养的基本单元,是建设高水平本科教育、培养一流人才的'四梁八柱'。……'双一流'高校要率先建成一流专业,应用型本科高校要结合办学特色努力建设一流专业"	明确要求实施一流专业建设"双万计划",建设一万个国家级一流专业点和一万个省级一流专业点,以支撑高水平本科教育

(续表)

时间	政策文件	相关内容	解读
2019.4	《关于实施一流本科专业建设"双万计划"的通知》	全面实施"六卓越一拔尖"计划2.0,启动一流本科专业建设"双万计划"。面向各类高校,面向全部专业,突出示范领跑,分"赛道"建设和"两步走"实施,自2019年至2021年,建设一万个左右国家级一流本科专业点和一万个左右省级一流本科专业点	明确一流专业建设任务、建设原则和建设方式,指明各高校报送条件
2019.10	《关于一流本科课程建设的实施意见》	课程是人才培养的核心要素,课程质量直接决定人才培养质量。"双一流"建设高校、部省合建高校要率先建设一流本科课程。建设一批适应新时代要求的一流本科课程,如国家级线上一流课程、线下一流课程、线上线下混合式一流课程、虚拟仿真实验教学一流课程、社会实践一流课程等	一流本科课程"双万计划",是一流本科专业建设的重要抓手,课程和教材是一流本科专业建设的重要内容

"双一流"建设指的是建设世界一流大学和世界一流学科,是我国高等教育重点建设的指导性战略。"双一流"建设的标准是中国特色和世界一流的有机融合,不是"985""211"的翻版,也不是升级版,而是我国高等教育重点建设政策从计划性向竞争性的重大转变。"双一流"遴选尊崇竞争优选、专家评选、政府比选、动态筛选的原则。从2017年《统筹推进世界一流大学和一流学科建设实施办法(暂行)》中"统筹推进"的要求,到2022年《关于深入推进世界一流大学和一流学科建设的若干意见》中"深入推进"的要求,这种转变更加突出培养一流人才、服务国家战略的需求,以应对高层次创新人才供给能力不足、服务国家战略需求不够精准、资源配置亟待优化等问题。新一轮"双一流"建设注重内涵建设、特色建设和高质量建设,不再区分一流大学建设高校和一流学科建设高校,淡化"身份"色彩,为各高校探索自主

特色发展新模式创造了新的政策制度环境,如北京大学、清华大学等可自主确定建设学科并自行公布,以推动"清北"二校早日成为世界一流大学,在我国高校中起到引领示范作用。

"一流本科教育"是指2016年6月21日教育部在新时代全国高等学校本科教育工作会议上提出的"培养一流人才,建设一流本科教育"。会议期间,150所高校联合发布了《一流本科教育宣言》(又称"成都宣言")[①],指出"一流本科教育"坚持以本科为本,以培养堪当民族复兴重任的时代新人为高等教育的核心使命,不断推进高校回归常识、回归本分、回归初心、回归梦想,致力于立德树人、教书育人、提升内涵、领跑示范、变轨超车、公平协调、开放合作。综观国外一流大学,无论是综合型、研究型大学,还是教学型大学,无一例外都将本科人才培养和本科教育质量放在重要的战略地位。在我国,"一流本科教育"是建设世界一流大学的重要基础,亦是建设世界一流学科的重要支撑,更是提高大学办学声誉的重要载体。

此后,教育部基于"一流本科教育"的发展需求,在2019年4月9日启动了"一流本科专业"建设的"双万计划",即2019年至2021年建设一万个左右国家级一流本科专业点和一万个左右省级一流本科专业点。同年10月,教育部发布了《关于一流本科课程建设的实施意见》,意见指出经过三年左右时间,建成万门左右国家级和万门左右省级一流本科课程,简称为一流本科课程"双万计划"。一流本科专业和一流本科课程建设,遵循"选优式"的工作思路,采用有组织地计划申报、教育部统一筛选、最后公布认证的"遴选式"工作流程。2019年至2021年,教育部共遴选出111 761个国家级一流本科专业建设点和15 727个省级建设

---

① 中华人民共和国教育部:《一流本科教育宣言》,2018年6月22日,http://www.moe.gov.cn/jyb_xwfb/xw_fbh/moe_2069/xwfbh_2018n/xwfb_20180622/sfcl/201806/t20180622_340649.html。

点。2020年至2024年,教育部共认定出16 666门一流课程。

在厘清"四个一流"的建设思路后可以发现,政府相关部门在理顺一流大学、一流学科与一流本科教育的关系时,主要通过"双万计划"来推动一流本科专业建设和一流课程建设。"四个一流"建设逻辑并不存在"自下而上"的对应关系,不是有了一流课程,就会有一流本科专业点,有了一流本科专业点,就会有一流本科,有了一流本科,就会有一流学科和一流大学。一流专业建设作为实现"双一流"建设的突破口和切入点,为尚未入选"双一流"和建设梯队排名靠后的学校提供了一个发展特色专业的机会。学科建设、专业建设和课程建设仍是政策驱动高等教育改革的重要抓手。但政策不同,一流本科教育的建设目标仍遵循"双一流"建设中"世界一流"的定位,而"双万计划"中的"一流"则遵循国家内部重点建设层级化的思路,即"双一流"是具有竞争性的"世界一流","双万计划"是政策选择(非竞争性)的"一流"。[①]

三、一流本科课程建设的中国方案

如果说高等教育改革是一个系统工程,那么专业与课程建设就是这个系统的核心。从"专业是几组课程及课程组织形式"这一定义中就可以看出,课程是专业的核心,课程建设是专业建设的首要任务,尤其是我国在2018年8月出台《关于狠抓新时代全国高等学校本科教育工作会议精神落实的通知》,要求努力建设一流本科、一流专业,打造"金课",培养一流人才。同年9月出台的《关于加快建设高水平本科教育全面提高人才培养能力的意见》提出建设"双万"一流线上线下精

[①] 王建华:《关于一流本科专业建设的思考——兼评"双万计划"》,《重庆高教研究》2019年第4期,第122—128页。

品课程。2019年10月,教育部印发《关于一流本科课程建设的实施意见》,正式提出"一流本科课程"概念及建设要求。2020年11月,教育部公布了首批国家级一流本科课程认定结果。

在这一过程中,各高校纷纷结合自身办学特色出台并实施了一系列一流本科课程建设方案,如《湖南大学一流本科课程建设方案》《山东大学关于加强本科课程建设与管理的实施意见》《大连大学一流本科课程建设实施方案》《成都大学一流本科课程建设实施方案》《南京信息工程大学一流本科课程建设实施方案》等。实施方案在明确指导思想、总体目标和建设原则的同时,将建设内容、实施路径和建设管理配套,指导各高校建设了一批优质的线上、线下、线上线下混合式思想政治课、公共基础课、专业基础课、专业通识课、实验室创新课、社会实践课,带动了教学理念的革新,促进了名师及教学团队的培养,创新了课程管理和课程评价的模式。同时,学界也对一流本科课程概念、建设路径、课程标准、教学实践进行了丰富的讨论和研究,围绕"金课""一流课程"的课程思政、立德树人、教学改革、人才培养、深度学习、混合式教学、技术赋能、"四新"建设进行了多学科、多视角的研究。尤其是提出一流课程高阶性、创新性和挑战度的重要特性,指明了未来课程建设的重要发展方向。对课程标准结构也提出了高阶思维的教学目标、基于学术性教学的深度学习、促进成长的发展性评价,特别是将深度学习作为判别课程质量的重要标准,从"教的视角"转向"学的视角",强调实现对"学生"和"学习"的回归。

一流本科课程,是"金课",是有深度、有难度、有挑战度的课程,是含金量高的课程和高质量的课程。当提到"一流"或"金课"的时候,就意味着先进的教学理念、优秀的教师团队、有效的课程目标、合理的课程设计、先进的课程内容和科学的课程评价。[1]所以当我们在谈课程的时候,不

---

[1] 杨捷、闫羽:《当前我国一流本科课程建设研究的计量分析与展望》,《中国大学教学》2022年第5期,第4—12、22页。

单单是在谈课程,也是在谈现代化背景下中国高等教育教学改革的实践成果。课程建设的思想性、政治性、科学性和技术性,以及高水平研究的示范性、先进性和实践指导性,都是竞争力模型中课程的题中之意。

第二节 课程开发竞争力模型的比较优势

在教育研究领域,人们对知识与课程关系的探讨从未间断。1918年博比特(F. Bobbitt)出版《课程》(*The Curriculum*)一书,此后课程逐渐发展成为一个拥有百年历史的研究领域,每一次课程革新都意味着课程理论、课程范式、教学设计、课程实施出现了新的阐释。在我国高等教育领域,以课程改革小切口带动解决人才培养模式大问题,是实现教育改革创新发展的重要思路。在课程设计中,最重要的是如何树立、选取、编排和评价专业知识体系,以培养学生专业技能和职业素养。竞争力模型课程创新是在竞争力视角下,充分平衡知识的逻辑性和实证性、思想性和创造性、工具性和功利性、文化性和精神性而进行课程设计的有益尝试。

一、课程设计思想的发展脉络

坦纳夫妇(D. Tanner & L. N. Tanner)认为,尽管"课程有一悠久的过去,但只有短暂的历史"[①]。20世纪初,博比特出版《课程》一书,

---

① 昌庆钟:《课程与教学研究的历史发展》,2015年10月4日,https://www.docin.com/p-1309189036.html。

标志着课程在教育学领域成为相对独立的研究领域。在这个新兴领域，课程已不简单是教学内容，去解答"教什么"和"怎么教"的问题，而是超越"系统的知识、技能及情景内容的复合物"，成为一种需要被定义的"文本"，可以构建出具有政治意义、种族意义、性别意义、审美意义、个性意义的价值体系。常规性课程理论、描述性课程理论、实践性课程理论、纯粹性课程理论的相互交融与相互批判，带来了多元统一的"多元主义"课程论，在21世纪形成了多样化的课程理论，指导课程开发和课程设置。

19世纪，斯宾塞（Herbert Spencer）以"科学知识是最有价值的知识"为指导设计学校课程，强调知识的实用价值，将数学、物理、化学等自然科学知识作为学校课程的重点内容。20世纪初，主要以"课程开发"范式为主进行课程设计，课程作为"学校材料"（school materials），开发课程为"价值中立"的理性化程序。20世纪中叶，泰勒（R. Tyler）提出以目标作为课程开发的核心，强调知识进入课堂教学前要经过"筛选"。20世纪70年代以后，出现了"课程理解"范式，"如何理解课程"成为课程设计的关键，课程被视为"符号表征"，最主要的功能是传递价值。到了20世纪80年代，现象学、解释学、存在主义、法兰克福学派、后结构主义、后现代主义等新思潮在课程研究领域得到广泛应用，带来了更为多元的课程理解，在世界各地形成了多样化的"课程话语"（curriculum discourse）。因此，现代课程及课程设计，不仅是对课程开发程序的科学管理，更是探讨和规范社会、经济、政治、文化、种族等多种因素在课程中如何发挥作用和产生影响。

二、课程设计模式的多种探讨

课程设计模式主要有知识中心模式、社会中心模式、学习者中心模式、存在主义模式和后现代主义模式五种类型,尽管许多理论发源于基础教育,但探讨内容随着实践发展已拓宽到高等教育,对于我们研究竞争力模型视角下的课程设计仍具有参考价值。

知识中心模式又可理解为学科中心模式,是课程开发理论中最为古老、影响最广的一种理论。无论是斯宾塞崇尚科学的理论,还是赫尔巴特(Johann Friedrich Herbart)要素主义课程模式,或是赫钦斯(R. M. Hutchins)永恒主义课程模式,抑或布鲁纳(Jerome S. Bruner)学科结构课程模式等,都以学科知识为本进行课程设计,强调知识是课程的核心,课程设计以学科分类为基础,教学活动以学科为基本单位,学科专家在课程开发中处于重要地位。赫尔巴特认为课程应提供给学生分化的、有组织的经验(即我们所提到的"知识"),而最有效率的方法就是以学科为单位进行课程开发,将文化要素作为课程内容,将传递人类文化遗产的要素和核心,帮助个人实现理智和道德训练作为课程目标。要素主义课程模式提出,文化是人类共同努力、分工协作的结果,人类只有接受文化、继承文化遗产,才能避免堕落和毁灭,课程设置必须有利于国家和民族,要具有长期的目标,要包含价值标准。赫钦斯则认为课程是"不变的学问",教育内容具有一定的"永恒性",在初等教育中,教育内容总是围绕"3RS"(读、写、算)展开,在中等教育中,教育内容总是专注人类文化的伟大遗产,在高等教育中,具有智力训练价值的传统的"永恒学科"才是永恒的,"永恒学科首先是那些经历了许多世纪而达到古典著作水平的书籍",即"经典名著"。[①] "名著课程"在课程学习中具有无可比拟的优越性,学习名著比学习一般教材更能促进学生智力开发和智慧发展。永恒主义明确而肯定地回答了"什么知识最有

[①] 华东师范大学教育系、杭州大学教育系编译:《现代西方资产阶级教育思想流派论著选》,人民教育出版社1980年版,第26页。

价值"这一问题,即"永恒学科"的价值高于实用学科的价值,职业训练方面的"如何做"系列课程是列在永恒主义课程"黑名单"之上的。

社会中心课程模式又可被称为社会改造主义课程模式,改造主义在20世纪30年代从进步主义中分化出来,在学校与社会关系的问题上,改造主义认为进步主义教育实际上成了帮助人"适应"而不是"改变"社会的工具,但适应社会不应是教育的首要任务,教育的首要任务应是直接促进社会持续不断的改造。[1] 代表人物康茨(G. S. Counts)、拉格(Harold Rugg)、布拉梅尔德(Theodore Brameld)、弗莱雷(Paulo Freire)等均提倡教育的目的是以理想社会模式来改造社会,学校在社会改造中发挥着决定性的作用,学校是新社会的模范。社会中心课程模式将社会改造作为人才培养的目的,以广泛的社会现象和社会问题为课程中心,以构建新的社会秩序为课程设置的底层逻辑,在授课过程中侧重培养学生对社会问题的理解和判断,引导学生在社会中学习,促使学生最终成为社会改造的重要力量。要素主义的作用在于传递现代文化,永恒主义的作用在于"恢复"过去的文化,改造主义则要改变现存的文化,使其变化速度不落后于时代。布拉梅尔德认为,课程是实现未来社会变化的"运载工具"(vehicle),普通教育的课程设计必须使课程结构具有意义的统一性,人类的任务和目标是任何时代开展教育工作的头等大事。[2] 布拉梅尔德辩证地论证了教育和文化的关系,教育对文化传承承担着传递和修改两种作用,在出现危机的时候,教育对文化的修改作用更突出、更重要,教育可以帮助人们更好地、更积极地参与文化改造。拉格指出,进步主义以需要和兴趣为基础的课程,未能直视现存的问题,也不能解决未来的社会问题,新的课程应该从目前的社

---

[1] 陆有铨:《现代西方教育哲学》(第二版),北京大学出版社2021年版,第166页。
[2] 陆有铨:《现代西方教育哲学》(第二版),北京大学出版社2021年版,第3页。

会问题和特征直接产生,如全球性人口过剩、无计划的城市化、不受控制的技术增长、生态公害等,都是课程重要的内容。蔡尔德(John L. Child)也提出了类似的观点,其认为课程的生命力在于对现代科学、技术、经济、政治、家庭和宗教生活等方面具体问题的处理,应该面向未来,社会价值决定着学校课程。

学习者中心模式受经验主义课程理论和人本主义课程理论影响,重视学习者在教育中的主体地位,将教学的中心完全放在学生身上,彻底地强调学生的"自由",代表学者有杜威(John Dewey)、罗杰斯(Carl Rogers)、马斯洛(Abraham H. Mashow)等。这种与传统教学"180度转折"的新模式,主张教育应建立在学习者的天性、本能、经验之上,将整体人格发展作为教育的重点,主张"并行"和"整合"课程,鼓励学习者从实践活动中获得直接经验和对世界的完整认知。杜威提出"进步教育"的新思想,以抨击"传统教育"远离生活、传授过时的知识和道德规范训练、教师作为代理人的主要弊病。"进步教育"提倡教育与现实相适应,建议教育重心从"教师""教材"和"课堂"转移到"儿童""活动"和"经验"上。"在做中学"是课程开展的重要指导原则,将学习者的经验作为课程和教材设置的依据。杜威从实用主义哲学思想出发,提出"经验"是获取知识的必经之路,经验是"有机体与环境相互作用的结果,是人主动的尝试行为与环境的反作用而形成的一种特殊的结合",学习者想要获得知识,就必须亲自尝试,只有获得亲身的经验才能称之为学习。操作、行动是学习者在认知过程中非常重要的技能,行动是学习的核心。而由"儿童中心说"演化而来的"学习者中心"模式,则奠定了美国个性化教育理论基础。罗杰斯提出"人本主义教育"思想,在教学过程中强调贯彻人本主义精神,提倡将学生视为学习的主人,将教师视为激发学生学习的促进者和指挥者,将经验视为"最高权威",重视学生的认知、情感、兴趣和才能的发挥,重视教学的过程和教学的方法。个体的独特性和学生的充分发展,是其推崇的人本主义课程观的核心,如在课程中构建真实的问题情境,让学生在课程中思考对自身发展有意义或有关的问题,再如提倡采取以题目为中心的课堂讨论模式、自由学习的教学模式和非指导性的教学模式,并明确指出老师可以帮助学生明确学习目标、安排学习材料和学习活动,但是思考的主体一直是学生本身。①

存在主义课程模式将学生本人为自己的存在负责作为课程设定的重要前提,"人的存在"这一问题是课程的核心。要素主义注重文化要素,永恒主义注重传统人文学科的价值,改造主义将教育看作国家发展的工具,结构主义注重课程结构,这些教育思想主导下的课程模式将学习者本身放在次要位置,忽视了人存在的问题。因此,存在主义课程模式主张课程的目的在于帮助学生认识自己的存在、实现自身的潜力,课程内容由学生的需求来决定,教育要使每个人认识到自己的存在,帮助学生养成对待生活的正确态度。以人为本、重视道德、个别化、师生平等是存在主义课程模式的重要特点。代表学者贝恩(K. Benne)、布劳迪(H. S. Broudy)、乔治·内勒(George Naylor)、特劳特纳(L. Troutner)等提出,教育要维护个人的自由,帮助个人进行自我选择并对自己的选择负责。内勒认为教材不是心智训练的材料,学生不应受教材支配,而应成为教材的主宰,课程是学生自我实现和自我发展的重要手段。② 无论是学习知识还是提高学习效率,都必须具有个人意义,与人的生活和发展相联系。培养学生的真诚、选择和决定、责任

---

① 白彦茹:《国外课程理论流派述评》,《黑龙江教育学院学报》2000年第6期,第48—51页。
② 陆有铨:《现代西方教育哲学》(第二版),北京大学出版社2021年版,第255页。

感等是存在主义课程设定的内在导向,要避免教师在课程上的个人专制,教师与学生的关系应该是"我与你"的关系,而不是"我与他/她"的关系,本质上是"对话"(dialogue)或"交流"(communication)的关系。

后现代主义课程模式来源于后现代主义,在利奥塔(Jean-Francois Lyotard)《后现代状态:关于知识的报告》(*The Postmodern Condition: A Report on Knowledge*)一书出版后,后现代主义思想对心理学和教育研究产生了重要影响,代表学者多尔(William E. Doll)、斯莱特里(P. Slattery)等以后现代主义彻底批判为主要精神,在教育领域发挥着"解构"(deconstruction)、"建设"(reconstruction)和"再解构"现代教育的重要作用。后现代主义教育观反对"完人"的教育目标,人的全面发展和"片面发展"都可成为教育目标,甚至倡导教育无目的论,倡导作为"生活方式"的教育,反对教育作为人、作为社会发展的工具。在后现代主义课程观中,反对课程开发采取"目的—手段"的单一范式,反对各种形式的"二元论",反对预先设定一成不变的课程,反对现代教育学科结构带来的学科界限,提倡开放式、全方面地理解"课程",不再只关注课程目标及实现,而是关注学习过程中个人发展的综合环境,注重理解课程在经济、文化、政治、生态、审美等方面对人类生存、历史社会、自然生态的影响,面向情境、面向师生是后现代主义课程模式实施的精髓所在。多尔批判性地指出泰勒模式存在的问题,反对封闭的、线性的、统一的、可预测的、决定的课程体系,建议将丰富性(richness)、回归性(recursion)、关联性(relation)和严密性(rigor)作为考察课程目标、课程内容、课程组织、教学过程、课程评价的核心标准。[①] 具体来讲:丰

[①] 吴春秀:《后现代主义课程理论及其流派》,《开封教育学院学报》2015年第11期,第157—158页。

富性指课程应具有适量的不确定性和不平衡性,每一门学科都应依托其独特的历史背景和基础概念展开多样的教学;回归性强调课程对过去的积极反思,课程长期处于不断完善的状态,终点亦是新的起点,课程建设整体形成了回归性的反思;关联性既指课程要与历史文化背景相联系,又指学科间、学科内部的相互联系;严密性不是指客观可测量,而是指一种不确定性、可解释性,即课程有目的地选择不同的方案、关系和联系,促使师生对话成为有意义的和可转变的。

三、竞争力模型课程设计的优势

综观诸多竞争力模型,如波特钻石模型、五力分析模型、五层模型、六力分析模型、核心竞争力模型、VRIO 模型[1]、GREP 模型[2]和九力分析模型等,可以发现竞争力模型突出对某一领域竞争力形式化和抽象化的表达,将复杂对象"抽丝剥茧"到可以很好定性分析和定量分析的程度。竞争力模型普遍强调产品的差异竞争优势,这符合一流本科课程建设消灭"水课"、建设"金课"的核心要求。2018 年 5 月 2 日,习近平总书记在北京大学师生座谈会上指出"要把立德树人的成效作为检验学校一切工作的根本标准"[3],课程是体现"以学生发展为中心"理念的"最后一公里",竞争力模型课程设计是落实"立德树人"根本任务的具体化、操作化和目标化。与低阶性、陈旧性的"水课"不同,竞争力模型课程设计将课程视为处于竞争环境的"产品",强调产品的价值性和不可替

---

[1] VRIO 模型,V 指 Value(价值性),R 指 Rarity(稀缺性),I 指 Inimitability(难以模仿性),O 指 Organization(组织支撑)。

[2] GREP 模型,G 指 Governance(公司治理),R 指 Resource(资源),E 指 Enterpriser(企业家),P 指 Product(产品或服务)。

[3] 习近平:《在北京大学师生座谈会上的讲话》,《人民日报》2018 年 5 月 3 日,第 2 版。

代性。

　　课程的价值性指课程能为学校创造价值,满足教育市场的需求,带来良好的社会效益和经济效益。本书从高阶性和创新性两个维度考量的价值性。高阶性是知识、能力和素质的有机融合,在专注知识体系高阶性的同时,课程侧重培养学生解决复杂问题的综合能力和高阶思维。创新性体现在课堂内容、教学形式和学习结果三方面。课程内容兼顾前沿性和时代性,教学形式体现先进性和互动性,学习结果讲究探究性和个性化。课程的不可替代性,既可以从核心竞争力模型中的不可替代性理解,也可以综合 VRIO 模型中的稀缺性(R)和难以模仿性(I)理解。不可替代性指竞争对手无法利用其他能力或资源来替代;稀缺性指能力或资源为少数拥有,难以模仿性指难以转移或复制。就课程设计领域而言,绝对的"垄断性"课程不利于高等教育的普及,所以"挑战度"比"不可替代性"更为适合,也更符合线上、线上线下混合、虚拟仿真等多种教学形式的改革需求。

　　由此可见,竞争力模型课程设计具有以下特点:第一,以适应性知识生产模式(知识生产模式3)为主,致力于给学生带来"深度学习"的体验,给学校"双一流"建设提供强大支撑。适应性情景知识生产模式是可持续发展的知识创新体系,本质上呈现出"多层次、多边、多形态和多节点"的非线性和网络协同性特征,知识生产人员以多主体参与为主,知识更具跨学科性、应用性、创新性和协作性,知识生产基础多变,知识生产结果为多种知识集群构成的创新网络和创新生态系统。第二,以"优质教学"为创新课程的最终目标。教学"优质与否"受学生"深度学习"情况影响,而影响深度学习的最直接因素不是"客观教学",而是对教学情境的感知,即"教学感知"。在教学感知中,"优质讲授"(Good Teaching)被证实具有最大的影响力,深具"知识的力量"

"启发的力量"和"激活心灵的力量"三重力量。① 更进一步来看,现代化教育大背景下,学生的教学感知亦受情绪感知和共同体感知的影响。情绪感知是学生在课堂教学情境中感受到的情绪状态,如自信、自豪、愉悦、挫折、乏味、紧张等。需要注意的是,"能力信心"被证实是更为重要的学习促进因子②,"反思或反省是最关键的调节因子"③。第三,以"需求分析—用户分析—情景分析—竞品分析—问题界定"设计思路满足课程高挑战度的要求。不同机构组织和研究者提出了不同领域的设计思维方法模型,从"分析—综合—评估"模型,到教育领域应用较多的 DIIEE 设计模型④,再到斯坦福五阶段 EDIPT 模型⑤等的设计实践环节和步骤指导,为竞争力模型课程设计提供了流程借鉴。竞争力模型在学生和教师两大主体的基础上,加入"阅听人"(Scientific Audience)⑥的需求分析,使阅听人成为课程建设和知识生产质量控制的重要利益相关者,多元主体共同讨论、互相选择,以各自不同的标准对课程设计及教学质量进行判断和验收,能更好地引导课程设计满足多样化"客户"需求,建成一批挑战度高的课程。

---

① 吕林海:《"深度学习"视域下的大学"金课"——历史逻辑、考量标准与实现路径之审思》,《高校教育管理》2020 年第 1 期,第 40—51、62 页。
② Liisa Postareffl, Markus Mattssonl, Sari Lindblom-Ylännel, et al., "The Complex Relationship between Emotions, Approaches to Learning, Study Success and Study Progress During the Transition to University", *Higher Education*, Vol. 73, No. 3(December, 2017), pp. 441-457.
③ Francisco Cano, Andrew J. Martin, Paul Ginns, et al., "Students' Self-worth Protection and Approaches to Learning in Higher Education: Predictors and Consequences", *Higher Education*, Vol. 76, No. 1(December, 2017), pp. 163-181.
④ 发现(Discovery)、解释(Interpretation)、构思(Ideation)、实验(Experiment)、评估(Evaluation)。
⑤ 共情(Empathize)、定义(Define)、构思(Ideate)、原型(Prototype)和测试(Test)。
⑥ 理查德·惠特利:《科学的智力组织和社会组织》(第二版),赵万里、陈玉林、薛晓斌译,北京大学出版社 2011 年版。

第三节　文化产业管理课程竞争力研究

截至2023年,通过整理教育部年度备案或批准设置的本科专业名单发现,中国共有188所高校正在开设文化产业管理本科专业,并授管理学或艺术学学士学位。本节首先利用扎根理论对各高校人才培养方案样本中的培养目标和开设课程进行开放性编码、主轴性编码和选择性编码,归纳出现行课程设置规律,发现培养目标具有"专业性—职业性—价值性"的多维立体诉求和"专业培养全面—学科交叉深化—能力素养全能"的梯度化特征,开设课程主要分为文化与艺术知识积累、问题分析与工具运用、文化产业经营与管理三类。接着在竞争力模型视角下深入分析课程理念与目标、课程设置与开发、课程内容和形式、课程评价和管理等一系列问题,更进一步指出专业课程的价值性和不可替代性的现实表现,找出影响课程提升优化的主要症结,探讨文化产业管理专业知识生产模式影响下学科体系、学术体系和话语体系构建的滞后性。最后进一步评价专业课堂内容、教学形式和学习结果创新性表现,分析课程对新文科和交叉学科建设的时代性议题的回应程度,寻找文化产业管理专业"为谁培养人""培养什么人"和"如何培养人"等问题的答案。

一、专业课程建设现状

(一) 样本选取

人才培养方案是高校专业建设的核心内容,它不仅是专业开办和教学环节组织实施和评价的依据,也是人才培养和质量提升的根本保证举措。培养方案从办学定位、培养目标、培养方式、课程设置、实践教学、职业前景等方面引导和规范文化产业管理专业人才培养。方案直接影响和制约着专业建设和现实水平,对我国文化产业管理人才的培养研究具有重要参考意义。专业培养方案结构模式的核心是专业课程体系的结构模式,即按照什么样的逻辑关系排列组合各类课程,是构建培养方案的重要问题。我国本科教育一般采取专才教育培养模式,课程设置以"学科本位"为主线,楼层式[1]、平台式[2]和模块式[3]课程结构较为多见。

本部分研究以教育部年度备案或批准设置文化产业管理专业的188所高校培养方案为研究对象,采用分层抽样的方法,抽取其中25所高校的培养方案文本作为研究样本进行扎根研究。

扎根资料均通过网络公开资料搜集所得,样本选取出于以下几方面的考虑:一是样本的全面性。25个样本以中国七大区域为标准划分分层,同时考虑院校层次,囊括了"985"高校、"211"高校和省属、地方高校等全部类型。二是信息的完整性。25个样本均至少包括培养目标和课程设置两大信息,研究的核心内容明确且完整,有利于直接提取

---

[1] 基础课—技术基础课—专业课—专业方向课。
[2] 公共基础平台—专业大类基础平台—专业课程平台。
[3] 按学科或业务工作需求分为知识模块和技能模块。

并展开翔实研究。为方便研究中进行统计,样本院校依照 A1—A25 进行编号(详见表 6-2)。

表 6-2 研究样本编号

区域	编号	学校	院校属性	学院
华北	A1	首都师范大学	双一流	文学院
	A2	对外经济贸易大学	原211、双一流	政府管理学院
	A3	山西财经大学	地方高校	文化旅游学院
	A4	河北金融学院	中央和地方共建	管理学院
东北	A5	长春大学	省属院校	文学院
华东	A6	同济大学	原985、原211、双一流	人文学院
	A7	厦门大学嘉庚学院	民办高校	人文与传播学院
	A8	山东大学	原985、原211、双一流	历史文化学院
	A9	上海交通大学	原985、原211、双一流	媒体与传播学院
	A10	浙江师范大学	省属院校	文化创意与传播学院
	A11	华东政法大学	中央与地方共建	传播学院
华中	A12	江汉大学	省市共建	人文学院
	A13	吉首大学	省属院校	法学与公共管理学院
	A14	平顶山学院	省属院校	新闻与传播学院
	A15	商丘师范学院	省属院校	人文学院
	A16	湖南师范大学	原211、双一流	历史文化学院
华南	A17	广州南方学院	民办大学	公共管理学院
	A18	华南师范大学	原211、双一流	城市文化学院
西南	A19	西南民族大学	省部共建	旅游与历史文化学院
	A20	昆明理工大学津桥学院	民办大学	经济管理学院
	A21	贵州师范学院	省属院校	旅游文化学院
	A22	四川文理学院	省属院校	文学与传播学院

(续表)

区域	编号	学校	院校属性	学院
西北	A23	西北师范大学	省部共建	旅游学院
	A24	宝鸡文理学院	省属院校	历史文化与旅游学院
	A25	西藏民族大学	中央和地方共建	管理学院

(二) 研究方法

扎根理论由施特劳斯(Anselm Strauss)和格拉瑟(Barney G. Glaser)于1967年在《扎根理论的发现》(*The Discovery of Grounded Theory*)一书中首次提出,其旨在表明研究者不带有任何理论假设进行观察和收集资料,并从原始资料中归纳经验,在对资料进行多次编码后,推动经验逐渐抽象至理论层面。因此,扎根理论是针对某一现象来发展并归纳式地引导出扎根于实际资料的理论,是一种新颖的归纳分析的质性研究方法。而生成的理论可以理解为实质理论和形式理论两种类型:一个实质或经验领域的理论和一个跨实质领域或概念性的理论。扎根理论操作流程包括问题及对象确定,资料收集整理,开放性、主轴性和选择性编码,饱和度检验,理论模型构建五个方面。我们依此流程对25所高校文化产业管理人才培养方案的培养目标和专业课程(必修课)进行编码。

(三) 研究过程

资料编码是扎根理论研究方法的重要环节。本研究中,我们使用了NVivo12plus软件对人才培养方案中的培养目标和专业课程(必修)进行整理和编码,依次进行了开放性编码、主轴性编码和选择性编码。

第一,开放性编码。开放性编码即提炼概念和范畴。围绕"文化产业管理人才培养"这一主题,本书对25份培养方案中的培养目标和专业课程展开逐行编码和范畴提炼。在专业课程(必修)的开放性编码中,共提取了449个初始概念标签,后通过进一步处理得到"文化资源""文学""美学"等28个次类属。

第二,主轴性编码。主轴性编码即提炼主范畴。依据类属间潜在的逻辑次序和因果关系,进行再次分析、归类,以便形成相应的类属。在培养目标方面,对前期提取的19个次类属进行进一步编码,将核心知识、基础知识和交叉知识归属到"专业知识"范畴,将人文素养、创意创新、组织沟通、操作技能归属到"能力素养"范畴,将工作单位归属到"就业去向"范畴,将市场管理、行业管理、项目/产品管理归属到"工作类型"范畴,将家国情怀、政策法规归属到"社会价值"范畴,将行业追求、职业道德归属到"行业价值"范畴,将自主学习、终身学习、良好品德、德智体美劳全面发展归属到"个人价值"范畴。在专业课程上,综合考虑课程内容、学科属性、实践导向等特征,28个次类属又进一步被编码为文化基础类、艺术审美类、技能与运用类、数理思维类等8个类属。

第三,选择性编码。选择性编码的主要目的是从类属中提取和挖掘核心类属,通过建立核心类属与其他支援类属的关联来构建初步理论。在对所有开放性编码、主轴性编码进行系统分析、凝练的基础上,经过概括、提取、重组、整合、抽取概念的范畴和类属,最终归纳出相应的核心类属,即文化产业管理专业人才培养目标包括"专业性""职业性""价值性"三个维度,课程包括"文化与艺术知识积累""问题分析与工具应用""文化产业经营与管理"三个维度。

本部分研究的信效度保障采用三角互证法,通过官方数据、文本资料、相关访谈的相互佐证和交叉对比,保证研究的准确性和可靠性。除本书作者外,邀请文化产业管理专业三名专家进行协同编码和指导,保证编码的专业性和有效性。在完成扎根理论饱和检验工作后,选取两所高校的培养方案中的目标和课程对已形成的类属进行对比、分析,发现没有新的概念、类属出现,编码的类属都可归纳到先前编码的类属中,因此判断此次编码理论饱和度较高(详见表 6-3 和表 6-4)。

表 6-3 培养目标编码

核心编码	主轴性编码	开放性编码	具体内容	原始概念
专业性	专业知识	核心知识	文化产业管理专业知识	较全面地掌握文化产业管理及其分支学科的基本理论和基本知识(A6);人类文化资源的积累过程和发展规律以及文化产业的基本理论和基本知识(A8)
		基础知识	经济学、文化学、管理学、社会学、法学、哲学、历史学、文学、数学、传播学、艺术学等基础知识	熟悉社会学、文化学、经济学、管理学、信息技术等学科领域的基础知识(A2);学习管理学、经济学、法学的基本理论、知识、技能与方法(A11)
		交叉知识	多学科交叉的知识结构与素养	具有综合交叉的知识结构与素养(A11);能够在多学科背景下(A22);人文科学和自然科学各学科交叉融合理论知识与方法(A4)
	能力素养	人文素养	文化理论功底、文化素养、人文精神、文学素养、艺术修养、审美情趣、审美能力、文化传承	具备深厚的文化理论功底和丰富的人文知识(A19);具有较扎实的人文素养,良好的文化艺术修养、审美情趣(A13)
		创意创新	创新意识、创新思维、创新能力、创业能力、创作研究能力	具有一定的科学研究和实际能力,具有一定的创新性思维能力(A19);具备良好的产业创意开发与管理创新能力(A23)

(续表)

核心编码	主轴性编码	开放性编码	具体内容	原始概念
专业性	能力素养	组织沟通	领导力、人际沟通能力、组织协调能力、团队精神、竞争与合作意识、组织策划	具有一定人际社交、组织沟通、团队协作的能力(A3);具有较强的组织管理、交流沟通、环境适应和合作能力(A5)
		操作技能	外语能力、计算机技术、文献检索能力、数据分析技术、平面设计、影视制作、新媒体运营、运动技能	掌握英语听、说、读、写、译的基本能力(A21);具有熟练使用计算机(包括常用语言、工具软件及计量经济学软件)的能力(A16)
职业性	就业去向	工作单位	文化企事业单位、文化行政管理职能部门、科研机构、高校、国际组织、创新创业、继续读研深造	能够在文化管理机关、文化企事业单位、文化设计策划机构、文化媒体及影视公司等部门工作(A13);成为符合文化产业领域各企事业单位、媒体单位、各类传媒集团需求的"应用型、复合型"专业人才(A20)
	工作类型	市场管理	文化市场调查、评估、开发、运作、营销	掌握文化市场调查、评估、营销(A13);兼具文化创意与市场经营、管理能力的复合型人才(A6);加强文化管理能力、产业规划能力和市场运作能力(A9)
		行业管理	文化产业各行业业态规划、生产、经营、管理,如艺术与创意产业管理、媒体产业管理、珠宝产业管理等	搭建了从文化策划、生产、营销、后期制作、运营推广的完整产业链(A20);熟悉文化产业新业态、文化产业品牌与项目管理、区域文化产业规划、文化旅游等诸多文化产业领域各自的产业特点和管理经营方式(A8)

(续表)

核心编码	主轴性编码	开放性编码	具体内容	原始概念
职业性	工作类型	项目/产品管理	文化产品研发与制作、文化产品生产和营销、文化项目创意与策划	具备从事文化产品的创意、营销、策划、贸易和组织管理的基本能力(A16);掌握文化产业的项目管理与策划理论,特别是实际操作技能与技巧(A12);掌握文化项目包装、策划、创意(A13)
价值性	社会价值	家国情怀	热爱党,热爱祖国,热爱社会主义,国防意识,国际化视野	家国情怀与国际视野:具有较高的家国同构、共同体意识和仁爱之情,尊重和重视不同的文化,拥抱多样性(A4);愿为社会主义现代化建设服务,为人民服务,有为国家富强、民族昌盛而努力奋斗的志向和责任感(A11)
		政策法规	熟悉/了解/掌握文化产业专业领域的政策法规、行业规范、国际惯例	具有文化产业知识产权保护与管理能力(A23);熟悉我国及世界主要国家及组织文化产业管理的方针、政策和法规(A22);了解文化体制改革动态与方向(A4)
	行业价值	行业追求、职业道德	熟悉/了解/掌握国内外文化产业理论和实践发展动态、前沿和热点问题,具有良好的职业道德	了解国内外本学科的理论前沿和文化产业运行及发展动态(A21);具有良好的职业道德(A10);了解文化产业管理专业发展的前沿问题和热点问题,有理性的批判意识(A24)
	个人价值	学习惯、德智体美劳	德、智、体、美、劳全面发展,具有自主学习、终身学习能力,具备良好的思想品德、社会公德	具有良好的心理素质和身体素质,达到《国家学生体质健康标准》的合格要求(A1);具有良好的政治、思想、文化、道德、身体和心理素质,具有社会责任感(A5);具有自主学习和终身学习的意识(A24)

表 6-4　课程设置编码

核心编码	主轴性编码	开放性编码	文件	参考点	典型文本语句
文化与艺术知识积累	文化基础类	文化学/文化史	18	33	文化学、中国文化概论、日本文化概论、中国文化史、西方文化史、中外文化史
		文化资源	7	33	文化资源学、中国文化概论、中国传统文化、民俗学概论、非物质文化遗产概论、旅游资源学
		文学	7	19	文学概论、中国古代文学、中国现当代文学、外国文学、中外文学史、文学经典导读
		"文化+"	7	8	文化旅游概论、影视文化概论
		文化产业	17	28	文化产业管理学、文化产业概论、文化产业管理概论等
		哲学社会科学	3	5	哲学、社会学
	艺术审美	美学	7	7	美学原理、美学概论、艺术美学
		艺术及艺术史	11	17	艺术概论、艺术学基础、影视艺术概论、西方艺术史
问题分析与工具应用	技术技能	计算机	4	5	办公自动化实务、管理统计与SPSS、统计软件应用
		设计	4	5	美术基础、设计软件基础、平面设计
		图像摄影	5	7	摄影基础、摄像与编辑、艺术摄影、影像采集
		文本写作	7	10	基础写作、文化商务写作、创意写作
		语言	4	6	文化艺术英语、德语入门、日语入门、文化商务英语

(续表)

核心编码	主轴性编码	开放性编码	文件	参考点	典型文本语句
问题分析与工具应用	数理思维	逻辑思维	1	1	应用逻辑学
		数学	6	10	高等数学、线性代数、概率论与数理统计、微积分基础
		统计学	3	3	统计学、旅游统计学
	学术研究	基础理论	4	5	文化产业基础理论、文化符号学、文化研究
		学术史	1	2	中国学术思想史、西方学术思想史
		研究方法	9	9	社会研究方法、社会调查方法
文化产业经营与管理	经济与贸易	金融	6	6	金融学、文化投资学、文化投资与管理、艺术品鉴赏与投资
		经济	22	36	微/宏观经济学、经济学原理、产业经济学、文化经济学、文化产业经济学
		贸易	4	4	国际贸易实务、国际文化贸易
		消费	2	2	文化消费学
	产业管理	传播营销	23	61	传播学概论、媒介经营与管理、市场营销学、消费者行为学、公共关系学/实务、文化传播学、文化市场营销、影视产业经营与管理、文化消费心理学
		创意策划	12	15	媒介创意与策划、广告创意与策划、节事活动策划、品牌策划与管理、文化创意与策划
		经营管理	24	83	管理学/管理学原理/管理学概论、文化产业项目策划管理
	政策法规	法学	7	7	经济法、知识产权法
		行政政策	19	19	文化产业政策与法规、知识产权与文化产业

(四)研究结论

人才培养目标是对人才培养规格和标准的界定,是对"培养什么人"的价值主张,以及对人才定位、知识与能力的具体要求。以往研究多以"知识—能力—素质"三维结构设定培养目标结构,本部分研究通过扎根方法,发现我国现行的文化产业管理专业人才培养目标展现了"专业性—职业性—价值性"多维立体诉求,具有"专业培养全面—学科交叉深化—能力素养全能"的梯度化特征,具有面向行业综合发展的多元化、协同化和国际化的重要趋势,其中培养"具有综合交叉的知识结构与素养"突出了文化产业管理交叉学科的特性,"具有扎实的人文素养、文化艺术修养、审美情趣"等响应了文化产业的"强文化性","具有良好的产业创意开发和管理创新能力"点明了文化产业创新创意的本质。此外,组织沟通、家国情怀、知法熟规强调了文化产业管理人才应具有较强的社会属性和文化属性,文化市场管理、文化产业行业管理和文化项目/产品管理展现出文化产业管理专业人才的职业导向。在整个人才培养过程中,需要将培养目标落实到课程体系建设中,即培养目标的课程转化。

经分析发现,现行文化产业管理专业课程主要涉及文化基础与艺术素养、问题分析与工具应用、产业经营与综合管理三大内容。通过编码参考点的数量对比(详见表6-4)可知,产业经营和综合管理、文化基础和艺术素养是核心课程内容。从文件数量代表的学校数量(详见表6-4)来看,文化学/文化史、文化产业、经济学、传播营销、经营管理、文化产业政策法规等小类课程开设最为普遍。具体而言,文化艺术知识积累通过文化基础和艺术审美两类课程得以实现,要求学生在校期间掌握中西文化发展、文化资源、文化产业等专业概念及内容,构建实践环节所要求的知识体系,并从艺术美学相关课程中培养自身审美能力。

文化产业管理的核心课程则由经济贸易、产业管理和政策法规三类课程组成,涉及对宏观和微观市场经济的学习了解,对文化产业创意、策划、传播、营销、贸易、投融资、消费等产业管理技能的掌握,对文化产业政策法规构建的多维度环境的掌控等。问题分析与工具应用课程具有较强的工具理性色彩,包含学术研究、产业实践的理论、方法和工具,以及解决问题的思维训练,旨在培养文化产业管理人才解决具体行业具体问题的能力。

二、竞争力模型视角下中国文化产业管理专业课程分析

对文化产业管理专业培养方案的扎根分析,可以帮助我们更好地从教育学角度形成有关课程设置的直观认知。一般意义上,列入培养方案的任何一门课程,对学生知识结构的形成都很重要,课程内容是为课程目标服务而精心编排的"教学经验体系"。我国整体课程水平较高,2016年教育部高等教育教学评估中心的调查显示,885所高校学生评教数据中被评为优的课程占总课程数的75.8%,被评为良的课程占总课程数的21.4%,总体上优良率高达97.2%。[①] 加之官方部门点名整改十分严重的"水课"现象,作业少、管理松、绩点高、得分易和贡献低的"水课"从口语表达转变为学术概念,成为政策重点关注对象,这体现了我国对课程质量的重视。而文化产业管理专业建设时间较短,课程体系也因校而异,更需从竞争力角度进一步分析现实情况。

---

① 教育部高等教育教学评估中心编:《中国高校本科教育质量报告(2016年度):离一流本科教育有多远》,教育科学出版社2017年版,第133页。

竞争力模型视角下的专业课程分析,在考虑课程设计的价值性、高阶性、创新性和挑战度的同时,会直指课程"培养人"的核心任务,对专业培养目标、人才特征、培养要素、培养模式和培养环境等进行综合分析,指出各高校应如何通过课程回答"为谁培养人、培养什么人、怎样培养人"的人才培养核心问题。从 2004 年我国正式开始文化产业管理专业招生至今,全国开设过文化产业管理专业的高校已超过 200 余所,形成了一定的发展规模,积累了一批课程实践成果,但也暴露出一些问题。

课程高阶性方面,适应性知识生产模式仍不成熟。文化产业作为研究对象进入中国学术视野以来,就一直存在对其"知识性"的质疑声,即它是否可以生产知识。知识生产模式分为基于单一学科和高校(动力机制)的模式 1、基于应用情景和 UIG 动力机制[①]的模式 2 以及基于适用性情境和 UIGC 动力机制[②]的模式 3。文化产业管理专业处于从模式 1 与模式 2 混合使用向模式 3 转型的过渡期。文化产业专业起源于西方,但许多西方国家并不致力于构建系统性的文化产业学科,而是专注于具体行业研究,鼓励相关议题被不同学科吸收。追求建立完整的学科体系和知识体系是中国文化产业研究的特殊性,而在我国,文化产业尚未有独立的本硕博一体化学科体系,只是以专业为教学单元,依托多门学科,如管理学、经济学、文学、历史学、新闻传播学、艺术学等,进行知识构建和人才培养。习近平总书记指出,"每个学科都要构建成体系的学科理论和概念"[③],成体系的学科理论构成学术体系,

---

① UIG 是指"大学—产业—政府"(University-Industry-Government)。
② UIGC 是指"大学—产业—政府—公民社会"(University-Industry-Government-Civil Society)。
③ 习近平:《在哲学社会科学工作座谈会上的讲话》,《人民日报》2016 年 5 月 19 日,第 2 版。

成体系的概念构成话语体系。而在文化产业实践和研究中,具体业态则成为更显著的对象,即文化产业作为一个上位概念,其包含的多元行业,如新闻出版、影视动漫、创意设计等更为业界关注,更贴近政府管理现实。这导致文化产业管理专业定位在一般性、系统性和宏观性的产业教学中失去了重要的产业抓手,进而知识生产受到一定限制,使得低阶课堂难以向高阶课堂有效转变,最终影响学生的能力成长和就业表现。学生课堂学习与职业所需之间存在知识和技能差距,就业领域过于宽泛,对口就业率低,专业人才被社会戏称为"万金油",其根本原因就在于知识生产模式的不成熟。

课程创新性方面,课堂内容、教学形式和学习结果创新性表现一般。文化产业管理专业仍存在"因人设课"现象,师资总量和学生数量增长不成正比,部分高校欠缺高素质师资队伍,导致课程讲授水平持续走低。课程创新过程中忽视一流课程建设深度学习的考量标准,对教学感知把握不强,对学生能力信心的培养不足,尤其是在帮助学生建立课堂的身份感、学科的身份感和职业的身份感上存在理想与现实之间的矛盾,即通过专业共同体赋予学生更强的意义感和方向感的理想,与学生专业认同感低和归属感不强的现实。创新能力的培养因其难落实和难衡量的特性,往往成为课程体系设置中被忽视的部分,现有课程体系中传统的理论课程仍占较大比重,实践创新课程多以专业实习、项目实习等为载体,新教学模式利用不足。"机器人陪伴学习""电子竞技""通过奇观学习""趣悦学习""基于地点的学习""让思维可见""后人文主义教学""人工智能教育应用""师生共创的教和学""营造最佳学习时刻""多模态教学""播客教学""挑战式学习"[1]等创新课程更能帮

---

[1] A. Kukulska-Hulme, C. Bossu, K. Charitonos, et al. ," Innovating Pedagogy 2023",2023 年 6 月 7 日, https://www.open.ac.uk/blogs/innovating/。

助学生在课程情境学习中,学习和面对文化产业领域的新命题、新任务,学习业界、学界和政界的新术语、新内涵、新结论、新优势和新开拓,更能拓宽学生的专业视野和培养学生的批判思维。

课程挑战度方面,对新文科建设和交叉学科建设的时代性议题回应不足。经济全球化和科技进步,使生态、伦理、科技、文化、经济等领域都遭遇到严峻挑战,而这些问题不可能单纯依靠科技发展得到解决,也不可能纯粹在人文社会科学中得到解决。文化产业管理作为一门新兴交叉专业,是探讨如何解决经济、社会、生态、文化和社会发展所面临的综合问题的重要阵地。当前 AI 赋能文化产业链条,数据要素成为文化产业发展的战略资源,乡村地方创生连接多产建设,沉浸式文旅空间成为最新文化产品,新型公共文化空间不断增益城市文化生态,人文经济学成为人文社科高质量发展的重要旗帜,文化消费理性消费与情绪消费共长,数字版权促进和平衡数字文化产业发展,文化 IP 跨媒介改编跃迁,习近平文化思想成为文化产业发展的重要导向,文化产业以其强外部性和高渗透性与多业态深度融合,从"文化+"的产业形态逐步发展到文化产业与相关领域全面融合,文化与科技、旅游、乡建、城建、生态、金融、互联网、治理等议题亦广泛交叉。但现有课程结构相对单一且局限于某一学科,与产业前沿存在不同程度的脱节,并不利于培养出文化产业战略发展真正所需的国际化复合人才。加之多数高校无法实现教学资源最优化配置,文化产业管理专业仍作为"弱势专业"或依托"弱势学科"存在,很难整合相关学科的优势资源,更难推出符合时代发展要求的精品课程。而在新文科背景下,新的学科增长点、新的专业教育产出(培养目标)、新的学生学习产出(毕业要求)和新的课程教学产出(课程目标)可以为文化产业管理专业培养交叉融合和跨界创新人才带来新的突破口。

人才培养方面,在对于"为谁培养人"问题的回答上,为党育人、为国育才的任务一以贯之,从未改变。立足于此,遵循成果导向教育理念,文化产业管理专业更重要的是为我国文化产业发展培养专门人才,为人文经济发展培养专门人才,为2035年建成文化强国培养专门人才。各高校多从基础知识、职业能力、产业发展和工作就业四个方面去定义这一专门人才,但部分高校存在设定目标过大、人才定位不准和职业导向不明等问题,导致专业竞争力在就业市场中表现较为逊色。当前中国文化产业进入人文经济发展阶段,"培养什么人"可以理解为"人文价值的赋能者",未来文化产业必然朝着形态多维化、结构多元化、机制市场化、内容数字化、整体人文化的方向发展,这要求我们更为关注人文底色、人文品格、人文精神,关注人文价值对整个经济发展的赋能作用。在"怎样培养人"的实践中,文化产业管理专业人才培养与其他人文类专业具有较强同质性,多采用课堂授课和课外实习相结合的"产学研"培养模式,尚未摸索出文化产业专业的特色模式,尽管各高校积极探索国外专业优秀经验,但本土适用性和成效性仍有待提高。

第七章
基于专业竞争力模型的国际课程分析

文化产业因其高经济效益、高附加值、低能耗等特点在各国的经济发展格局中占据着重要地位。综观当今世界文化产业发展布局,英国、美国、法国、韩国、日本等发达国家因其激励性的文化政策和活跃的文化市场成为文化产业领域发展的佼佼者。在文化经济的推动下,此类国家高校的文化产业管理及其相关专业与市场的联结更为紧密,在理论和实践教学上都积累了丰富的经验。本章基于竞争力模型,以33个国家、235个城市的337门文化产业管理本科课程作为分析样本,关注国际文化产业管理课程设置内在规律及竞争力构成,以期为我国文化产业管理专业课程设计提供新思路。

第一节 文化产业管理课程全球数据透视

本节主要探讨国际文化产业管理本科课程设置和管理的一些重要背景因素,如各个国家教育制度中特色的学士制度和非学位课程,再如美国国际艺术管理教育协会(Association of Arts Administration Educators，简称 AAAE)、欧洲文化管理与文化政策教育联盟(European Network of Cultural Administration Training Centers，简称 ENCATC)、加拿大艺术管理教育者协会(Canadian Association of Arts Administration Educators，简称 CAAAE)、亚太文化教育与研究网络(The Asia Pacific Network for Cultural Education and Research，简称 ANCER)等艺术文化专业协会和最具影响力的 AAAE 课程标准等，并重点介绍了本书收录的 337 门文化产业管理本科课程的数据采集过程和数据分析结果，简明扼要地展示了洲际分布、课程类别、授予文凭、所属协会、课程主题、毕业生就业去向等课程整体情况。

一、教育制度与教育协会

（一）学士制度

学士(Bachelor)是指完成本科学习的学生所获得的学位。本科教育通常包括三到四年的学习，学生须达到一定的学分和专业要求，以及完成一定的研究或实习项目，才能取得学士学位。学士制度授予的学位类型因国家和地区而异，在美国和加拿大，学士学位通常被授予：文学学士(Bachelor of Arts，BA)，主要针对文学、社会科学、管理学、语言学等领域；理学学士(Bachelor of Science，BS)，主要针对自然科学、数学、工程学等领域。在欧洲，学士学位可以被授予不同的名称和学科领域，例如法学士(Bachelor of Laws，BL)和工程学士(Bachelor of Engineering，BEng)等。为便于统计和分析，本书按照学科和课程特点，将欧洲的特定学士学位划分到文学学士或理学学士中。

荣誉学士(Honors Degree)是一种针对优秀拔尖人才的精英式教

育,又被称为优等生学位,存在于英国、澳大利亚、马来西亚、新加坡等国家。在英国,荣誉学士授予毕业成绩优秀的学生,根据各个高校不同的等级系统分别授予不同荣誉学士等级。在澳大利亚和新西兰等国家,荣誉学士以邀请制的方式邀请本校排名前5%的学生加读一年(honors year)以进行高强度研究性训练,顺利获得荣誉学士学位的毕业生可直接申请博士。有些国家,如新加坡,则将荣誉学位课程融合在普通学士课程内,甄选出的学生可在大二或大三开始荣誉学士课程的学习。

副学士(Associate Degree)是一种设立于美国和加拿大等国家高等教育体系中的学位,又称准学士,为四级学位系统中等级最低的一种,低于学士、硕士和博士学位。与学士学位不同的是,副学士学位通常只需要完成两年的学习,为学生提供一些基础的通识教育和专业课程,使他们能够在短时间内掌握一定的知识和技能,从而更快地进入职场。副学士学位通常可以在社区学院或职业技术学院获得。

(二) 非学位课程

非学位课程(Non-degree Program)指的是一种不颁发学位的教育课程,学生可以在不获得学位的情况下选择特定的课程进行学习。非学位课程目的是获得职业培训、继续教育和发展个人兴趣爱好等,通常包括副修课程、文凭课程、证书课程和暑期学校等。

副修课程(Minor Program)是指在大学本科阶段,学生除了主修某一学科专业外,还选修另外一个或多个学科专业,但学分要求不够获得另外一个学科专业的学位。通常,副修课程需要学生在大学本科阶段额外完成一定数量的选修课程。副修课程通常为学生提供了更广泛的学科选择,帮助他们更好地发展兴趣和发掘潜力,提供不同学科领域的知识和技能,有助于提高其综合素质和竞争力。

文凭课程(Diploma Program)是一种在职业培训和技术教育领域中的教育课程,旨在为学生提供职业技能和实用知识。文凭课程通常包括一些实践性的课程,如实验、实习、项目设计等,这些课程能够让学生更好地掌握职业技能,适应职场的需要。与学位课程不同,文凭课程通常不需要进行广泛的通识教育和研究性的课程,而是更加注重职业实践和技能培训。文凭课程的学习时间相对短暂,一般为数月至两年不等,相对于学位课程而言更加灵活和实用。

证书课程(Certificate Program)是一种短期职业培训课程,通常由职业学校、技术学院或者其他教育机构提供。这些课程旨在培养学生掌握某种特定的职业技能,通常可以在几个月或者一年内完成,是一种适合想要迅速掌握特定职业技能的人的教育选择。通过完成证书课程,学生可以增强自己的职业竞争力,并在就业市场上获得更好的机会。证书课程通常获得机构颁发的证书,这些证书并不具有正式的教育资格,但可以证明学生已经掌握了某种特定的职业技能。相对地,文凭课程则是由高等教育机构颁发的文凭,是一种正式的教育资格,可以作为进一步学习或者就业的基础。

暑期学校(Summer School)是指在学校暑假期间特定开设的课程,是为了丰富学生的学习和生活体验专门组织的一种短期教育项目,一般包括学分课程、非学分课程和语言课程。暑期学校通常持续数周到数月,是一个集学习、实践和文化交流于一体的综合性教育活动。学生可以在短时间内获得丰富的学习、实践和文化交流经验,帮助发掘自己的兴趣爱好和潜力,并且为今后的学习和职业发展打基础。

（三）艺术、文化相关的教育协会

AAAE 成立于 1979 年，是一个致力于促进艺术管理教育和研究的非营利性组织。该协会的成员包括来自美国和全球其他国家的艺术管理教育者、学者、艺术行业从业者等，其总部设在美国的华盛顿特区。AAAE 在艺术管理教育和研究领域有着广泛的影响和声誉，其成员和活动对全球的艺术管理教育和研究起到了积极的推动作用。

ENCATC 是一个位于比利时布鲁塞尔的非营利性组织，成立于 1992 年，汇集了从事文化管理和政策教育与研究的高等教育机构和文化组织。ENCATC 旨在加强欧洲及其他地区的文化管理和政策教育与研究的质量，并通过教育、研究和创新促进文化部门的发展。该组织为其成员提供一系列活动和服务，包括学术会议、研讨会、研究项目、出版物和联网机会。

CAAAE 是一个致力于促进和推动加拿大艺术管理教育的非营利性组织，成立于 1996 年，汇集了来自加拿大各地艺术管理领域的教育者、管理者和从业者。该组织旨在通过课程开发、研究为其成员提供专业发展机会，进而促进艺术管理教育的卓越发展。CAAAE 还为会员提供了一个合作和分享艺术管理教育最佳实践的平台。

ANCER 由新加坡拉萨尔艺术学院发起，成立于 2011 年，发展目标为发展和繁荣艺术文化管理与文化政策领域的调查和研究。ANCER 的成立有效促进了新加坡文化教育领域的思想领导力发展。ANCER 作为一个以项目为基础的艺术与文化研究人员和从业人员的网络，为全球艺术和文化领域处于不同发展阶段的地区提供了学术和实践之间的重要联系。它通过 ANCER 实验室和一年两次的 ANCER 会议这两个核心项目来实现其在亚洲分享和传播艺术管理与文化政策发展知识的目标。

二、协会课程与 AAAE 课程标准

(一) 协会课程的重要意义

杜威(P. Dewey)认为,AAAE 和 ENCATC 这两个专业组织在艺术管理学科及教育发展中扮演了重要角色。成立于 1979 年的 AAAE 在艺术管理领域形成和发展过程中扮演了四个重要角色,分别是艺术及文化领域的定义者和捍卫者、教学及研究的服务者、教育的召集者、资源及平台的提供者。AAAE 前主席舍伯恩·劳克林(Sherburne Laughlin)采访了过去的历任主席,发现 20 世纪 70 年代有 18 家高校开设了艺术管理课程,协会成立的初衷是实现课程间的互相联系和互相支援,即"为了代表艺术行政高校的课程,将教育引入对视觉艺术、表演艺术、文学、媒体,以及文化与艺术服务组织的管理中"[①]。成立于 1992 年的 ENCATC 顺应了欧洲艺术管理教育跨国联盟的趋势,是继文化信息和研究欧洲联络中心(The Cultural Information and Research Centers Liaison in Europe,1987)后,为应对欧洲文化、艺术和媒体领域的大变革而成立的新机构。该机构不断扩大协会成员合作、促进资讯交流,为政府提供政策建议,进一步提高了欧洲文化管理培训水平。此外,CAAAE 为加拿大艺术与文化管理领域的教学活动提供服务,ANCER 作为亚太地区第一个艺术管理协会亦为亚洲地区艺术与文化管理、文化政策、文化教育提供了国际交流的平台,中国也成立了艺术行政教育协会。协会在专业与学科建设中发挥着定义专业的、政策的、

---

① P. Dewey, "Systemic Capacity Building in Cultural Administration", *International Journal of Arts Management*, Vol. 8, No. 1(September, 2005), pp. 8-20.

在公共领域具有话语权的"艺术管理",不断提高着艺术管理教育公共服务的影响力。

因此,国际性、区域性的协会课程也成为课程设置的重要指导,尤其是 AAAE、CAAAE、ENCATC、ANCER 等设置的文化和艺术管理课程指导,可以帮助协会成员更好地设计课程结构、评估课程科目。协会课程的重要性在于提供资源支持、提高教学质量、提高课程声誉、推进课程发展和建立联系合作。在提供资源支持方面,协会通过举办会议、发行出版物和分享网络资源等,帮助课程负责人与教师获取最新的艺术管理教育研究成果和实践。在建立联系和合作方面,协会为教育机构与教育者建立联系和合作提供了多样化的平台。在提高教学质量方面,通过加入协会,课程负责人和教师可以接触到更多的艺术管理教育者和研究人员,了解更多的最新研究成果和最佳实践,提高自己的教学质量。在提升课程声誉方面,加入协会可以提高课程的声誉和知名度,吸引更多的学生和教育者参与课程。在推动课程发展方面,协会成员包括来自各种文化和艺术领域、大学和研究机构的教育者和研究人员,他们可以为课程的发展提供更多的支持和建议,推动课程不断发展和改进。

(二) AAAE 课程标准

AAAE 作为非营利性学术组织,最重要的贡献莫过于整合文化艺术界学术资源,制定了一系列艺术管理本科生及研究生核心课程,引领了世界范围的艺术管理课程标准和规范。AAAE 认为艺术管理教育的宗旨在于培养艺术管理专业核心竞争力,帮助学生更好地了解艺术管理的主要工作,了解管理文化和艺术组织运营的社会环境。AAAE 于 2004 年首次公布本科生核心课程(简称 2004 标准),2005 年组建指导委员会制定本科教学评价标准,随后陆续公布了 2012 年本科生核心课程修订版(简称 2012 标准)、2014 年研究生核心课程(简称 2014 标准)和 2018 年本科生核心课程修订版(简称 2018 标准)。协会通过课程标准的设定,引导高校、研究机构等组织进行规范化人才培养,将学生培养成艺术和文化领域的领导者与管理者,帮助学生建立专业资质,习得有效地和策略性地管理艺术组织的专业能力。

(三) AAAE 核心课程体系

AAAE 将重点放在本科教育,根据本科教育目标提出了系列课程核心领域及能力要求。本科教育致力于将通识教育和艺术管理教育融为一体,帮助学生构建广博的学术背景和提供针对性的专业训练。"艺术管理专业的毕业生有权从他们的教育中获得特定的结果,而不管这个项目的具体重点是什么"[①],也就是说,艺术管理本科教育虽然注重学生的就业及发展,但更注重打好基础,为学生构建坚实的学科背景和学术理论基础。一般来说,人文学科和艺术本体课程是艺术管理课程的两大组成部分。人文学科的学习"是一个特别重要的载体,将为学生在面对未来更广泛的社会和生活实践时提供一个坚实的基础",艺术本体的学习要求管理者"具备对所在组织呈现的艺术形式本质和需求的理解"和"将艺术创作和艺术制作的知识应用于管理决策过程"。在研究生阶段,艺术管理教育的目的是将学生培养成艺术与文化领域的领导者和管理者,帮助学生建立专业资质,更有效、更策略性地管理文化和艺术组织,继而帮助学生在某些领域开展深入研习,获得财务管理、观众拓展、策略分析、策划设计、协调沟通、领导能力和沟

---

① 赵乐:《〈美国艺术管理本科课程标准〉述评》,《艺术教育》2021 年第 11 期,第 19—24 页。

通能力等核心管理能力,所以独特的专业视角和扎实的专业训练是关键,课程一般以管理学通识为基础,配合以艺术管理的专业训练。

AAAE 围绕创意过程的本质,艺术及艺术家如何在社会中发挥作用,艺术的经济、政治和社会环境,艺术组织运作的本地环境,国际环境中的艺术影响力,艺术的重要性和潜力,人口多元化和多文化主义的影响,艺术管理者的道德问题等领域,制定了艺术管理本科生核心课程。2004 标准包括艺术管理的原则、专业艺术管理、发展(筹资、赞助申请书)、市场营销和传媒、领导力与人力资源管理、艺术/文化政策和经济学、财务管理、法律和艺术、技术咨询管理、美学与文化理论、研究方法及应用 11 门核心课程。

2012 标准包括艺术管理原则与实践、社区参与、财务管理、机构领导力和管理、艺术的国际环境、艺术的法律和道德环境、市场营销和观众拓展、筹款、艺术政策、艺术生产与传播、研究方法、策略性规划、技术管理与训练 13 门核心课程。

2018 年标准根据艺术管理领域的变化和需求,设定了艺术管理原则与实践,数据素养,多样性、公平和包容,企业家精神,体验式学习,财务管理,艺术法律与道德环境,艺术市场营销,组织管理,艺术政策,艺术生产与传播,策略性规划 12 门核心课程(详见表 7-1)。

表 7-1 AAAE 艺术管理核心课程

2004 标准	2012 标准	2018 标准	2014 标准(研究生培养层次)
艺术管理的原则	艺术管理原则与实践	艺术管理原则与实践	
专业艺术管理	社区参与		社区参与
美学与文化理论			

(续表)

2004 标准	2012 标准	2018 标准	2014 标准（研究生培养层次）
财务管理	财务管理	财务管理	财务管理
发展(资助、赞助和申请书)			
领导力与人力资源管理	机构领导力和管理	组织管理	机构领导力和管理
	艺术的国际环境		艺术的国际环境
法律和艺术	艺术的法律和道德环境	艺术的法律和道德环境	艺术的法律和道德环境
市场营销和传媒	市场营销和观众拓展	艺术市场营销	市场营销和观众拓展
	筹款		筹款
艺术/文化政策和经济学	艺术政策	艺术政策	艺术政策
	艺术生产与传播	艺术生产与传播	艺术生产和传播
研究方法及应用	研究方法		研究方法论
	策略性规划	策略性规划	策略性规划
技术咨询管理	技术管理与培训	数据素养	技术管理与培训
		多样性、公平和包容	
		企业家精神	
		体验式学习	

到了研究生培养层次，AAAE制定的2014标准指出，社区参与、财务管理、机构领导力和管理、艺术的国际环境、艺术的法律和道德环境、市场营销和观众拓展、筹款、艺术政策、艺术生产与传播、研究方法、策略性规划、技术管理与训练12门课程为核心课程。

（四）AAAE 核心课程演变规律

AAAE 核心课程具有专业性、动态性和开放性的特点，2004 年到 2018 年共推出了四套标准课程，科学界定了艺术管理的学科属性和专业能力。协会以核心课程为理论框架，融合多学科知识群，以保证教学内容和教学效果。在对专业涉及的具体知识和技能进行表述和限定的同时，也标明了衡量教育质量的尺度。从不同版本的课程增减情况可以看出，艺术管理教育一直保持动态性和开放性，根据社会环境变化及时做出相应调整，鼓励各高校在课程框架基础上体现自身的办学优势和特色。具体到演变规律，我们发现，艺术管理本体课程十分明确，主要针对艺术组织管理展开教育，课程从"艺术"转向"管理"和"商业"的趋势十分明显；新技术带来了课程内容的系列变化；艺术国际化和社区课程的本质是文化"多样性、公平和包容"。

艺术管理本体课程存在于不同课程标准中，主要包括七门细分课程。"艺术管理原则与实践"教导艺术管理者在艺术环境中运用管理原则，尤其是当艺术价值大于市场潜在增长价值时，艺术管理的课程必须与具体艺术领域/门类的管理原则相对应。"财务管理"帮助习得创建健全的管理体系和明晰的战略规划，管理人员需要具备特定领域的金融专业知识，以与不同利益相关者进行沟通和交流。"艺术法律和道德环境"涉及资产和知识产权的保护、监管、纳税、人力资源、艺术的自由与责任、艺术的公平性、伦理、社区艺术标准等领域的问题。"艺术市场营销"帮助管理者在当下和未来与利益相关者、受众之间建立可靠的信任关系，从而创造利润、传递组织使命和价值。"艺术政策"帮助管理者通过政府政策和非政府政策了解文化和艺术组织、艺术家、企业所处的金融环境、生活环境和社会环境，从而预测文化艺术项目或活动的激励或限制。"艺术生产与传播"关乎创造性产品的生产和分配，是帮助艺术家、观众和组织理解某种艺术形式的关键，更是鼓励艺术表达和艺术体验的核心环节。"策略性规划"关系到组织使命的制定和各类资源的整合，是帮助管理者围绕组织使命和愿景有计划、周密地整合资源的课程。

新技术带来了课程内容的系列变化。科技进步会直接影响艺术的创作理念、表现形式和传播手段，进而推动产生新的艺术形态，带来新的创作实践和审美欣赏，新技术由内而外地影响着艺术的文化结构和表现形态。所以 AAAE 在课程学习中，增加了诸如"数据素养""企业家精神""多样性、公平和包容""体验式学习"等科目（2018 标准），并有针对性地对原有的"艺术市场营销""艺术生产与传播"等科目教学内容和教学效果进行了调整。"数据素养"科目面向艺术管理人员使用数据为决策提供信息的需求，强调艺术管理者"是接受过正规教育的数据使用者，并能将数据作为决策的重要依据"。"体验式学习"科目面向日益变化的工作环境，组合课堂设计和案例研究、学术服务式学习、社区志愿服务、政产学研合作及实习、技术应用等教学方式，以培养学生的专业实践技能。

国际化和社区参与课程的本质是文化多样性、公平和包容。"艺术的国际环境"课程主研全球化的文化环境，包括考察文化市场全球化、文化外交的兴起、国际文化管理的经验借鉴、政府在文化发展中的角色、移民带来的文化问题等，将艺术概念扩展到文化大概念中，理解国际化与艺术间的双向关系、文化交流和管理的国际差异等，以便更好地运用国际资讯，参与国际网络交流和实践。社区在新兴文化政策中具有独特地位，新兴文化政策的关键议题是社区在文化和艺术中的角色，因此课程中加入社区参与地方教育、社区营建、城市发展、观众可及性、社会资源累积等内容，发展出一种新型的文化管理课程，带动更大范围的文化治理研究，帮助各层次的决策者和管理者，深入文化形成、生产、销售、保护、管理和消费等各个生产环节。如2018标准中"多样性、公平和包容"科目进一步点明了"艺术的国际环境"和"社区参与"科目的本质,艺术管理者需要了解多样化的文化背景,打造更为公平的文化和艺术环境,以便打破美国长期存在的制度性种族主义,营造更具包容性的文化生态。

三、文化产业管理本科课程的开设与分布

(一)数据来源

本书在谈论文化产业管理课程时,打破以往只谈中国文化产业起源及发展的局限性,从更开阔的国际视角梳理文化产业管理学科在西方环境发展的整体脉络。从自主自发的"艺术推广"商业活动,到"艺术管理"专业及学科领域的出现,再到形成"文化管理"新学科体系,"文化产业管理"不是一个可以清晰界定概念的名词,而是指向一个不断扩张的专业范畴,文化产业管理有许多不同的名称和持续发展的概念范畴。所以在搜集数据时,本书紧紧结合国际环境中文化产业管理课程的多样性设定,将文化产业管理专业看作为管理者提供创建、发展、促进和评估文化与艺术计划及组织的工具,所以艺术管理、创意产业、艺术领导力、文化管理、文化政策、娱乐、创业等都是数据检索的关键词。鉴于国内外文化产业管理专业在设定上的区别,在搜索英国、美国、澳大利亚等国家及其高校课程设置情况时,借鉴《世界文化管理与教育》一书中专业协会学校(课程)目录检索和"学校+关键词"两种搜索方法进行国际文化产业管理课程的不完全统计。

其一,专业协会及官方网站。文化与艺术协会会对成员学校的教

育进行指导和评估,因此,在较为知名的 AAAE、ENCATC、CAAAE、ANCER 官网和艺术管理网(www.artsmanagement.net)上可以获取部分文化产业管理本科课程的名称及相关数据。本书以 AAAE 提供的 124 家美国会员高校信息[1]、ENCATC 提供的 157 家欧洲会员高校信息[2]、ANCER 提供的 13 家亚洲会员高校信息[3]为基础高校信息,并重点参考联合国教科文组织 2003 年委托 ENCATC 编制的《文化政策与管理培训》(*Training in Cultural Policy and Management*)中提供的 299 个欧洲文化管理课程。

其二,学校+关键词。"地毯式"搜索各个高校开设文化产业管理本科课程的情况。第一种方法为逐一检索北美洲、欧洲、亚洲、大洋洲地区排名前 50 的高校是否开设文化产业管理本科课程,先根据 US NEWS 和 THE TIMES 的学校排名,选定检索学校名单,随后在相关院校官网中逐一搜索开设的本科课程(Programme)。第二种方法为在谷歌(Google)搜索查询,利用学校名称+艺术管理(Arts Management)、艺术行政(Arts Administration)、文化管理(Cultural Management)、创意产业(Creative Industry)、策展(Curating)、剧院管理(Theater Management)、文化政策(Cultural Policy)、文化遗产(Cultural Heritage)、文化创业(Cultural Entrepreneurship)、文化领航(Cultural Leadership)[4]等,在线上进行调查和

---

[1] AAAE, "Graduate Programs", June 20th, 2024, https://artsadministration.org/programs/page/2/?program-filter-degrees&program-filter-state&deg=grad&opt=all&cnt=all.

[2] ENCATC, "Find a Member", June 20th, 2024, https://www.encatc.org/en/members/find-a-member/?__hp=&your_nickname=&type=any&name=&city=&country=any.

[3] ANCER, "Members", June 20th, 2024, https://www.ancernetwork.org/mainap/members/.

[4] 排除纯艺术类的课程,如创意艺术(Creative Arts)、精致艺术(Fine Arts)、数字艺术(Digital Arts)、游戏艺术(Game Arts)、舞蹈(Dance)、影视(Film/Video)、音乐(Music)、戏剧(Theater)、铅笔素描画(Drawing)、水彩油画(Painting)、珠宝(Jewellery)、雕塑(Sculpture)等。

数据采集。

最终本书收录了337门文化产业管理本科课程,包括但不限于文化创意产业、文化管理、艺术管理、艺术行政、文化遗产管理、创意艺术与文化、文化政策、创新与创作、文化活动管理、舞台管理、表演艺术管理、创意企业商学、艺术创业等相关课程,下文各国课程数据均来源于此,故不再一一标注。

(二) 总体分布情况

据统计,国外不同国家及地区共开设文化产业管理本科课程337门,涉及299所大学、33个国家和235个城市,课程类型丰富,授课形式多样,发放文学学士(包括艺术学学士、文学学士、音乐学学士、管理学学士等)、理学学士、荣誉学士、副学士、副修课程、拓展专业和一般结业证书等多种形式的文凭。

从洲际分布来看(详见图7-1),文化产业管理本科课程在亚洲、欧洲、北美洲和大洋洲均有开设,其中,北美洲开设数量最多(186门),其后依次为欧洲(122门)、亚洲(20门)、大洋洲(9门)。从国家分布来看(详见图7-2),文化产业管理本科课程开设数量以美国占绝对领先地位,为168门,占北美洲的90.3%、世界范围的49.9%。同时,美国课程辐射范围非常广,涉及美国127个城市。英国的课程开设数量排名第二,为46门。作为创意之都,英国伦敦是世界范围内开设文化产业管理本科课程数量最多的城市,有11所大学开设了包括艺术管理、文化及创意产业、艺术与节庆管理、音乐商业和艺术管理、艺术与媒体管理等课程。此外,加拿大(28门)、韩国(11门)和德国(11门)开设课程数量均在10门以上,其余国家开设数量较少,仅为个位数。

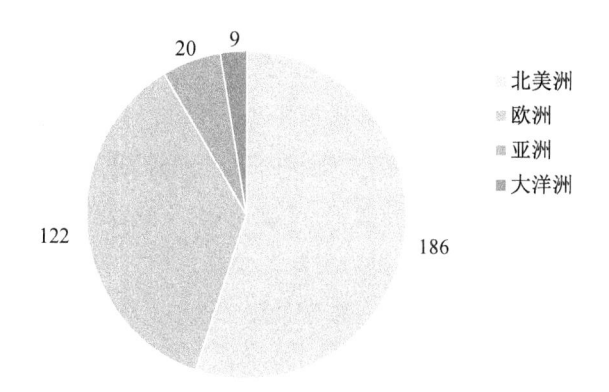

第七章 基于专业竞争力模型的国际课程分析

北美洲 186
欧洲 122
亚洲 20
大洋洲 9

图 7-1 文化产业管理本科课程洲际分布
资料来源：本书作者搜集整理绘制而成。

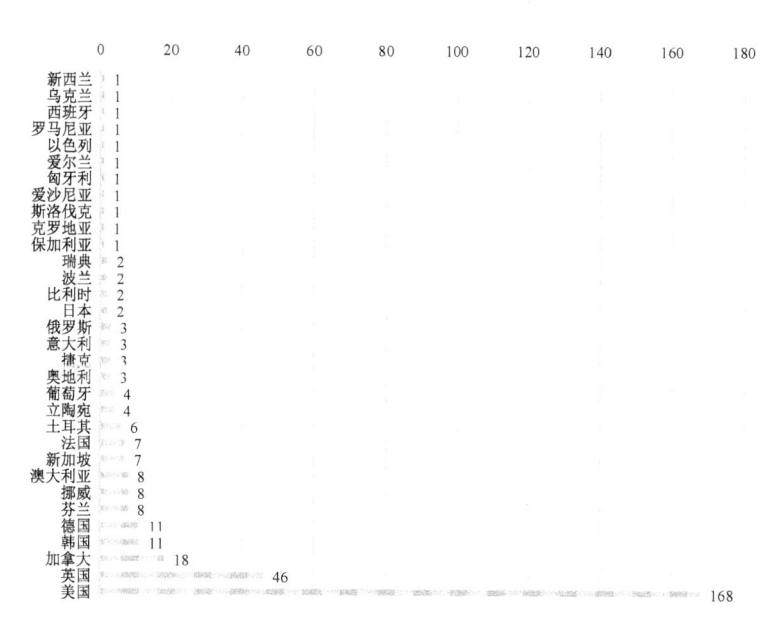

新西兰 1
乌克兰 1
西班牙 1
罗马尼亚 1
以色列 1
爱尔兰 1
匈牙利 1
爱沙尼亚 1
斯洛伐克 1
克罗地亚 1
保加利亚 1
瑞典 2
波兰 2
比利时 2
日本 2
俄罗斯 3
意大利 3
捷克 3
奥地利 3
葡萄牙 4
立陶宛 4
土耳其 6
法国 7
新加坡 7
澳大利亚 8
挪威 8
芬兰 8
德国 11
韩国 11
加拿大 18
英国 46
美国 168

图 7-2 文化产业管理本科课程国家分布
资料来源：本书作者搜集整理绘制而成。

从开设课程的类别来看(详见图7-3),各国对于文化产业管理本科课程的划定并未形成统一的模式。美国、英国、德国等发达国家和地区在设置课程时展现出更加微观和具体的特性,尤其具有显著的产业导向性和职业区分性。例如,文化及创意产业相关的课程数量为100个,具体涉及文化管理、文化政策、文化企业、文化遗产等多个职业方向。再如,艺术相关专业课程为237个,具体包括艺术管理、艺术设计、艺术行政等职业方向。还有一部分课程聚焦于文化产业的具体行业,如会展行业、影视行业、奢侈品行业、文博行业、传媒行业等。

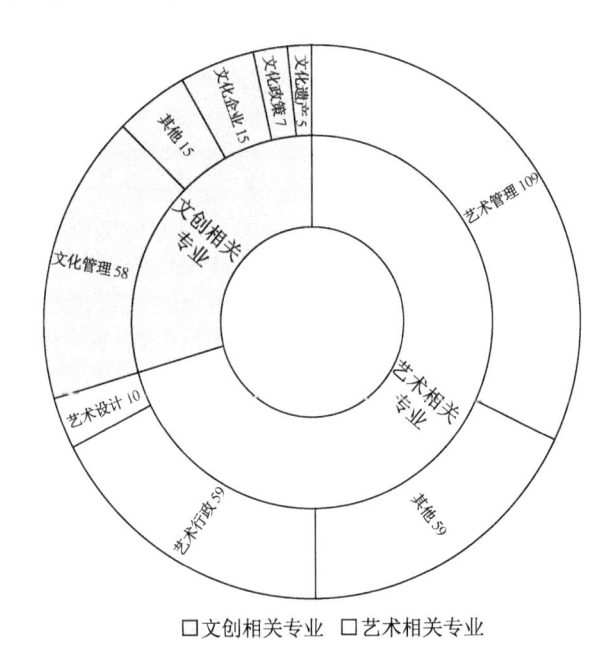

图7-3 按学科性质划分的课程分布情况
资料来源:本书作者搜集整理绘制而成。

从授予文凭的形式来看(详见图7-4),文化产业管理本科课程毕业生被授予文凭的形式多种多样,既有面向普通学生的学士学位,也有适应专业人士需求的文凭课程、证书课程、暑假课程等。其中,约66%的学校授予学士学位,且文学学士占授予的学士学位的87.4%,此外还有理学学士、文学或理学学士和面向专业学科的副学士。在非学位课程中,证书课程和副修课程所占比例较大,文凭课程和暑期学校所占比例较小,只有里耶卡大学、柏林艺术大学、桑德雷托·瑞宝迪哥基金会、威尼斯策展研究学院、爱丁堡大学、罗斯布鲁福学院6所机构开设了与文化产业管理相关的暑期课程。

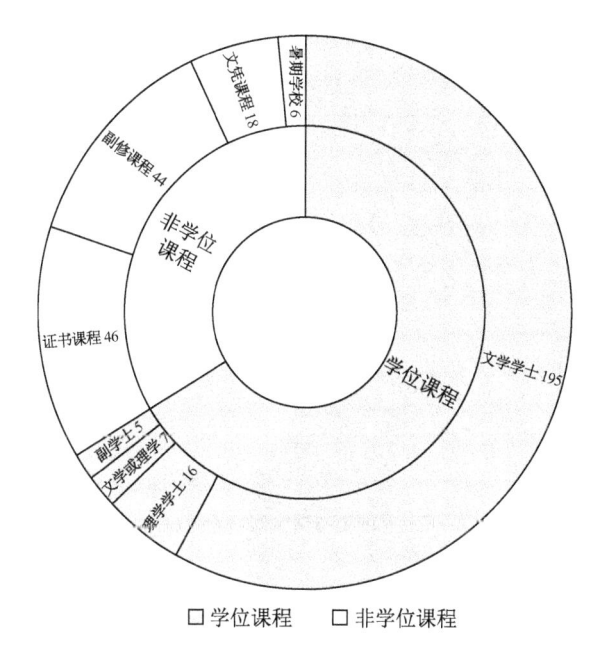

图7-4 按授予文凭划分的课程分布
资料来源:本书作者搜集整理绘制而成。

从所属协会来看(详见图7-5),共有92门文化产业管理课程加入相关协会,其中,加入美国艺术管理教育协会课程数量最多。统计得出:首先,有59门AAAE课程,约占所有加入协会课程的64.1%,包括香港教育大学创意艺术与文化及视觉艺术教育课程、乌特勒支艺术学院艺术与媒体管理课程、南加州大学艺术领航课程、西英格兰大学艺术与娱乐管理课程、俄勒冈大学艺术与技术课程等;其次,有25门ENCATC课程,约占所有加入协会课程的27.1%,包括哥伦比亚芝加哥学院国际艺术管理课程、鹿特丹伊拉斯姆斯大学艺术与文化研究课程、雅娜切克音乐表演艺术学院剧院管理课程、伊斯坦布尔比尔吉大学表演艺术管理课程、赫尔辛基主教辖区应用科技大学文化管理课程等;再次,有7门CAAAE课程,约占所有加入协会课程的7.6%,包括麦科文大学艺术与文化管理课程、卡普兰诺大学艺术与娱乐管理课程、温尼伯大学艺术与文化管理课程、渥太华大学艺术行政课程、多伦多大学(士嘉宝校区)艺术管理课程、温莎大学艺术管理课程、协和大学内布拉斯加分校艺术行政课程;最后,只有1门ANCER课程,为新加坡拉萨尔艺术学院开设的艺术管理文凭课程。

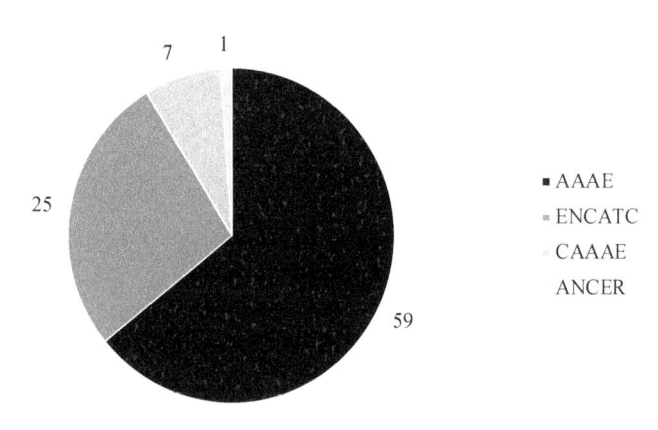

图7-5 文化产业管理本科课程所属协会分布

资料来源:本书作者搜集整理绘制而成。

从课程主题词频分布来看(详见图7-6),本书对当前337门文化产业管理本科课程描述进行系统统计后,展开词频分析,过滤无关词和"课程""专业"等重复主体词后,形成了直观性较强的词云图。词云图作为一种可视化工具,可以较为方便地展示课程描述中出现频率较高的词汇,按照词汇出现频率和重要性进行排列,发现艺术与文化是文化产业管理课程的关键主题,在课程设计中重视商业运作,强调技能培养,注重跨学科的培养,尤其是课程的领域拓展。具体来讲,艺术与文化是课程的关键主题,"艺术"出现了 597 次,"文化"出现了 318 次,排在所有词频的前两位,显示出文化产业管理课程建设紧紧围绕艺术和文化展开的特点,也显示出其目标是为文化产业和艺术行业提供专门的人才。商业运作是课程的重要导向,除了艺术和文化等课程核心内容外,"商业"一词出现的频率亦很高,共出现 156 次。文化产业的商业模式和商业运作更突出管理特性,是设计课程时必须考虑的因素,尤其强调商业与传统文化元素相结合的课程组合。技能培养是人才培养的重中之重,"技能"一词共出现 132 次,包括掌握与知识配套的技能、管理的技能、商业运作的技能、国际交流的技能、文化传播的技能等等,以应对工作实践中的挑战。领域拓展是课程改革的显著趋势,文化产

图 7-6 文化产业管理本科课程词云图

资料来源:本书作者搜集整理绘制而成。

业管理专业的发展离不开传统的历史学科、管理学科、经济学科等人文社会学科所提供的知识体系,更离不开大数据类、人工智能类、云计算类新兴学科带来的内容交叉和边界拓展。

从毕业生就业去向来看(详见图7-7),共160所高校公布了课程毕业生适合的行业和岗位。通过对词频的统计和分析发现,文化和艺术领域是毕业生就业的主要领域,在选择就业单位时,文化机构和公司更受毕业生青睐,博物馆、展览馆、画廊、档案馆、艺术委员会等非营利性组织和歌剧院、教育机构、交响乐团、舞蹈公司、电视台、电影公司等营利性组织是高校输送人才的主要集中地,因课程管理的特性,毕业生倾向就职于管理类岗位。具体来讲,艺术和文化领域是毕业生就业的主要关注点,"艺术"和"文化"在毕业去向描述中分别出现214次和77次,实现了一定程度的集中,表明毕业生多从事与文化、艺术相关的职业,与课程设计的期望目标相符。文化机构和公司为毕业生主要的工作地点,"机构""公司"两词分别出现了74次和72次,说明毕业生在就业方面比较倾向于在文化机构或文化公司工作,具体包括文化创意

图 7-7 毕业生去向词云图

资料来源:本书作者搜集整理绘制而成。

公司、广告公司、传媒公司、设计公司等,这些公司通常以营利为目的,提供文化产品或服务。前往博物馆、画廊、展览馆等工作也是学生毕业后的主要选择,"博物馆""画廊""剧院"等词频数均大于40次,这些机构通常由政府或非营利性组织运营,提供展览、研究、学术交流、教育等服务,表明毕业生更倾向于从事文化传承、文化交流、学术研究等方面的工作。管理类岗位是毕业生的首选职位,"经理"一词出现了47次,"主管"和"总监"均出现11次,文化产业管理课程毕业的学生多数会从事管理类的岗位,如博物馆经理、画廊经理、文化公司经理、组织文化领航人等。

第二节 亚太地区"文化表达型"课程实践

亚太地区课程以日本、韩国、新加坡、澳大利亚为代表性研究对象,本节将从授课内容、教育思路、课程结构、教育模式、学习内容、配套设施、人才类型、教育类型、本土文化、教师培育、产教融合、学科体系、职业技能等角度统计课程开设基本情况,分析课程设置的竞争力。

一、日本

(一) 基本情况

从地理位置上看,日本文化产业呈现出以东京为核心,以大阪、京都、横滨、名古屋为代表的带状分布特征,开设文化产业管理相关专业的高校也大量分布在这些城市周围。日本在文化产业管理人才培养上构筑起了产官研学一体化的培养平台，集合了政府、高校和企业、研究机构的资源优势，共同打造实践型、复合型管理人才。据统计，目前日本有女子美术大学开设的"艺术管理"和昭和音乐大学开设的"音乐与艺术管理"两门本科课程。为进一步补充说明日本文化产业管理教育的特色，本书将研究生阶段的课程也列入，以期获得较为全面的了解。值得一提的是，昭和音乐大学的"音乐与艺术管理"创建于 1994 年，是日本第一个艺术管理学位课程，也是第一个获得 AAAE 认证的课程项目。

日本文化产业管理专业大多授予文学学士/文学硕士/文学博士学位，并立足文化产业管理专业，积极开展与其他专业的跨学科合作，帮助学生掌握美术、音乐、传统文化、环境文化、视觉艺术、影像等不同的文化类别，增强学生对日本文化及全球文化的了解和认知，学习如何管理文化组织和公共艺术组织，如何产出具有高创造性、文化性、艺术性的文化产品。在教育过程中，文化始终作为核心，与文化相关的所有领域、所有环节都会有所涉及，尤其注重在实践中进一步提升学生的知识和技能水平。再者，课程积极打造国际影响力，昭和音乐大学的"音乐与艺术管理"和静冈文化艺术大学的"区域文化政策与管理"均为 AAAE 课程，在课程内容和教学方式方面更符合国际协会的要求。

（二）课程设置竞争力分析

教育模式方面，积极采用分段教育模式。日本在本科层次的文化管理人才培养上普遍采用四年制教学年限：前两年为基础知识教育阶段，学生不区分研究方向，主要旨在培养学术素养的必修研讨会和外语课程；在掌握了基本知识和技能后，后两年将转入专业知识教育阶段，学生开始对特定主题进行研究、阅读和讨论,并在导师的指导下参加高级研讨会,通过彼此协作和交流,最后采用创造性方法研究某一主题并完成学士学位论文。

学习内容方面,主动适应社会实际需求。日本文化产业发展所需人才集中在基础文化设施、文化产品创造和基础艺术活动上①,因此,日本在建设文化产业管理学科时更强调人才的综合素质,反映在课程设置上,日本高校要求学生接受至少为期两年的基础知识教育,此阶段课程体系包括经济学、文化史、人类学、艺术理论、设计学等学科领域的基础科目,还包括英语、法语等语言类课程,目标在于培养具有综合视野的从业者。完成第一阶段学习后,学生将会选择特定领域进行深入研究,这些领域一般与当代社会问题和文化产业发展的重点方向有关,在教师负责制下,学生将会学习更多专业知识,例如产品设计、设计技术、文化经营、文化环境等。

配套设施方面,创立人文科研实验室。日本在培养文化产业管理人才时表现出明显的产学研官一体化特色,具体而言就是专业内设立各类校企合作的实验室作为学生科研和学习的重要场所。例如,北海道大学为研究文化多样性这一领域的学生提供了文化人类学实验室、艺术实验室和博物馆实验室,学生可以借助实验室资源参加学术讲座、展览和田野调查等活动。九州大学艺术与工程学院也配套了数字车间、视频实验室、图像实验楼等供相关专业学生开展视觉图像设计、区域文化研究等课题。

---

① 邢志颖:《日本艺术管理教育发展现状及启示》,《浙江艺术职业学院学报》2021年第1期,第87—97页。

二、韩国

（一）基本情况

韩国文化产业的兴起与发展是在政府主导下进行的，政府成立了专门负责旅游、文化、艺术和体育等领域的中央政府机构——文化体育观光部，在技术、资金、人才、教育等维度上提供全方位的支援，确立了文化立国的发展战略。韩国的文化产业发展呈现出很强的集群性，产业集聚地靠近高等教育机构、科研机构，学者、科研人员和艺术家在高校与企业之间自由流动，为产业园区增加了大量知识资本。韩国的文化产业人才培养政策发端于20世纪90年代后期，2004年推出首个综合研究文化产业人才培养的政策性文件《主导世界文化产业五大强国的文化内容人力培养综合计划》，2008年推出《文化内容人力培养中长期综合政策方案》，2013年更是将文化人才培养对象扩大至全体国民范围。韩国按照产业链将文化产业人才划分为企划、创作、开发、制作、流动、维护六种类型，涉及基础教育、高等教育、在职教育和终身教育四个阶段。

韩国共开设了11门文化产业管理本科课程，9门授予文学学士，如国立韩国传统文化大学"文化资产管理"、汉阳大学"文化产业学"、首尔数码大学"文化与艺术管理"等课程；1门授予理学学士，延世大学"咨询互助设计"授予理学学士；1门为副学士课程，首尔艺术大学"艺术管理"为副学士课程。课程注重帮助学生了解韩国的文化遗产、历史、艺术史、民俗、文学及思想，学习文化产业企划、创作、情报，以及新型产品、服务、环境设计等，将韩国传统文化和当代数字科技紧密结合，依托韩国多样化的文化组织，进行现场教学实践和培训。课程设计整体更偏重商务和技术的学习及应用,培养可在国际范围流通的实用型人才是其重要目标。

(二) 课程设置竞争力分析

韩国高校普遍注重培养与媒体艺术、娱乐产业有关的开发、管理人才,这主要是因为"韩流"文化在世界范围内成功传播,由此带来了新媒体内容创作人才的紧缺。此类课程旨在培养面向未来、面向全球的人才,因此格外注重人才的实践和创新能力,这些能力的形成高度依赖于学校为学生提供的技能训练和项目合作、课外活动等。

文化技术是人才培养的核心。1995 年韩国科学院的元光渊教授首次提出要在韩国发展文化技术产业,即"CT"(Culture Technology),目的在于培养兼具人文关怀和科学技术的复合型人才,此后韩国高校、科研机构普遍达成了发展数字文化产业的共识。受到该趋势的影响,韩国高校在开设文化产业管理相关专业时,注重培养学生进行数字文化产品、服务开发和创造的能力,如开设编程概论、接口编程、互动媒体编程和 3D 动画等实操课程。在某些以数字内容创造为主体的专业内,此类科技与制作应用的课程模块甚至占到了整个课程体系的 40%以上[1],大量技术类课程的加入突破了以往文化产业管理专业"纸上谈兵"的教学传统,提高了学生在实践中创新的能力。

本土文化是人才培养的重要内容。韩国对本土文化内涵和精神价值极为看重,擅长借助电影、电视、娱乐、音乐、游戏、短视频等文化产业输出文化内容并创造经济价值。韩国高校在培养文化产业管理人才时注重加强学生对本土文化的认同,普遍开设韩国历史、韩国文化史以及韩国文化内容分析等课程,在此基础上再去培养学生讲故事和制作故

---

[1] 朴京花:《生命周期理论视阈下韩国文化产业人才培养体系研究》,《中国文化产业评论》2020 年第 2 期,第 403—415 页。

事的能力,凸显了挖掘文化内涵在发展文化产业中的重要性。由此培养出的文化产业从业人员都极具民族自豪感,创作出的文化产品都极具民族特色,如"韩剧"拓宽了电视剧的新种类,"韩综"开创了亚洲综艺的新模式,"Kpop"①打造出了亚洲音乐的新风格,等等。

非学历教育是人才培养的重要补充。与学历教育相辅的是,韩国最大的非学历教育机构韩国内容振兴院亦开设了多样化的人才培育课程(详见表7-2),包括产学联合办学(高中)、创意体验学校(初中)、青少年内容作品展、技术融合型创业支援、游戏素养培训、文化体验技术创造课、职务能力强化课、海外战略地区研修课、国内外专业讲座研讨课等。培育课程按照培养对象的阶段性划分,分别设置了培养青少年的潜在人力资源的形成期、培养大学生及文化产业预备人力资源的成长期、培养文化产业在职人力资源的成熟期三类不同的课程。针对大学生的培训处于项目的中间阶段,有承上启下的重要作用,是文化产业知识和技能迅速扩充与完善的阶段。

表 7-2 韩国内容振兴院的培训项目

阶段	培训项目	备注
形成期	产学研联合办学(高中)	文化产业概念的产生、形成阶段,旨在培养青少年的潜在人力
	创意体验学校(初中)	
	青少年内容作品展	
成长期	硕士留学生学费支援	文化产业知识技能迅速积聚时期,旨在培训大学生及准备进入文化产业领域的预备人力
	大学创意专业支援	
	技术融合型创业支援	
	文化体验技术创造课	

---

① Kpop 指源自韩国的流行音乐,是韩语、电子音乐、Dance-Pop、Hip Hop 的结合。

(续表)

阶段	培训项目	备注
成熟期	职务能力强化课程	专业知识体系和实践能力趋于完善和规范的时期,该阶段的培训对象为文化产业在职人员
	海外战略地区研修	
	国内外专家讲座研讨	

三、新加坡

(一) 基本情况

新加坡作为一个多元文化交融的地区,在早期曾因"多而不专,杂而不特"的文化特点被称为"文化炎荒"。随着政府推广实施"艺术的全球城市""全球艺术之都""文化艺术全球城市"的国家战略,新加坡开始推动文化创意产业的全面发展。经过近四十年的努力,目前新加坡构建起了覆盖整个市区的文化体验网络,在设计、旅游、文化艺术和媒体等领域都有亮眼表现。在推出的系列政策文件中,《文化复兴城市 2.0》(Renaissance City 2.0)强调培养创意人才与观众,《设计新加坡》(Design Singapore)强调设计促进创新与经济,《媒体 21》(Media Art 21)强调新加坡作为国际化的媒体中心,《创意产业发展战略》(Creative Industries Development Strategy)强调发展综合性的创意产业,《文艺复兴城市 3.0》(Renaissance City 3.0)强调卓越的文化内容、动态的文化生态和参与性的社区。新加坡政府在推动文化发展过程中主打"让艺术回归大众",普及新加坡的文化和艺术,把艺术带入民间,让全民参与艺术。政府通过组织艺术协会团体来增强全社会的艺术气氛,通过艺术和文化建设培育新加坡的就业活力和生活魅力,重新塑造整个国家的文化产业,在特色内容、动态生态系统和社区参与三个关键领域,促进城市、文化、产业的融合发展。

据统计,新加坡共开设7门文化产业管理本科课程,其中5门为文凭课程,分别为新加坡拉萨尔艺术学院的"艺术管理"和"技术与生产管理"课程,南洋艺术学院的"艺术管理"和"创意产业管理"课程,义安理工学院的"艺术商业管理"课程;1门文学学士课程,为南洋理工大学的"艺术、设计与媒体";1门证书课程,为亚洲管理研究所的"艺术管理"课程。新加坡拉萨尔艺术学院的"艺术管理"课程为ANCER和AAAE课程,"技术与生产管理"课程为AAAE课程,属于开设时间较长、教学经验丰富和教育成果显著的精品课程。总体上,授课内容侧重于培养学生参与艺术管理实践的多方面能力,如研究历史与当代情境,明晰艺术管理原则,强化沟通与协调技能,掌握后台管理技能,开发文化商业管理技能,熟悉操作市场策划和营销,学习管理文化或艺术企业,等等。

(二) 课程设置竞争力分析

基于问题而非专业的课程结构。新加坡部分学校未细分专业研究方向,学生可在两年的时间完成共同课程,之后根据自己的兴趣和能力从合作培养的院系提供的课程中选择感兴趣的部分来构建专属课程体系,如义安理工学院的"艺术商业管理"课程,由人文社科学院和商业会计学院联合举办,学生可在两个学院的课程内进行选择与搭配。又如新加坡国立大学人文与科学学院的硕士课程设置,学生在艺术与社会科学学院和理学院提供的人工智能、社区参与、数字素养、设计思维、人文科学、亚洲研究、游戏产业研究、体育产业研究等课程中进行组合,以便学生摆脱课程"孤岛",探索不同科目间的联系和区别,从而在追求特定学科深度的过程中获得深厚的专业知识,服务于学生想要解决的学术问题和实际问题。而在提升学生国际化视野与创新方面,新加坡与伦敦大学、东京艺术大学、皇家墨尔本理工大学等院校合作,联合设立了艺术、设计和媒体课程以及媒体实验室,以拓宽学生的选择范围。

文凭课程职业导向性更强。新加坡文化产业管理本科课程多为文凭课程,聚焦于职业技能和实用型知识的传授,为学生提供了前往本地或海外组织学习和实践的各种机会,重视培养学生的自主学习能力和解决问题能力。以拉萨尔艺术学院[①]为例,该学院为全球学生提供了包括美术、艺术传播、室内设计、产品设计、电影、动画、时装、舞蹈、艺术管理、艺术治疗、创意写作等文凭课程,将当代实践和研究作为教学重点,强调创意的产生和创造性学科的新诠释,鼓励学生成为具有独特思想和反思能力的实践者。再如南洋艺术学院"创意产业管理"文凭课程,直接聚焦于培养学生文化和艺术项目的管理能力,邀请经验丰富的行业老师讲述项目管理中的商业知识、策略规划、市场营销、人员调配等内容,从而帮助学生更好地撰写商业计划书、评估文化组织管理议题、设定战略发展规划、策划文化营销活动等。

教师培育是重中之重。新加坡推崇"培育—发掘—强化"的文化艺术人才发展体系,根据不同的发展阶段为文化艺术人才提供不同的帮助与激励。在人才培育过程中,不仅仅将相关院校的学生作为培育对象,更把教师的培养作为人才培养的重中之重。新加坡国家艺术委员会(National Arts Council)与国立教育学院(National Institute of Education)联合推出了"教师的再培训计划",以提高教师对新知识的获取,普及教学新技巧,加强教师对新时代的理解。"教师的再培训计划"指出,文化和艺术类教师应拥有至少1年的行业/学校经验或在文

---

① 新加坡拉萨尔艺术学院是一家私立非营利性艺术院校,由慈善总监批准注册的公益机构,并且根据拉萨尔艺术学院的章程自主经营。

化、艺术行业拥有为期 4 年的从业经验，教师的艺术成就可以视作艺术文凭，要求拥有艺术机构的认证，完成与艺术形式相关的任何独立课程，拥有学校/行业教学经验，在过去 4 年内至少参与 2 次正式或非正式的艺术表演/展览，等等。

四、澳大利亚

（一）基本情况

澳大利亚联邦政府于 20 世纪 70 年代确立了以发展文化和树立共同文化理念及全新国家形象为主的国家文化政策，大力扶持艺术、电影、文化遗产、休闲娱乐、体育等文化形式。1994 年，澳大利亚政府提出"创意国家"的发展战略，促使政策重点由文化转向创意创新，鼓励各行各业用文化创造财富。之后陆续出台的《澳大利亚数字内容产业行动纲领》(The Digital Content Industry Action Agenda)、《国家创新系统回顾》、《推动创意：21 世纪创新发展日程》(Powering Ideas：Innovation Agenda 21st Century) 等规划和战略又进一步推动了澳大利亚文化的创意创新革命。2023 年 2 月 9 日，澳大利亚政府颁布了名为《复兴：每个故事都有一席之地，每个地方都有故事》(Revive：A Place for Every Story, A Story for Every Place) 的未来五年国家文化政策。政策围绕"原住民优先""每个故事都有一席之地""艺术家的中心地位""强大的文化基础设施""与观众交流互动"五个核心议题展开，将澳大利亚本土文化和故事、艺术家群体、硬件支持、国际化传播作为工作重点，强调承认并尊重原住民故事在澳大利亚文化艺术中的关键中心地位，反映本土故事的广泛性和所有澳大利亚人作为文化创造者的贡献，支持作为工作者的艺术家并且赞美作为创造者的艺术家,为维持文化、艺术和遗产的机构提供全方位支持,确保本土的故事在国内外的广泛传播。

就文化产业管理人才培养特色而言,澳大利亚借鉴了英美国家的成功经验,如普遍强调学生的实践、创新精神,培养学生的市场运作和产品营销能力等,还推出了享誉世界的"昆士兰模式",即"教育—科研—企业—咨询"交叉联动的文化产业创意人才培养模式。2001年,昆士兰科技大学创意产业学院的建立,标志着创意产业学科在澳大利亚高等教育体系当中的地位正式确立。昆士兰大学作为亚太地区影响力最大的艺术、传媒和设计类学院之一,创新性地打破学科壁垒,将表演艺术专业、传媒及电脑专业、互动媒体专业三个专业联合起来,培养全面的艺术工作者和创意产业工作者,利用位于创意产业集聚区内这一得天独厚的优势,为学生提供一线的产业实践和前沿的学习案例,帮助学生在亲身参与项目运营和产业管理的过程中积累专业知识、发展职业技能。

澳大利亚开设了8门文化产业管理本科课程,从授予学位来看,共有5门文学学士课程,如昆士兰科技大学"创意产业"、麦考瑞大学"艺术产业与管理"、澳大利亚音乐学院"娱乐管理"等课程;2门证书课程,即迪肯大学"艺术及文化管理"与悉尼大学"艺术策展";1门双学士学位课程,即科廷大学"艺术及商业"。从授课内容来看,课程普遍融合了优秀的商业管理教育与创意思维,多与当地创意产业机构建立联系,符合快速发展的创意产业需求,实践性、参与性和趣味性极强。从授课形式来看,企业商务活动与学生教学实践交互穿插,激发出许多由企业、大学教职员工和学生协作完成的创意产业化开发和交易服务。澳大利亚研究委员会创意产业与创新研究中心、澳大利亚ARC交互设计中心、创意产业与创新研究院等研究机构的科研人员和企业的工作人员同时担任大学教授的职位,为学生提供了讲座、研讨会、创意节、论坛、新产品发布会等各式各样的信息交流平台。

(二) 课程设置竞争力分析

政治、经济、文化产业交融。澳大利亚文化产业的繁荣既关乎国家文化塑造与传承，又关乎经济发展，同时还是政府政策支持下的产物。因此，高校在依托文化产业管理学科办学时，注重将文化产业放置在政治和经济的大环境中考虑，普遍开设公共关系、社会与文化、政治与政策等课程，学生在此类课程中学习如何利用各种渠道与内部和外部利益相关者进行有效沟通，进而在不同的公共环境和文化政策下制订有效的产品营销和传播计划。

关注土著文化发展。澳大利亚的土著文化是世界上现存最古老的文明之一，在澳大利亚提倡的多元文明发展政策下，这种古老的文化正逐步进入人们的视野。昆士兰科技大学开设的创意产业系专门提供了"土著知识"这一课程，具体课程包括澳大利亚土著背景下的文化安全、土著政治和研究土著问题的研究伦理和协议等，学生在此类课程中学习如何从土著角度看待澳大利亚现有政治制度，并在这种制度下保护土著文化安全，利用创意和现代传媒技术促进土著文化的发展繁荣。

学科体系科学合理。以昆士兰科技大学为例，2001年，该大学建立了世界上首个创意产业系，并逐步形成了从本科到硕士、博士的完整人才培养体系。在本科层次上，该系的各个专业为学生提供了基于工作室的学习、创业技能和面对行业挑战的机会。考虑到学生兴趣的广泛性，各专业鼓励学生将两个学士学位合并为一个学习课程，包括"创意产业+商业""创意产业+人类服务""创意产业+信息技术"等组合，双学位将为学生提供更大的竞争优势和职业灵活性。

注重职业技能培养。澳大利亚高校倾向于培养应用型、职业型本科层次文化产业管理人才,因此在培养目标中普遍强调学生团队合作、决策能力和沟通技巧的训练,相应的课程包括批判性思维、创意写作、沟通与作文等。此类课程提高了学生在写作、沟通、创新等方面的综合素质,也为该专业的学生尽早完成从学校到职场的转变奠定了基础。

第三节 欧美地区"产业发展型"课程经验

欧美地区课程以英国、欧洲其他国家(意大利、德国、法国、芬兰、土耳其等)、美国、加拿大为代表性研究对象,从创意课程、实践课程、通识人才、数字化、人文素养、文化遗产、培养模式、艺术管理、院系分布、交叉学科、市场导向、创业创新、多元文化、创意学习等角度统计课程开设的基本情况,分析课程设置的竞争力。

一、英国

(一) 基本情况

英国是世界上第一个将"创意产业"作为国家战略进行发展的国家,同时也是第一个用政策推动文化创意产业发展的国家。[①] 创意产业指以创造力为核心的新兴产业,该产业紧紧围绕个人及群体的创意、技术、知识产权进行产业化的开发和营销,以期不断创造财富和就业机

---

① 金元浦:《当代世界创意产业的概念及其特征》,《电影艺术》2006年第3期,第5—10页。

会。自1997年英国首相布莱尔成立"创意产业特别工作组"后,英国全球软实力一直排名靠前,在2023年公布的"品牌金融"(Brand Finance)全球软实力指数中,英国位居第二。[①] 根据英国政府2020年4月的统计数据,2019年,英国创意产业提供了约210万个工作岗位[②],也就是说在英国每10人中就有1人从事创意产业的工作,英国正逐渐成为当代的"世界创意中心"。在这一过程中,离不开人才培养的持续推进。1999年英国文化主管部门联合各地文化艺术机构与学校合作实施"创新伙伴计划",2008年英国文化、媒体和体育部发布"创意英国:新人才创造新经济"战略计划。自华威大学第一次将全球文化与自由经济结合起来开设文化创意相关专业之后,英国目前已形成以伦敦为中心、各地区积极设立文化创意产业相关专业的发展格局。

英国目前共开设了46门文化产业管理本科课程,对46门课程的开设城市、大学、授予学位、教授内容等进行统计分析后发现,课程城市分布情况与文化创意产业发展格局相一致,伦敦开设课程数量最多,共7所高校开设了7门课程,形成了一个核心教学区,辐射到牛津、剑桥、利兹等多个城市。授予学位方面,类型多样,覆盖面全。据统计,共有36门文学学士课程,2门理学学士课程,2门文凭课程,3门证书课程,2门暑期课程。文学学士课程有伦敦大学金匠学院"艺术管理"荣誉课程、伦敦大学伯贝克学院"数字媒体与文化"荣誉课程、中央圣马丁艺术与设计学院"文化、评论与策展"荣誉课程等;理学学士课程有德蒙福特大学"文化活动管理"和"创意产业的商业管理";文凭课程有伦敦大学伯贝克学院"艺术管理"和萨里罗汉普顿大学"艺术管理与行政";

---

① 搜狐网:《2023年全球软实力指数发布:美国、英国和德国位列前三》,2023年8月16日,https://mil.sohu.com/a/714474520_121687421。
② 三川汇文化产业:《疫情下,欧洲各国救助文化产业的政策有哪些?》,2020年5月9日,https://mp.weixin.qq.com/s/HDUQPV0kHJz0GfmkXt0CAg。

证书课程有切尔西艺术与设计学院"艺术管理"、欧洲经济学院"艺术及文化管理"和拉斯金学院"创意产业";暑期课程有爱丁堡大学"艺术领域中的商业"和罗斯布鲁福学院"艺术管理"。教授内容方面,其内容符合英国创意产业发展的现实需求,在兼顾文化创意产业内容广泛性的同时,聚焦创意产业细分行业管理知识和技能的学习,如对戏剧、文化遗产、琉璃艺术、媒体、设计、音乐、展览、美术、节庆、时装展示、表演、休闲活动等的管理。同时,紧抓数字文化发展趋势,将咨询技术、数码环境、社交媒体、模因文化[①]等数字内容的学习嵌入到各类课程中,帮助学生掌握更新的文化传播和交流方式,理解新时代的产业内涵和流行文化。

(二)课程设置竞争力分析

创意是课程设定的内核。英国政府认为个人灵感、理念和创造力、技能是发展文化创意产业的关键,在办学上更是将"创意"(creative)作为文化产业管理课程的重点。20世纪70年代至80年代,英国制定了完整的文化创意产业发展政策,这些政策与英国城市振兴和区域转型发展政策相结合,尤其注重创意型人才在城市建设中发挥专业知识和专业技能的强大影响。"创意"逐渐成为协调城市各种经济、政治和跨文化管理议题的解决路径。从统计信息来看,无论是嵌套于传播与媒体领域还是艺术领域,英国的44所样本高校在进行人才培养时都呈现出极强的创意导向性,注重培养学生从个人创意中创造经济价值和社会价值的能力。

实践是课程设定的最终导向。英国文化创意产业相关专业在课程设置上无一例外强调实践与项目合作的重要性,学生的实践能力大致通过两种方式得到锻炼:第一种方式是规定学生参与一、二学年开设的实践类课程,例如创意实践导论、实践与管理理论、方法与实践等,学生

---

① 模因文化指通过模仿或学习在不同个体间传播的文化元素,如观念、行为或风格。

在此类课程中重点学习文化创意产业管理需要掌握的管理方法以及定性、定量研究方法。此外,各高校还开设了包括电影、电视、博物馆、游戏产业等一系列细分文化产业的选修课程,结合高校内部设立的媒体实验室,学生能亲身体会到在此类文化创意行业中工作的乐趣,进而确定自己的职业方向。第二种方式是高校为学生创造丰富的文化创意项目合作机会,以伦敦大学金匠学院为例,该学院充分利用了周边制作公司、剧院公司和文化机构资源,通过外部合作关系将学生引荐到此类创意和文化组织内开展实习活动,促进学生积累职业经验。

通识人才是课程设定的培养目标。英国文化创意产业相关专业必修课主要涉及产业基础理论、文化管理、技能与方法、实践课程等,而各高校开设的选修课则大量设置了与社会议题相关的课程,例如种族平等、性别平等、数字身份、边缘人群等。这种将文化创意产业与社会热点结合的做法极大地拓宽了学生的视野,有利于学生深入思考文化创意产业发展背后的社会性,培养通识型人才。此类专业必修课与选修课的结合,也有利于塑造学生的协作技能、独立思考能力和对文化市场的敏感度,鼓励学生寻找自身感兴趣的文化领域,运用多种技能为未来的职业生涯提供帮助。

数字化是课程设定的新兴内容。数字化技术日益成为文化创意产业发展的动力。在本科层次的办学上,英国高校对学生进行数字化技能培训的趋势越来越强。鉴于文化创意产业本身具有的学科交叉属性,各高校在设置数字化培训课程时也注重与其他学科的融合,打造数字艺术、数字文化、数字传播等新兴课程,学生在此类课程中学习如何进行数字故事讲述,掌握先进的数字工具来创造全球交互性创意网络。英国作为欧洲数字经济的领头羊,先后培养出"人工智能之父"艾伦·图灵(Alan Mathison Turing)和"互联网之父"蒂姆·伯纳斯-李(Tim

Berners-Lee)等改变世界数字产业发展的伟大人物,在创意产业与数字技术融合领域中占有显著优势。

二、欧洲其他国家

(一)基本情况

欧洲各国拥有丰富的文化和历史遗产,不同区域在发展文化产业时各有侧重。南欧侧重发展文化旅游,北欧侧重文化创新及新技术开发,中欧、东欧、西欧各国的音乐产业、时尚产业、影视产业、艺术产业等亦各具特色。欧洲较为热门的文化产业发展方式表现在构建创意中心、创意街区和创意集群方面。大部分欧洲城市,尤其是传统工业城市在转型过程中,都将文化产业发展作为转型期的一剂"良药",将历史文化和创新文化作为城市发展的新动力。欧洲城市凭借文化产业发展带来的经济效益和社会效益,在城镇化和工业化的发展过程中实现了再一次的振兴。[1]

欧洲对文化的定义是历史的、传统的和精英的。与按国际标准生产出的文化产品不同的是,欧洲倾向于引领视觉艺术、古典音乐、先锋诗歌和时尚设计等文化产品和文化服务的品质,所以"歌剧之国"意大利、"出版之国"德国、"时尚之国"法国和"设计之国"荷兰等在世界文化产业发展版图上一直占有举足轻重的地位。而从 1985 年开始评选的"欧洲文化之城"项目更是带动了欧洲文化的产业化发展和国际化传播,"文化之都"的称号不仅为历届当选城市带来了新的生命力,更

---

[1] 《文化创新为地区发展注入活力——中欧文化产业发展研讨会综述》,《中国文化报》2013 年 7 月 9 日,第 9 版。

开发出了具有多元文化特色的产业模式。无论是雅典、巴黎、利物浦、哥本哈根,还是里尔、奥胡斯、林兹、维尔纽斯、布鲁塞尔等,都借助"文化之都"项目将城市的文化亮点、文化遗产和文化领域的新发展、新创新展现在世界游客面前,展示着欧洲现代科技、民族特色和历史文化三者合一的独特气质。

欧洲(除英国外)各国共开设了 76 门文化产业管理本科课程,其中德国(11 门)、法国(8 门)、芬兰(7 门)、挪威(8 门)、土耳其(6 门)等国开设数量较多(详见图 7-8),共有 16 门 ENCATC 课程。各种学位和非学位教育形式均有涉及,具体为:46 门课程授予文学学士,如登来里文艺理工学院"文化企业"荣誉课程、瑞典理工学院"文化管理和生产"课程、艺术文化与奢侈品商业学校"艺术市场"课程等;14 门证书课程,如塞伊奈约基应用科技大学"文化管理"、卢索福纳大学"创意产业创业"等;6 门文凭课程,如维也纳应用大学"展览与文化交流管理"、乌特勒支大学"文化界别领航"、莫斯科社会经济科学学院"文化管理与

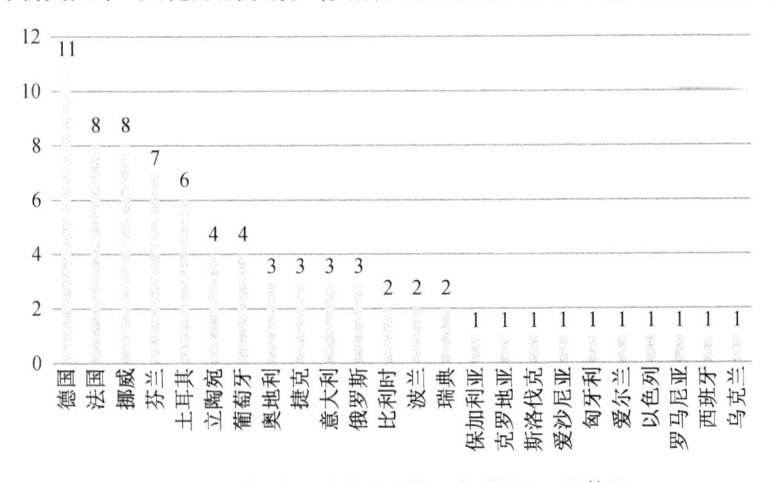

图 7-8 欧洲各国文化产业管理本科课程开设数量

资料来源:本书作者根据欧洲各国高校官方网站上的数据自制。

规划"等;4门暑期课程,如里耶卡大学"国际艺术、文化管理及政策"、柏林艺术大学"艺术管理"、威尼斯策展研究学院"策展实践"等;3门副学士课程,分别为人文应用科技大学"文化管理和生产"、GRETA应用技术学校"表演艺术项目管理"以及ETTC-科技创意和创新学院"艺术和娱乐领航";2门课程授予理学学士,分别为雅娜切克音乐表演艺术学院"舞台技术与管理"和布达佩斯国际商学院"艺术管理";2门双学士课程,分别为乌特勒支大学"文化活动管理"和加泰罗尼亚国际大学"人文、文化研究和商业管理"。

在课程内容方面,多数课程的开设时间较早,如20世纪60年代开设的"电视新闻制作""媒体运营管理"课程[1],1965年开设的"艺术管理"课程[2],1966年开设的"剧院管理与艺术行政"课程[3],1979年开设的"文化机构管理"课程[4],1970年代开设的"表演艺术与艺术管理"课程[5],1987年开设的"策展训练"课程[6],1991年开设的"艺术和娱乐领航"课程[7],1992年开设的"文化政策与规划"课程[8],等等。课

---

[1] Dunn Hilary Akers, "History of Journalism Education: An Analysis of 100 Years of Journalism Education", *Louisiana State University Master's Theses*, 2018.

[2] S. Laughlin, "Defining and Transforming Education: Association of Arts Administration Educators", *The Journal of Arts Management, Law, and Society*, Vol. 47, No. 1, 2017, pp. 82-87.

[3] William J. Byrnes, *Management and the Arts, A Practical Guide for Arts Managers and Students*, London: Routledge, 2022.

[4] Birgit Regina Mande, Patricia Dewey Lambert, "International Arts/Cultural Management: Global Perspectives on Strategies, Competencies, and Education", *The Journal of Arts Management, Law, and Society*, Vol. 50, No. 4-5, 2020, pp. 249-266.

[5] Tobie S. Stein, Jessica Bathurst, *Performing Arts Management: A Handbook of Professional Practices*, New York: Allworth Press, 2008.

[6] Paul O'Neill, Mick Wilson, *Curating and the Educational Turn*, London: Open Editions, 2010.

[7] William J. Byrnes, *Management and the Arts, Leadership in the Arts*, London: Routledge, 2014.

[8] Durrer Victoria, Miller Toby, David O'Brien, *The Routledge Handbook of Global Cultural Policy*, Abingdon: Routledge, 2019.

程涵盖了人文、社会、工程、商业等多个学科的知识和技能学习内容,将学生作为文化的传承者和传播者,作为文化活动和文化项目的管理者,作为文化规划和文化政策的批判者,作为文化价值和文化空间的再造者,为学生提供多维视角以审视当地和全球文化话题与文化情境,提供数码技术和新媒体技能的系统学习,提供文化领导者和创新人士的国际化网络。课程注重展现文化艺术与商业管理的完整面貌,提供电影与电视、设计、音乐与音像、数码、市场营销、新技术与传媒、旅游、文化活动、时装、动画以及视频游戏等领域的训练,帮助学生从不同方面掌握文化管理技能,掌握领导力、创新力、社会趋势、专业发展、沟通协作、新型商业模式、跨文化的交际能力等。

(二) 课程设置竞争力分析

注重积累知识、提升素养。相较于英美国家以应用、实践为导向来建设文化产业管理专业的做法,欧洲各国在设置文化产业管理课程时,明显延续了精英教育的传统,注重学生理论知识水平的积淀和文化素养的提高。如德国十分注重培养学生人文社科的功底,不少课程都会涉及探讨哲理、批判性地观察社会,训练学生认识文化发展的历史、政治及社会背景。再如以时装设计、奢侈品设计闻名的法国,其艺术管理课程亦基于深厚的文学、艺术传统,强调人文学科的通识教育,鼓励学生探讨文化活动背后的社会人文背景。在部分三年制的本科教育中,前两年开设的课程多为文学、艺术学、考古学、传播学等通识课程,目的是让学生了解文化领域和商业管理的基础知识,第三年开始开设实践类课程,主要是以文化项目的形式,综合锻炼学生的职业技能和运用知识的能力。

注重文化遗产保护与利用。欧洲人认为国家古老的东西都是文化,都有保留的价值。欧洲各国的文化产业是在对欧洲文化遗产资源的保护和利用中成长起来的,因此文化遗产是欧洲文化产业管理课程的重要主题之一。大量院校直接开设文化遗产类专业,设置遗产人类学、文化遗产管理、预防性保护等课程,专门训练从事文化遗产管理、传播、创新的人才,而其他文化产业管理相关专业也会在课程体系中加入遗产发现与挑战、民俗学、遗产管理与文化旅游等课程来加强学生对文化遗产资源的认知,共同延续和传承欧洲历史文明。如意大利的高等教育特色不仅体现在文化遗产保护、古文物修复、古建筑修复等课程方面,更是将旅游、策展、艺术、教育融入文化遗产保护与利用课程中。

注重跨国跨院联合培养模式。欧洲高校在设置文化产业管理相关专业课程时,除了关注欧洲文化产业的研究,还将视野放宽至英美乃至亚洲、非洲地区,与其他学校展开广泛合作,研究东亚媒体、东北非考古与文化、俄罗斯文化等,学生在此类课程中可综合学习世界各国的历史演变及其文化生产发展模式。高校开设文化产业管理专业时普遍采用多种语言联合教学的方式,既能吸引国际学生积极参与欧洲地区的文化产业教学,又为本国学生到更广阔的文化市场就业提供了语言条件。加之高校在进行人才培养时更擅长跨学院联合培养拥有双学科学士学位的文化产业管理人才。以慕尼黑大学开设的艺术与多媒体专业为例,该专业融合了艺术教育和媒体信息学两大专业,学生在完成了180学分(其中,艺术教育专业科目占120学分,媒体信息学占60学分)的教学计划后可以获得艺术和多媒体学士学位,此类双学位专业在就业市场上被广泛认可,因此就读于这些专业的学生在未来工作中能切换不同的文化领域,扩大就业选择面。

三、美国

（一）基本情况

美国作为文化产业强国，将文化产业视为"版权产业"，大力发展围绕版权提供精神产品的生产和服务产业。美国文化产业发展具有文化多元化、生产市场化、贸易自由化、传播全球化、影响霸权化等显著特点。文化多元化是美国文化产业崛起的基础，不同文化背景的移民融合为美利坚民族，各民族文化整合程度高，使得美国文化在发展过程中更具实验精神和创新性，多种族、多元文化给产业发展带来了持续性的动力。自由主义的市场传统和宽松的文化政策促进了美国文化产业全球化的发展。美国以文化产品生产、销售的高度市场化为主旨，鼓励贸易和资本在全球范围的自由流动，较少的行政干预和限制政策、多元的投资机制和经营方式、非美国主体的跨国企业运作等为美国文化产业的持续繁荣提供了强大支撑。此外，文化产业是美国国家软实力的重要组成部分，甚至演化出文化霸权的强势影响。美国擅长利用经济优势来支持其文化产品占领国际市场，更擅长利用文化影响经济发展和政治格局。1942年拉尔夫·特纳（Larf Turner）提出"文化外交"概念，随后美国将文化作为政治发展的一种"长期性投资"。1990年约瑟夫·奈提出与军事力量和经济实力等硬实力相对的软实力概念，提倡通过各类文化产品和文化服务提高美国文化的吸引力、感召力和同化力。如麦当劳、美国职业篮球联赛（NBA）赛事、好莱坞大片等在全球的风靡，将美国"民主、人权、自由、法治"的价值观和流行的生活方式逐渐渗透到了其他国家的意识形态及生活方式中。

美国开设文化产业管理专业的高校在地理上呈现出多中心集聚的特点,纽约、波士顿、洛杉矶等创意经济中心的文化机构、文化产业园区、文化企业与高校之间形成了良好的人力、信息、资本、文化资源循环。根据美国国家教育统计中心发布的《学科专业分类目录(2020年版)》,与文化产业管理相关的专业可分为艺术、娱乐与媒体管理、传播与媒体研究、数字艺术等,以及聚焦细分行业的音乐管理、戏剧艺术管理、美术工作室管理等。据统计,美国共开设了168门文化产业管理本科课程,数量居于全球首位,类型集中于"艺术行政"(Arts Administration)和"艺术管理"(Arts Management)两大类,并延伸出艺术领导力、剧院管理、休闲管理、商业管理、创业管理、娱乐管理等分支课程。

作为AAAE的主办国家,美国拥有60门协会课程、53门AAAE课程、8门ENCATC课程、1门CAAAE课程。在授予学位方面,文学学士课程33门,如奥本大学"剧院管理"、杜里大学"艺术管理"、宾夕法尼亚州立大学"艺术行政"等;理学学士9门,如俄克拉荷马市立大学"娱乐商业"、俄勒冈大学"艺术与技术"等;副修课程15门,如新学院"博物馆和策展研究"、俄勒冈大学"艺术与行政"等;证书课程4门,如南加州大学"艺术领航"、波士顿大学"艺术行政"等。在授课内容方面,与艺术管理相关的艺术生产、市场营销、艺术经济、知识产权、文化政策、文化法规、公共关系等科目均有涉及,整体内容丰富,有助于学生全面了解艺术行政和艺术管理的规律及特征。艺术行政类课程更注重文化艺术战略和政策层面的学习,侧重于非营利文化艺术组织及项目的管理与运行,多支持或处理与公众、个人相关的文化艺术议题或事件。艺术管理以现代管理理论为依托,可理解为对"艺术的管理",整体课程贯穿管理学和各类艺术及文化产业核心知识,既以文化艺术市场需求为依据,注重文化艺术营利性机构/项目管理,又包含对视觉艺术管理、表演艺术管理等不同艺术门类的管理。

(二) 课程设置竞争力分析

传统艺术管理课程居多,分为综合和专业两大类型。美国文化产业管理课程以传统的艺术管理课程为主,课程紧紧围绕艺术管理所需的核心能力而设,系统学习如何管理营利性与非营利性艺术组织和机构。而艺术管理课程主要分为综合管理和专业管理两大类,艺术类别一般划分为视觉艺术(Visual Arts)和表演艺术(Performing Arts)两大类,视觉艺术包括绘画、雕塑、建筑艺术、工艺美术、影视美术等形式,表演艺术包括舞蹈、音乐、戏剧等舞台艺术。综合管理课程在名称中多包括 Arts/ Cultural/ Management/Administration 这类词,例如同一课程体系可由表演/视觉艺术管理、博物馆研究、剧院管理、画廊经营以及大量营销、会计、金融、商业运营、风险控制等课程构成。综合管理课程覆盖了从政策到艺术再到商业化运作的全方位内容,提供了与市场、观众接轨的多种渠道,有助于学生能力的整体提升。专业管理课程更专注于专业的深度,提升学生的专业能力。例如,视觉方向会直接开设某一特定时期的艺术研究、展览策划、运营管理等课程,表演方向会开设音乐、舞台、戏剧表演等课程,从多方面引导学生全面学习某类艺术形式,培养学生对艺术内容的思考和理解。专业管理类课程与纯粹的艺术更加接近,拥有更多与艺术接触的机会。

院系课程分布更为广泛,内容交叉学科属性更强。文化产业的发展需要大量具备管理学、经济学、传播学和艺术学知识的应用型人才,这就决定了文化产业管理学科的交叉性和复合性。相对于英国而言,美国文化产业管理专业分布的院系更为广泛,包括商学院、艺术学院、文学院、传媒学院、音乐学院等。总体来说,美国在本科层次上仍以培养通识型人才为主,但分属不同院系的专业课程侧重点有所不同。设在教育学院的课程更侧重文化产业管理的社会教育性,设在艺术学院的课程更强调艺术方面的专业性,设在商学院的课程更侧重管理的商业经营,设在公共管理学院的课程更强调文化艺术的公共服务性和政策相关性,设在文理学院的课程则更偏重文化艺术史的发展。例如,纽约大学斯特恩商学院开设的"娱乐、媒体和技术专业"注重产业营销、管理,而布朗大学文学艺术学院的"现代文化与媒体专业"则更侧重教授文化艺术理论知识。

设课遵循市场导向,形式更为灵活创新。美国建立起了以市场为导向的文化产业运作模式,在竞争机制的激励下,只有更符合受众偏好的文化产品才能获取更好的经济效益。所以在文化产业管理人才培养实践中,高校在课程设置时普遍开设了数字商业战略、休闲营销、文化营销、营销原理等课程,此类课程力求贴近市场运作的实际情况,以提高学生对文化市场的熟悉度,而诸如人力资源管理、财务会计等课程的加入,又可以提高学生在管理岗位上所需的人力组织能力、资金调度能力。同时,考虑到学生在兴趣领域和知识接受程度方面的差异,部分文化产业管理本科课程还以辅修专业的形式设立,便于感兴趣的学生进一步研究文化行业及文化产品生产、消费过程,学生将在此类专业中学习内容分发的机制和平台以及文化产业背后的历史、社会、文化与政治问题。

教学鼓励学生创新创业,培养新一代创意人群。随着零工经济(Gig Economy)的发展,很多新的就业机会是企业家创造的。文化产业管理毕业生越来越有可能成为企业家、创业领袖。数量庞大的文化工作室和艺术工作室是美国创意经济的重要组成部分,纽约苏荷区正是因为大量艺术家的自发集聚、运营才成为世界闻名的文化创意街区。

鉴于个人创意和创新对文化产业的推动作用,美国高校也开设了相应的创新与创业、设计与创造力课程来帮助学生将个人创意变为现实,并鼓励他们在文化市场中检验创意的价值。在此类课程中,学生可发展自身的"企业家精神",学习如何开发创业思维、推进创业实体构建、管理并维持创新性职业发展等,并进一步开发新文化产品、开拓新文化市场,从而将个人或团队的文化创意以更有效率和更为创新的尝试在市场中获得盈利。

四、加拿大

(一) 基本情况

作为最早提出"多元文化政策""文化主权""文化例外"的国家,加拿大十分注重在文化发展时所体现的自由、公平、平等、包容和社会正义原则。加拿大是一个移民国家,维持着"垂直马赛克"[①]的文化状态,不同种族和文化的人们生活在一起,但保有各自的行为特征、生活方式和历史传统。对内,加拿大文化遗产部(Department of Canadian Heritage)是主要的文化政策制定和执行部门,负责管理广播、影视、音乐、美术、出版、表演、博物馆等17个领域的相关文化机构,推动加拿大多元文化法、广播法、电影法、博物馆法、版权法、艺术家地位法、官方语言法等各类有关文化的立法,设立加拿大文化空间基金(资助新兴文化产业公司)、加拿大媒体基金(支持本国作家、导演、制作人、演员等进行

---

① 社会历史学家约翰·波特(John Potter)把加拿大描述成"垂直马赛克"。马赛克通常是指用各种颜色的小块材料拼集成各种图案的装饰工艺,"垂直马赛克"是指加拿大的民族具有等级性,原住民居于等级结构最底层,其他有色民族居于次低层,南欧和东欧民族再居上一层,而具有盎格鲁血统的所谓"精英"位居等级顶端。

本土创作)、加拿大期刊基金(帮助传统平面媒体转型)、战略创新基金(向文化产业开放)等各类文化产业专项基金,以强调文化产业对"国家主体性"的塑造,确保"加拿大内容"(Canadian Content)在国家文化活动的主导地位。对外,加拿大遵从"文化例外"原则,在立足本国文化保护与发展的基础上,大力支持本国企业抢占国际文化贸易市场,力争实现加拿大文化在全球文化市场的领先地位。《"创意加拿大"文化产业发展规划(2017)》(Cultrual Industries Development Plan for Creative Canada, 2017)提出,从"政府资助与'文贸外交'并举,推动文化出口""联手国际社交媒体与多媒体巨头,提升文化的国际竞争力""聚焦关键性国际市场,大力发展对华文化贸易关系"三个方面入手,开拓新的国际市场,提升国家形象与影响力,打造"创意加拿大"。①

加拿大共开设了18门文化产业管理本科课程,整体偏重传统艺术管理教育,但创意产业倾向的课程也占一定比例。从所属协会来看,共有6门CAAAE课程,其中,渥太华大学"艺术行政"、多伦多大学(士嘉宝校区)"艺术管理"亦为AAAE课程。从授予学位来看,以文学学士课程(10门)和证书课程(8门)为主。布鲁克大学"文化管理"、尼佩新大学"艺术及文化管理"、瑞尔森大学"创意产业"等授予文学学士,卡尔加里大学"罗萨艺术管理"、卡普兰诺大学"艺术及娱乐管理"、英属哥伦比亚大学"文化规划与发展"等课程为证书课程。从授课内容来看,传统艺术管理课程围绕财务管理、市场营销、筹资委员会与志愿者管理、管理与指导、技术应用帮助学生在多元化的艺术与文化领域,如音乐、视觉艺术、戏剧、艺术等,增长专业知识和发展工作技能。创意产业倾向的课程,为在媒体、娱乐、设计以及视觉、表演艺术行业发展的学

---

① 《"创意加拿大":提高文化产业国际竞争力》,《中国文化报》2018年4月23日,第6版。

生而设,帮助学生获取创意行业实践的经验,学习引领学科发展方向的新科技,发展各种文化组织创意活动所需的商业知识及领导技巧。

(二) 课程设置竞争力分析

多元文化教育是课程的基调。多元文化教育是教育主体在多元文化平等共处、相互学习、协作发展中开展教育工作的一种理念和实践,为解决国内和国际民族矛盾、促进各民族协调发展提供了一个全新的教育视角。承认、认同和尊重文化多元的原则贯彻在加拿大文化产业管理课程中,课程带领学生学习不同族裔和文化群体的文化与艺术内容、加拿大联邦及各省推行的政府政策、当今文化异质特征的社会,鼓励学生了解文化和艺术背后多样的种族、民族、语言、宗教信仰和经济背景等。加拿大多元文化教育是全方位的教育,存在于一切正规和非正规、正式与非正式的教育行为和教育活动中,是一种生活化、全民化的教育,既通过课堂教学活动的显性教育明确教育主旨,又在课外实践、家庭生活的隐性教育中培养学生多元文化的意识,熟悉多样化的文化传统和价值观,以一种多元文化视角看待文化事件,分析文化热点。

艺术管理和创意学习是课程的内核。艺术管理多数要求修读"艺术管理""文化遗产和文化""公共政策和管理""物质文化的社会价值""博物馆管理""艺术展览策划"等课程,辅以商学院的"商业概要""营销管理""组织行为和设计""人力资源管理""个人财务计划"等课程。课程通过培养观众、消费者、跨学科实践的评论家等来解释艺术工作(如舞蹈、视频、音乐、戏剧或视觉艺术)的理论,推动艺术领域的发展。例如,加拿大开设了首个以培养艺术馆馆长或评论家为主要目标的跨学科课程,即安大略艺术设计学院"艺术评论与策展"课程,就读该课程的本科生毕业后可担任博物馆馆长、艺术作家、编辑、评论员、社区艺术提倡者、美术馆管理员或持有人。创意产业课程包括"时尚业""影像艺术""室内设计""表演""图文传播""传播""音乐制作""媒体制作""数字媒体""数字游戏""娱乐"等,多在创造力、商业和文化的交叉点培养学生的领导能力和创业技巧,课程多与业内机构合作,如致力于3D动画技术开发的视觉特效公司副作用软件公司(Side Effects Software),从事广告、品牌推广、社交媒体营销和网页设计的创意节奏公司(Creative Pace),涉足游戏、漫画、电影、书籍、游乐设施等领域的育碧娱乐公司(Ubisoft Entertainment)等。

第八章
专业竞争力模型驱动的文管课程创新

习近平总书记指出,"创新是哲学社会科学发展的永恒主题,也是社会发展、实践深化、历史前进对哲学社会科学的必然要求"[①]。课程创新是文化产业管理专业建设根本性的创新,可以帮助学生在本科"厚基础,强专业"的学习基础上,获得更大的发展空间。基于竞争力模型的文化产业管理专业课程设计,更注重在国家官方课程质量标准上,提高课程的时代性和竞争性,从知识类别和认知维度,针对数字文化、创意产业、艺术管理、文化空间、文化传播、文化政策及文化安全等不同专业特色的课程进行竞争力模型设计,为全国开设文化产业管理专业的高校提供课程框架参考。

第一节 "高质—专识—开放—育人"创新原则

课程设计一般以课程内容、课程结构和课程目标设计为主,在设计

---
① 习近平:《在哲学社会科学工作座谈会上的讲话》,《人民日报》2016年5月19日,第2版。

过程中,应遵守一定的准则和要求。在我国,文化产业管理专业课程设计须:严格遵守国家工商管理类专业教学质量标准,系统梳理产业前沿的知识技能,始终坚守专业开放的培养目标,坚持发扬"价值引领、知识探究、能力建设、人格养成"四位一体的育人理念。

一、严格遵守国家的质量标准

文化产业管理在我国作为工商管理类下设的专业,其专业课程建设要求严格遵守"工商管理类教学质量国家标准"(以下简称"标准"),"标准"是工商管理类人才培养的基本要求,是设置工商管理类本科专业、指导专业建设、评价专业教学质量的基本原则和依据。"标准"指出,各高校可根据自身定位和办学特色,依据"标准"制定教学质量标准和细化规定,一般而言,文化产业管理专业的基本学制为4年,学生在完成专业培养方案规定的课程和学分要求、考核合格后毕业,授予管理学或艺术学学士学位。"标准"中的课程体系主要分为理论教学和实践教学两大类,理论教学课程体系包括思想政治理论课程、公共基础课程、学科基础课程、专业必修课程、专业选修课程和通选课程,实践教学课程包括实训课程、实习、社会实践及毕业论文(设计)。对于两类课程的比例,"标准"规定理论教学学分比例不高于85%,实践教学学分不低于总学分的15%(总学分为140—160学分)。选修课程建议以课程模块(课程组)进行设定以供学生修读,选修课和通选课的比例应不低于总课程的25%。

理论学习以课堂教学为主,专业核心课程包括管理学、战略管理、会计学、财务管理学、组织行为学、人力资源管理、市场营销学、创业学、公司治理、运营管理等,各高校依据办学定位和学科特色设置专业必修课程与学分。在课程设置的知识要求上，将数学、统计学、经济学等基础学科的理论和方法作为基础性知识，将管理学、组织行为学、会计学、财务管理学、市场营销学、创意学等工商管理类专业的理论知识与方法作为专业性知识，以帮助学生更好地掌握学科理论前沿和发展动态，将哲学、社会学、心理学、法学、科学技术、语言文学、健康艺术、职业发展等作为通识性知识，要求学生进行选修。课堂讲授、研讨式教学、问题导向与解决式教学、文献综述、研究报告、组织讨论和主持会议、口头报告与演讲、自查与互查作业等均为"标准"提倡各高校实践的多样化教学方式。

实践学习以实训实验、实习、社会实践和毕业论文（设计）为主，"标准"要求文化产业管理专业教学需要建立充分可用的实验室、实践教学基地、实训基地，以持续性的理念开发实验和实训课程。实验和实训课程应按照"由基础到高级、由单项到综合、由感性认识到体验创新"的方式进行，既可结合理论课程来开设，亦可单独作为一项训练来实施。实习则主要分为低年级认知实习和高年级专业实习，从认知实习到专业实习符合能力水平的递进逻辑。认知实习以参观学习为主要方式，以获取感性知识、巩固所学理论为主要目的。专业实习以实际操作练习为主要方式，帮助学生了解文化产业领域管理活动的主要内容和基本规则，运用专业知识对现实问题进行综合性研究，提出解决方案。社会实践包括社会调查、勤工助学、公益活动和创业实践等，其中创业实践是近些年国家重点鼓励的方向，在创业实践过程中丰富学生的创新创业知识和体验，对提升学生的创新精神和创业能力十分关键。而毕业论文或毕业设计是每个学生毕业必须提交的学业成果展示，在文化产业管理专业中，毕业论文或毕业设计可采用学术论文、案例分析、调研报告、管理实验、创业模拟等多种形式来完成，强调一定程度的学术价值、应用价值和创新意义。

二、系统梳理产业前沿的知识技能

我国认证和推行的主要课程设置模式是知识中心模式,通过公布《普通高等学校本科专业目录》《研究生教育学科专业目录》等文件来引导和规范高校以学科和专业为单位开展招生培养工作和教学科研工作。学科专业是高等教育体系的核心支柱,是文化产业管理专业人才培养的基础平台,学科专业结构和质量直接影响文化产业管理专业的建设成效,文化产业管理专业(代码:120210)在本科阶段明确属于工商管理类(代码:1202),但在研究生阶段专业名称、学科归属等则因校而异,课程也多因师而异。因此,知识中心课程设置模式对于文化产业管理这一新兴交叉专业而言,具有"提纲挈领"的重要意义,可以更好地帮助专业在本硕博一体化培养体系中明确学科范式和学科边界。要素主义课程论将文化要素作为课程主要内容,永恒主义课程思想提倡重点学习人文学科内容,这些学派的观点进一步支持了文化产业管理专业的设定和知识内容的学习。

依托学科专业类别系统梳理知识能力主线是课程中心模式的主要思路。工商管理类专业一般以社会经济运行的微观组织(包括各行业、各类企事业单位)为研究对象,教授相关的管理理论和管理新技术与新方法,如企业经营战略和内部行为管理等。在梳理知识能力主线时,要充分考察工商管理类专业时空情境发生的变化,考察国家宏观发展和企业发展的新需求,注重研究范式和学科交叉的趋势,既要注意知识体系的内在逻辑性,又要考虑国家需求,从而实现知识层次与应用领域的统一。在专业时空情境中,以网络化、数字化和智能化为标志的第四次科技革命所带来的影响广泛渗透于工商领域。经济社会的微观组织形态和运行基础发生了时代性的变化,数字化基础设施和数字化产业生态构成了"新基建",人工智能、区块链、云计算和大数据等新一代信息技术的发展,使得新旧情境交互下的管理问题越发复杂和易变。加之国家创新驱动、高质量发展的新需求,工商管理专业更需要适应新的管理实践,不断推动研究范式变革和学科交叉融合,强化学科解释、预测和解决复杂问题的效能。[1] 文化产业管理专业的学生应具备扎实的文化产业管理知识体系和综合能力,学者们在知识内容划分上基本达成共识,如广泛提倡的文化、产业、管理和技术(数字信息技术)或文化、创意、经济和技术构成的知识体系,或以文化统领知识内容,形成由文化哲学、文化经济学、文化管理学和文化创意学构成的知识体系。在厘清知识主线时,有的学者提倡侧重文本创造和流通的专业知识,有的提倡侧重创意和知识管理的专业知识,有的则认为促进经济、社会及文化变迁机制的专业知识最为关键,还有学者将计算机科学知识作为智能时代学习文化产业新业态和新模式的关键。

三、始终坚守专业开放的培养目标

文化产业管理专业的培养目标在"工商管理类教学质量国家标准"中有明确的要求,即工商管理类本科专业培养践行社会主义核心价值观,具有社会责任感、公共意识和创新精神,适合国家经济建设需要,具有人文精神和科学素养,掌握现代经济管理理论及管理方法,具有国际视野、本土情怀、创新意识、团队精神和沟通技能,能够在企事业

---

[1] 刘景江、郑畅然、洪永淼:《机器学习如何赋能管理学研究?——国内外前沿综述和未来展望》,《管理世界》2023 年第 9 期,第 191—216 页。

单位、政府部门等机构从事经济管理工作的应用型、复合型、创新型人才。"标准"的培养目标对工商管理类人才应具备的能力素质进行了基本的说明,这是文化产业管理专业课程设置和人才培养目标的"基准线",具有工商管理的一般性。此外,在具体教学中,各高校根据办学特色和实践要求设置了多样化的培养目标,这既贴合专业实际,又符合时代需求。

综观我国和国际文化产业管理专业的培养目标发现,文化产业管理专业人才培养目标主要基于"专业性""职业性""价值性"三个维度的坐标系进行构建。专业性培养目标对人才掌握的专业知识和能力素养进行规范,各高校一般将专业知识分为核心知识、基础知识和交叉知识三类,能力素养一般注重以培养的人文素养、创意创新、组织沟通和操作技能四类为目标。职业性培养目标一般聚焦到文化产业管理专业毕业生就业去向和工作类型,就业去向从工作单位的范围进行指导,如学生可前往文化企事业单位、文化行政管理职能部门、科研机构、高校、国际组织等进行工作,或进行创新创业,或继续攻读研究生进行深造等。工作类型一般是结合专业所学和毕业生反馈进行界定,可按照业务规模分为市场管理、行业管理和项目/产品管理三大类别,市场管理主要聚焦文化市场的调查、开发、评估、运作等方面,行业管理则指向文化产业各行业的规划、生产、经营、管理等,项目/产品管理与文化产品/服务研发制作、生产与营销、文化项目的创意和策划有关。价值性培养目标从社会价值、行业价值和个人价值进行引导,社会价值一般指学生应具备的家国情怀和掌握的政策法规,行业价值指对学生行业追求和职业道德的引导,个人价值指学生在德智体美劳、学习习惯等方面应具备的能力。如上海交通大学媒体与传媒学院主张学生应具备"文史基础、创意灵感、管理智慧、操作技能",南京艺术学院文化产业管理专业旨在培养"具有较强文化理论水平、产业管理能力、文化创新能力,能够在文化产业领域从事项目开发、运营管理或研究工作的高层次复合型人才",中国海洋大学文化产业管理专业的具体培养目标之一为"具有坚实的文史基础、宽广的文化视野、良好的国际文化交流传播能力"。

四、坚持发扬四位一体的育人理念

在本科教育中,"立德树人"是根本任务,"全人教育"是实践共识,全员、全过程、全方位育人,创新人才培养模式是深化教育综合改革的重要内容。上海交通大学党委书记杨振斌和校长丁奎岭在《推进教育、科技、人才"三位一体"协同融合发展》中指出,"'价值引领、知识探究、能力建设、人格养成'四位一体的育人理念是全面提高人才自主培养质量的关键,我们最终要培养的是'明德、达智、强体、尚美、崇劳的社会主义建设者和接班人'"[1]。在坚持贯彻党的教育方针的基础上,各高校积极围绕文化产业管理专业"创意生成、文化保护、文化生产、文化销售和产业管理"展开教学工作,面向国家战略、创新前沿和市场动态不断调整课程内容。在这一过程中,"四位一体"的育人理念应成为课程设置和课程管理的重要指导,即坚守社会主义核心价值观,满足专业知识探究要求,探索文化产业管理专业人才能力要求,最终完成"永恒主义教育"提倡的人格塑造这一终极教育课题。

就文化产业管理专业而言,因文化产业既有意识形态属性,又有市场属性,专业课程设置要想协调好这两种属性之间的关系,把握好正确

---

[1] 杨振斌、丁奎岭:《推进教育、科技、人才"三位一体"协同融合发展》,2023 年 9 月 5 日,http://www.moe.gov.cn/jyb_xwfb/s5148/202309/t20230905_1078237.html。

导向,就要遵循"意识形态是文化产业的本质属性"的这一研判。意识形态属性关乎产业生产和服务所提供的内容选择和价值选择,关乎文化自觉、文化自信、文化安全和文明发展等国家发展的重要文化内容,所以课程设置的第一要义,即为"价值引领",坚持中国特色社会主义价值引领。具体来讲,要引导学生坚定理想信念,践行社会主义核心价值观,厚植家国情怀,以社会改造主义思想为指引,担当民族伟大复兴重任,立足行业领域,攻克行业难关,胸怀天下,以增进全人类文化福祉为己任等。而专业知识则是以管理视角切入文化产业的关键所在,课程设置要能满足师生"知识探究"的需求,文化产业管理专业课程既要帮助学生形成深厚的基础理论,具备扎实的专业核心,又要引导学生接受广博的通识教育,形成宽广的跨学科知识体系。"能力建设"则是专业学生通往职业发展道路的关键,以我国官方统计口径为准,我国文化产业就有146个细分行业,各个行业岗位要求不同,有的侧重文史基础,有的关注创意灵感,有的强调管理智慧,有的要求数智技术,这就要求课程设置有的放矢,对接文化市场和产业的不同需求,进行人才能力建设。特别是文化产业管理专业作为人文科学和社会科学"文文交叉"的重要领域,能为专业师生提供丰富且独特的精神世界,达到"人格养成"的永恒主义式目标。 般而言,文化产业管理专业培养出的人才,具有较为明显的创新人格,如具有较强的好奇心、开放心态,勇于挑战和冒险,富有幽默感,具有较为卓越的文艺天赋,独立自主,自信向上,拼搏进取。

第二节 "知识—认知操作—竞争力"创新维度

为设计出符合国家战略需求和人才成长规律的文化产业管理专业课程内容、课程结构和课程目标,各高校需要找准课程设计的维度,即从哪些方面搭建课程体系。综观教育学界研究和中国教育实践,可以发现,对于文化产业管理这一新兴专业来说,明确核心知识体系和认知操作过程是重中之重,所以本节将知识维度和认知操作维度进行交叉搭配和应用,力求搭建出课程设计的竞争力维度。

一、横向:知识维度

知识是专业竞争力模型中"知道什么"的组成部分,阐述知识领域、知识单元、知识元素等一直是专业构建的根本,因为知识构成了完成目标和执行任务所需的部分。从建制化的角度理解,学科和专业都是知识分类的产物,本质上是一种关于知识的制度安排,无论是《普通高等学校本科专业目录》,还是《研究生教育学科专业目录》,在政策话语上都显现出专业是"由不同课程按照内在逻辑组成的知识组合体"[1]的定义。学科的划分最开始是以专业知识为基本依据的,换言

---

[1] 李明磊、王战军:《新时代一流专业建设应转向成效式评价》,《江苏高教》2020年第9期,第20—23页。

之,一个专业最核心的竞争力在于其独一无二的知识内容、知识体系、知识生产的模式。因此,在以文化产业管理专业课程设计为竞争力模型的应用示例时,深入剖析其知识体系和知识生产模式是基础中的基础,是综合考量设定本科、硕士和博士不同阶段教育重点和教育特色的关键,更是解答"培养什么样的人""培养什么样的文化产业人才"等问题的根本遵循。

在文化产业领域,我们认识和解决问题是围绕专业知识及经验的输入、输出和高级输出展开的,专业学习理解活动主要依靠知识和经验的输入,通过观察、记忆、辨识、提取、概括、关联、整合、推导、说明、论证三个阶段的操作输入专业内容。在输出环节上,以专业应用和实验活动为主,通过应用专业知识经验解决实际问题,分析、解释原理,推论、预测问题,选择、设计方案,证明、推出结果五个阶段的操作输出专业内容。同时伴有专业的迁移创新,依靠创新系统化、程序化、结构化的知识和经验来解决陌生和复杂的问题,通过大胆假设、深入推理、系统探究、批判对比、创造想象、联系发现六个阶段的操作实现知识创新。由此可见,专业知识本质上为特定学科提供了独特的"认识方式",清晰地规范了研究领域及对象、认识方式及思路、推理模式及路径、经验活动及实践等。依托教育学和心理学的研究背景去理解知识,可以发现知识并不是一种狭义的内容,而是包括专业技能、专业行动力和专业价值在内的综合性内容体系。

信息加工心理学提出知识二分法,即广义的知识按照信息存储编码方式的不同可分为陈述性知识(命题与命题网络编码)和程序性知识(产生式规则编码)。美国心理学家理查德·梅耶(Richard E. Mayer)在此基础上提出新的"策略性知识"类别,形成了陈述性知识、程序性知识和策略性知识的知识三分法。陈述性知识也可称为"描述性知识",

是对事物的说明。事实、基本的概念、原理、公式、符号、规则等都属于陈述性知识。这类知识主要解决"是什么"的问题，具有静态的性质。程序性知识也可称为"操作性知识"，包括如何从事并完成各种活动的技能，是关于"怎么做"的知识，动作技能、运用公式和原理解决问题等都属于程序性知识。这类知识主要解决"做什么"和"怎么做"的问题，具有动态的性质。策略性知识，顾名思义，就是关于学习策略和认知策略等方面的知识，是学习者用以调控自身认知活动本身的知识，指导如何学习、如何感知、如何记忆、如何思考等，更聚焦于如何培养智力的问题。约翰·罗伯特·安德森（John Robert Anderson）进一步发展出了四元知识论，将知识分为事实性知识、概念性知识、程序性知识、元认知知识。事实性知识指名词、术语、要素等。概念性知识则指原理、理论、类别等，属于更深层次理解的内容。事实性知识和概念性知识与梅耶所提出的陈述性知识相对应。程序性知识指有关"HOW"的知识内容。元认知知识的重点在于学习主体对自身学习过程或认知过程的监控和调节。

串联起来理解，事实或概念性知识是人类认识的结晶，经得起逻辑的证明，经得起经验的验证，衍生出理性主义知识观和经验主义知识观；而人类在认识和探讨什么为知识时，采用的知识创生方法、思想与思维就形成了新的知识类型，即程序性知识；当进一步追问为什么创造这一种知识而不是另外一种知识时，就产生了策略性知识或元认知知识。从结果的角度来看，知识就像是一个个命题，即由事实、概念、理论所构成的判断性命题。从过程的角度看知识，知识更像是问题求解的方式，由追求真、善、美等价值旨趣出发，使用某些方法研究某些问题或论证某些假设，最后得出或推翻某些结论的过程。

二、纵向:认知操作维度

课程设定、教学和评价考试等必须有明确的目标,这就需要一个将考评目标系统予以整理的分类框架。教育目标分类标准有多种,各有特点,常见的分为知识与认知操作,过程与方法,情感、态度和价值观三个维度。认知操作目标作为情感领域目标和动作技能领域目标的基础,与知识学习和技能应用的关系最为密切,所以本书以讨论认知操作维度为主,将情感和技能的讨论嵌套其中。

本杰明·布鲁姆及其研究团队率先提出了教学目标分类框架,在《教学目标分类学·第一分册:认知领域》(*Taxonomy of Educational Objectives, Handbook I: The Cognitive Domain*)中将认知从简单到复杂构建为"知识、理解、运用、分析、综合和评价"的阶梯递进目标体系(详见表8-1)[1],其认为教学目标应表述为学生经过学习之后能达到的行为表现。从认知领域到情感领域再到动作技能领域去衡量学习成果的水平,布鲁姆的分类体系具有多元智力的初步观念,奠定了之后教学目标分类的基本框架。布鲁姆的学生安德森(L. W. Anderson)将知识拓展出新的维度后,将逐级上升的认知过程正式命名为"认知操作"维度,界定出记忆、理解、应用、分析、评价和创造六级认知水平,并假定每个层级的认知操作都与每一种类的知识相互作用(详见表8-2)。

---

[1] B. S. 布鲁姆等编:《教育目标分类学·第一分册:认知领域》,罗黎辉、丁证霖、石伟平、顾建明译,华东师范大学出版社1986年版,第59—186页。(B. S. 布卢姆即本杰明·布鲁姆。)

表 8-1 布鲁姆教学目标分类

水平	类别	子类别
1. 知识	1.1 具体知识	术语、事实
	1.2 处理具体知识的方式和手段	惯例、趋势和顺序、分类和类别、标准、方法论
	1.3 普适知识与抽象知识	原则和概况、理论和结构
2. 理解	2.1 翻译	编码、转换、区别
	2.2 解释	估计、重列、距离
	2.3 推断	预测、摘要
3. 运用	在具体情境中使用知识	计算、示范、发现
		预测、解决、修改
4. 分析	4.1 要素识别或分类	分解、区别、指出
	4.2 关系识别或分类	选择、边界
	4.3 组织原理识别或分类	推测
5. 综合	5.1 进行独特的交流	联合、编制
	5.2 制订一项计划或一组操作	创造、设计
	5.3 推导出一套抽象关系	筹划、充足
6. 评价	6.1 依据内部准则来判断	批判、评定、断定
		对照、支持
	6.2 依据外部准则来判断	意见、判断

表 8-2 安德森认知操作维度

水平	类别	常用术语
1. 记忆	1.1 再认	识别
	1.2 回忆	提取
2. 理解	2.1 转换	澄清、释义、描述、转化
	2.2 举例	例示、具体化

(续表)

水平	类别	常用术语
2. 理解	2.3 分类	类别化、归属
	2.4 总结	概括、抽象
	2.5 推论	结论、外推、内推、预测
	2.6 比较	对照、匹配
	2.7 解释	构建、建模
3. 运用	3.1 执行	套用
	3.2 实施	使用
4. 分析	4.1 区分	辨别、分辨、聚焦、选择
	4.2 组织	发现一致性、整合、列提纲、结构化
	4.3 归属	分解
5. 评价	5.1 核查	协调、探测、监控、检测
	5.2 评论	判断
6. 创造	6.1 萌发	假设
	6.2 计划	设计
	6.3 产出	建构

罗伯特·米尔斯·加涅(Robert Mills Gagne)提倡学习结果分类法，其认为言语信息、智慧技能和认知策略为认知领域的学习结果，为有效达到学习结果，需要满足"五成分"法则考察学习的内部条件和外部条件，即"学习成果=学习情境+性能类型+具体行动+对象+工具/限制/特殊条件"。除习得的认知技能外，神经性生理功能和动作技能亦是能力的重要组成部分，在加涅看来，能力是指潜在于个人身上，通过某种身心活动或学习活动展现出的个人特征，后天习得的能力约等于广义的知识。[①] 与

---

① 马晓丹、张春莉:《两种教育目标分类系统的比较研究及其启示》,《教育研究与实验》2018 年第 2 期,第 25—29 页。

上述分类不同的是,罗伯特·J.马扎诺(Robert J. Marzano)提出了一个全新的教学目标分类模型,该模型突破了教学目标完成的完全递进状态,即后一类操作不一定比前一类呈现更高水平的要求,如高水平的理解比低水平的运用可能要更为复杂。该学习过程包括自我系统(学习动机)、元认知系统(学习策略)和认知系统(学习技能)三个主要的系统,使用知识和过程运作构成的二维评价体系考察教学目标。知识维度中包括三个领域、六类知识,即信息领域中的事实知识和组织知识,智力程序领域的智力技能和智力过程,心理意象领域的心理技能和心理过程。过程运作维度包括三个系统、六种运作,即将认知系统细分为信息提取、理解、分析和知识运用四种运作,再加上元认知系统运作和自我系统运作(详见表8-3)。[①]

表8-3 马扎诺心理操作水平分类

水平分类	子分类
信息提取	再认
	回忆
	执行
理解	整合
	象征
分析	匹配
	分类
	差错分析
	概括
	认定

---

① 罗伯特·J.马扎诺,约翰·S.肯德尔:《教育目标的新分类学》,高凌飚、吴有昌、苏峻译,教育科学出版社2012年版,第56—91页。

(续表)

水平分类	子分类
知识应用	决策
	问题解决
	实验
	调查
元认知	目标设定
	过程监控
	清晰度监控
	准确度监控
自我系统	重要性检查
	效能检查
	情绪反应检查
	动机检查

三、横纵交叉：竞争力维度

在本书中，采用二维课程框架(详见表8-4)，将竞争力模型中的知识体系与认知操作[①]相对应，使得课程构建中知识维度具有称谓和动作两个层面的含义。在课程框架中，设定"学生在学习过程中认识水平随着认知复杂性增加，呈现'螺旋型上升'"的假设。这一假设肯定了布鲁姆、安德森和加涅等学者推崇的认知发展前进性的基本特征，以及马扎诺等学者提出的认知发展所具有的复杂性和曲折性，考虑到认

---

① 主要采用安德森提出的学术概念"认知操作"，这一概念与加涅提出的"行为动词"、马扎诺提出的"过程运作"本质上均指向认知过程中的行为。

知发展并不一定为阶梯式、递进式发展的现实情况,所以使用恩格斯在《自然辩证法》中所提出的"螺旋式",综合表述为"螺旋型上升"的认知模式。

表8-4 文化产业管理课程设计

知识维度	认知过程维度					
	1 记忆	2 理解	3 运用	4 分析	5 评价	6 创造
A 陈述性知识	A1	A2				
B 程序性知识		B2	B3			
C 策略性知识			C3	C4		
D 价值性知识					D5	D6

认知操作的具体维度使用安德森的"记忆、理解、运用、分析、评价和创造"六类,知识维度则综合布鲁姆、梅耶、安德森的分类,使用"陈述性知识""程序性知识""策略性知识"维度,结合我国特色哲学社会科学"建构中国自主的知识体系"的要求,对文化产业"中国之路、中国之治、中国之理"的知识进行提炼总结,新设"价值性知识"维度。综上所述,文化产业管理专业课程设计,主要有三个使用建议:第一为单独使用知识维度进行课程体系构建,第二为单独使用认知操作维度进行某一主题课程结构调整,第三为综合使用知识和认知操作维度进行教学课程设计。在使用上,既可两个维度独立展开,又可协调统筹管理,既可单独应用于某一课程内容的设置,又可作为整个专业课程体系设置的指导。

第三节 "陈述—程序—策略—价值"创新框架

课程框架作为专业教育体系的核心架构,其本质在于对知识要素的系统性组织与结构化呈现。本节依托专业竞争力模型创新性地构建了文化产业管理专业四维课程框架:陈述性知识课程(如文化产业管理概论)、程序性知识课程(如文化项目管理实务)、策略性知识课程(如文化管理决策工具)及价值性知识课程(如文化企业伦理)。通过系统界定四类知识的教学逻辑、典型科目配置与内容生成路径,本书提供了涵盖认知建构、技能培养、决策训练与价值塑造的课程框架示例。

一、陈述性知识课程

文化产业管理专业具有明显的交叉属性,依托管理学、经济学、艺术学、历史学、法学、哲学等成熟学科进行知识教授,因其独特的理论框架、研究方法和实践模式,要求学生在陈述性知识课程中对多学科基础知识进行一定程度的积累,包括文化产业发展史、文化产业业态、文化产业研究、文化产业管理、文化经济学、知识产权、文化遗产、大众文化、数字文化等涉及的事实和概念知识。

陈述性知识课程一般要求达到"记忆"和"理解"的目标,就文化产业管理专业而言,陈述性知识课程可主要设计文化产业、管理类、经济类、文化类、艺术类、数字技术类和法规类七大类(详见表8-5)。文化产业类课程一般为专业必修课程,可设文化产业学、文化产业管理概论、创意产业学/文化创意原理与方法、数字文化产业理论与实务、西方文化管理概论课程等等。管理类课程为文化产业管理特色基础课程,如管理学、工商管理导论、企业管理概论、公共管理概论、人力资源管理、组织行为学和创业学课程。经济类课程是了解文化产业规律的基础课程,如经济学原理、产业经济学、美学经济、市场营销学、消费行为学、财务管理学、会计学课程等。文化类课程是了解文化产业管理专业核心对象的课程,如通过文化学概论、中国传统文化概论、西方文化通论、文化研究概论、文化资源概论、数字文化精粹等课程了解文化。艺术类课程是培养审美情趣的基础类课程,如通过艺术概论、美学原理、(中外)艺术史、设计学概论、艺术理论与艺术批评等课程培养艺术思维。数字技术类课程构成文化技术能力养成的基础支撑,建议设置人工智能导论、大数据技术导论、人文与社会科学计算导论课程,引导系统培育数智时代的跨学科技术素养。法规类课程是了解文化产业管理专业制度环境的重要课程,如知识产权法、经济法、文化安全学、文化政策与法规等课程。

表8-5 陈述性知识课程内容

竞争力课程模块	主要类别	课程
陈述性知识课程	文化产业	文化产业学
		文化产业管理概论
		创意产业学/文化创意原理与方法
		数字文化产业理论与实务
		西方文化管理概论
	管理类	管理学
		工商管理导论
		企业管理概论
		公共管理概论

(续表)

竞争力课程模块	主要类别	课程
陈述性知识课程	管理类	人力资源管理
		组织行为学
		创业学
	经济类	经济学原理
		产业经济学
		美学经济
		市场营销学
		消费行为学
		财务管理学
		会计学
	文化类	文化学概论
		中国传统文化概论
		西方文化通论
		文化研究概论
		文化资源概论
		数字文化精粹
	艺术类	艺术概论
		美学原理
		(中外)艺术史
		设计学概论
		艺术理论与艺术批评
	数字技术类	人工智能导论
		大数据技术导论
		人文与社会科学计算导论
	法规类	知识产权法
		经济法
		文化安全学
		文化产业政策与法规

二、程序性知识课程

程序性知识课程(详见表8-6)应包括"做什么"和"怎么做"的内容:"做什么"主要围绕文化产业意识形态属性和产业属性展开,对细分领域、各行各业的工作内容和工作流程进行学习;"怎么做"则聚焦具体产业链条和工作环节,学习如何进行创意写作、主持文化项目、设计广告策划、营造文化空间、管理公共关系、处理法律事件、分析国际政策文件等。

表8-6 程序性知识课程内容

竞争力课程模块	主要类别	课程
程序性知识课程	产业管理	新闻信息产业经营与管理
		出版产业经营与管理
		影视产业经营与管理
		动漫产业经营与管理
		游戏产业经营与管理
		文博产业经营与管理
		会展产业经营与管埋
		创意设计产业经营与管理
		文化娱乐产业经营与管理
		文化旅游产业经营与管理
		数字文化产业经营与管理
	文化经济	文化市场营销与管理
		文化投资与资产管理
		文化项目策划与管理
		文化产业园区运营与管理
		文化企业总部运营与管理
		知识产权运营与管理
		品牌创建与管理

(续表)

竞争力课程模块	主要类别	课程
程序性知识课程	文化传播	媒介经营与管理
		媒介写作实践
		新媒体运营
		公共关系管理
		网络视频节目创作与运营
		社交媒体与客户管理
		数字媒体产业管理
	艺术管理	艺术品鉴赏
		剧院管理
		时尚产业管理
		演艺项目管理
		艺术教育
		艺术经纪
		NFT艺术运营
	文化空间	实体空间营造(公共文化空间、文化场景)
		虚拟空间营造(社交空间、元宇宙)

程序性知识课程一般要求达到"理解"和"运用"的目标,就文化产业管理专业而言,程序性知识课程聚焦文化产业实务,包括产业管理、文化经济、文化传播、艺术管理和文化空间五个维度。产业管理类课程,兼顾产业现实和未来发展,各个高校可根据各自的教学特色选取新闻信息产业经营与管理、出版产业经营与管理、影视产业经营与管理、动漫产业经营与管理、游戏产业经营与管理、文博产业经营与管理、会展产业经营与管理、创意设计产业经营与管理、文化娱乐产业经营与管

理、文化旅游产业经营与管理、数字文化产业经营与管理课程。文化经济类课程是文化产业各行业运行(营销)过程中都需要掌握的工作内容,包括文化市场营销与管理、文化投资与资产管理、文化项目策划与管理、文化产业园区运营与管理、文化企业总部运营与管理、知识产权运营与管理、品牌创意与管理课程。文化传播类课程是学习如何连接文化内容与消费受众的关键课程,在媒介环境越发复杂的互联网时代,各高校可根据产业内容选取配套的传播课程,如媒介经营与管理、媒介写作实践、新媒体运用、公共关系管理、网络视频节目创作与运营、社交媒体与客户管理、数字媒体产业管理。艺术是文化中一个经典且传统的门类,艺术管理作为文化产业管理的"前身",具有悠久的历史,其课程可包括艺术品鉴赏、剧院管理、时尚产业管理、演艺项目管理、艺术教育、艺术经纪、NFT(非同质化代币)艺术运营等。文化空间类课程是学习文化赋能城市和乡村发展的关键课程,在区域发展转型过程中,空间作为重要的物质载体,再也不只限于功能需求,而是发展出丰富的文化功能,课程可分为实体空间营造和虚拟空间营造课程。

三、策略性知识课程

策略性知识课程(详见表8-7)主要帮助学生获取多样化的知识学习策略,掌握专业学习的方法和工具,尤其在文化产业领域,更应强调策略性课程对学生想象力、创新力和创造力的培养。策略性课程与其他课程最大的不同在于,策略性知识是对内调控的技能,向内激发创新性思考能力,帮助学生掌握学习自主话语权。尤其是在人工智能时代,策略性知识课程应更好地帮助学生形成自适应学习能力和创新能力。

表 8-7 策略性知识课程内容

竞争力课程模块	主要类别	课程内容
策略性知识课程	语言工具	人文、理工、经管、艺体英语/西班牙语/法语/日语……
		行业英语/西班牙语/法语/日语……
	数据分析	高等数学/大学文科数学
		社会统计学
		统计软件与数据分析
		数据可视化分析
		数据管理
	研究方法	研究方法论
		研究方法
	业务实操	ERP 模拟沙盘
		IBizSim 企业竞争模拟
		管理决策工具
		商务谈判
		网页策划与编辑
		广告策划与文案写作
		数码摄影
		图像处理技术
		视频制作技术
		三维建模
		计算机语言与程序设计
		数据库搭建与应用
		Python 语言——社会科学研究程序实现
		文化项目实习

（续表）

竞争力课程模块	主要类别	课程内容
策略性知识课程	创新学习	名著阅读
		创意思维训练
		创意写作
		学术论文写作
		主题教育学习
		行业讲座
		社团工作
		就业创业
		创业赛/挑战赛培训

策略性知识课程一般要求达到"运用"和"分析"的目标，就文化产业管理专业而言，策略性知识课程可分为专业语言工具、数据分析、研究方法、业务实操、创新学习五类课程。语言工具着重于学科特色和行业特色，学习专业用途语言，学科语言课程可选择人文、理工、经管、艺体英语/西班牙语/法语/日语，行业语言课程可选择行业英语/西班牙语/法语/日语。数据分析作为文理交叉的重要课程选择，以高等数学/大学文科数学、社会统计学、统计软件与数据分析、数据可视化分析和数据管理等课程学习为主。研究方法课程应包括各类文化产业学派的研究方法论和各种具体研究方法，文化产业研究方法论包括文化阐释、文化建构和文化批判等范式[1]，具体研究方法包括案例研究、深度访谈、扎根理论、德尔菲法等定性研究方法，以及问卷调查法、回归模型、主成分分析、加权计算法、空间计量模型、核密度估计、结构方程模型、

---

[1] 向勇：《阐释、批判与建构主义：中国文化产业研究范式的立场解释》，《探索与争鸣》2020年第6期，第127—134、160—161页。

熵权法、大数据分析、Dea-Malmquist 指数、HHI 指数、机器学习等定量研究方法。业务实操课程建议设置为专业选修课程，可以从 ERP 模拟沙盘[①]、IBizSim 企业竞争模拟[②]、管理决策工具、商务谈判、网页策划与编辑、广告策划与文案写作、数码摄影、图像处理技术、视频制作技术、三维建模、计算机语言与程序设计、数据库搭建与应用、Python 语言——社会科学研究程序实现等课程中进行选择设计。创新学习课程是发散性较强的课程，名著阅读、创意思维训练、创意写作、学术论文写作、主题教育学习、行业讲座、社团工作、就业创业、创业赛/挑战赛培训是建议设置的课程。

四、价值性知识课程

价值性知识课程(详见表 8-8)应包括文化产业与经济、政治、社会、生态等融合发展所产生的新议题和新知识。价值性知识课程一般具有较强的国家特色，且蕴含着文化产业发展的核心价值追求和价值逻辑。在我国，文化产业既是一种产业类别，更是社会发展重要的文化力量。文化产业在乡村振兴和城市发展中起到重要的赋能作用，文化产业带是我国文化产业空间布局的创新举措，文化安全是维护国家总体安全的重要保障，文化科技融合催生数字文化产业高质量发展，这些都是未来文化产业管理价值课程中必不可少的内容。

---

① ERP 模拟沙盘是针对代表先进的现代企业经营与管理技术 ERP(企业资源计划系统)设计的角色体验的实验平台。

② iBizSim 是由北京大学光华管理学院的教授带领专业团队开发的一款企业竞争模拟软件。学员组成虚拟公司的高层管理团队，在模拟的市场环境里展开竞争，进行多期经营决策的演练，通过竞赛对抗的手段，锻炼学员正确制定企业的经营决策，并培养其企业宏观管理的能力。主要用于大学 MBA 教学、大学生创业教育、企业管理层培训等。

表 8-8　价值性知识课程内容

竞争力课程模块	主要类别	课程内容
价值性知识课程	文化国情	全球化的文化外部环境
		文化多样性与在地文化
		文化软实力和文化霸权
		中国特色文明生产力形态
		中国特色文化生产力空间构成
		中国文化国情运动的动力结构
	区域文化研究	乡村文化研究
		城市文化研究
		民族文化研究
		民俗文化研究
	文化产业伦理	价值观和伦理准则
		媒介伦理
		数字技术与数字伦理
		发展与环境的矛盾
		知识产权与盗版问题
		文化经济发展与非物质文化遗产保护间的矛盾
	经典案例赏析	国内文化产业管理经典案例赏析
		国外文化产业管理经典案例赏析

价值性知识课程一般要求达到"评价"和"创造"的目标,就文化产业管理专业而言,价值性知识课程可分为文化国情、区域文化研究、文化产业伦理、经典案例赏析四类课程。文化国情作为了解世界各地文化的重要课程,应兼具国际视角和中国视角,可通过全球化的文化外部环境、文化多样性与在地文化、文化软实力和文化霸权、中国特色文明

生产力形态、中国特色文化生产力空间构成、中国文化国情运动的动力结构等课程进行学习。当地文化研究是详细了解某一国家、某一民族、某一区域文化情况的课程,可进一步分为乡村文化课程、城市文化课程、民族文化课程和民俗文化课程四类。文化产业伦理课程是探讨文化产业发展实践中伦理问题的课程,目前主要考虑价值观和伦理准则、媒介伦理、人工智能与数字伦理、发展与环境之间的矛盾、知识产权与盗版问题、文化经济发展与非物质文化遗产保护之间的矛盾的课程学习和研讨。案例分析是深度剖析文化产业价值的重要方法,应设置国内外经典文化产业管理案例的赏析课程,以系统深入分析案例背后的价值内涵。

第四节 "数字—创意—艺术—空间—传播"创新主题

课程主题一般指围绕专业课程某一领域展开的话题类别,课程主题意义指主题呈现的核心思想或深层含义。课程主题蕴含课程模块化分类的思想,或以完成某项任务为依据来划分课程,或以培养从事某种职业应当具备的知识和技能为目的来组织课程,或以国家战略发展重要文化需求为主线来统筹课程。本节首先对世界范围课程主题设计经验进行分析,然后通过扎根研究探索国内课程主题设计的实践特色,最后展望2035年提出设计数字文化产业管理主题、创意产业管理主题、艺术管理主题、文化空间主题、文化传播主题课程的倡议。

一、主题设计的世界经验

从本书第七章的统计和分析中可知,全球各地区文化产业管理课程具有不同的类型偏向。亚洲地区和欧洲地区的课程有泛文科学习的倾向,文科素养和通识教学占较大比重。泛文科的课程类型在具有松散嫌疑的同时,也可以更好地帮助毕业生到商业和文化各行业领域就业,如我们常说的"文职"工作。在北美洲,传统艺术管理教育仍占主导,如前文所讲,全球权威的文化管理协会组织等都在北美洲,并形成了一整套艺术管理的课程标准。大洋洲的创意产业管理课程也逐渐成为主流,超过传统艺术管理课程的比重。具体到不同的国家来看,我国文化产业管理专业课程受社会环境和专业建制的影响,整体分为管理和文化两个大类,侧重产业管理或人文艺术。美国文化管理课程多为艺术管理(艺术行政),紧紧围绕艺术管理核心能力展开课程设计,尤其关注组织管理,强调艺术管理系统性的专业训练。而英国、法国、德国、韩国、新加坡等国家更为注重创意产业教育,以创意产业发展为主要背景的课程更为完善。

亚历山大·布尔基奇(Aleksandar Brkić)在《艺术管理教学:我们在哪里丢失了核心理念?》("Teaching Arts Management: Where Did We Lose the Core Ideas?")一文中指出,现行文化管理课程主要分为四种类型,即商业管理课程模式下的艺术管理教育、聚焦于艺术作品创作技术教育、文化管理与文化政策教育以及文化管理创业教育。[1] 在此

---

[1] A. Brkić, "Teaching Arts Management: Where Did We Lose the Core Ideas?", *The Journal of Arts Management, Law, and Society*, Vol. 38, No. 4(December, 2009), pp. 270-280.

基础上，郑洁结合全球文化管理课程的内容结构和聚焦点，将文化管理课程类型划分为七种类型，即泛文化议题与管理、艺术管理（艺术行政）、创意产业影响下的艺术管理、艺术实践与创意、人文与商业管理、创意产业管理和文化政策与文化空间①（详见表8-9），将文化管理课程设计的模式分为传统艺术管理课程和创意产业课程两大类②。此外，2015年公开发表的《劳特利奇文化产业手册》中提到，文化产业教学内容主要围绕"认知文化产业""文化产业核心领域""文化空间""文化产业人力资源管理""观众、中介和市场""政策与文化产业""文化产业中的政治"七个部分展开③（详见表8-10）。该手册由学科专家编辑并经同行评审，是文化产业领域的权威综述型课程讲解，在构建课程主题时可帮助高校更好地与国际课程接轨，但该手册更强调对文化产业的入门学习和了解，并未将管理作为重点，仅可作为概念性知识课程的分类参考。

表8-9 郑洁版文化管理课程类型设计及描述

课程主题	课程描述
泛文化议题与管理	课程设计较为松散，多见于人文学系或人文学系和商学系/管理学系的联合教学模式中。学习科目涉及艺术、历史、语言、文化研究、人类学等，学生自主选择搭配，以便了解文化政策（形成历史）、社会及政治过程（影响）、艺术推广和艺术市场、（社区）文化发展、创意产业等。课程提供少量工商管理学科的基础训练，如管理学基础理论、市场营销等的学习，总体上未围绕艺术/文化/创意进行能力培训

---

① 郑洁：《世界文化管理与教育》，中华书局2019年版，第167—168页。
② 郑洁：《世界文化管理与教育》，中华书局2019年版，第203—295页。
③ Kate Oakley, Justin O'Connor, *The Routledge Companion to the Cultural Industries*, Abingdon: Routledge, 2015.

课程主题	课程描述
艺术管理 (艺术行政)	围绕艺术管理的核心能力设计课程,如领导能力、商业管理能力、筹资能力、广告策划能力、市场营销能力等。提供专注艺术专门领域或创意产业的特定行业的选修课程,培养学生行业专长
(创意产业影响下的)艺术管理	杜威提出伴随着创意产业的发展,全球化、艺术体系拓展、文化政策扩张、多元赞助体系的完善等因素正影响着艺术管理。科技、市场经济、全球化等议题开始出现在传统艺术管理课程中,应顺应这些趋势,构建系统性能力培训体系
艺术实践与创意	注重艺术和创意产业的实践及创作/生产训练的课程,如艺术创作及实践训练、学生表演/演奏、设计/制作艺术或媒体作品等
人文与商业管理	简单地结合人文学科和商业管理,以双视角或双学位形式出现,帮助学生获得文化和商业并重的双重视野
创意产业管理	聚焦于创意产业的文化管理课程,包括创意组织核心管理能力培训、分类别的创意培训、偏重实践的训练课程
文化政策及文化空间	以文化政策为主的培训课程,涉及文化规划、创意城市、创意社区/空间营造等

表 8-10 《劳特利奇文化产业手册》课程主题

文化产业论观 (Perspectives on the Cultural Industries)	文化产业论观(Perspectives on the Cultural Industries)
	文化产业评价(Valuing Cultural Industries)
	艺术与文化产业:自主性与社区(Art and Cultural Industries: Autonomy and Community)
	文化产业作为经济部门(The Cultural Industries as a Sector of the Economy)
	文化产业的结构:从全球公司到中小企业(The Structure of the Cultural Industries: Global Corporations to SMEs)

(续表)

核心文化产业 (Core Cultural Industries)	文学作为文化产业(The Literary as Cultural Industries)
	多平台媒体:报纸如何适应数字时代(Multi-platform Media: How Newspapers Are Adapting to the Digital Era)
	电视的韧性及其对媒体政策的影响(The Resilience of TV and Its Implications for Media Policy)
	电视形式的全球化(The Globalization of TV Formats)
	流行音乐产业(The Popular Music Industries)
	AAA、独立、休闲与DIY:视频游戏产业的紧张地带(Between Triple-A, Indie, Casual and DIY: Site of Tension in the Videogames Cultural Industries)
	这种体育生活将成为终结:体育作为文化产业(This Sporting Life Is Going to Be the Death of Me: Sport as a Cultural Industry)
	广告文化产业(Advertising as Cultural Industry)
	音频和广播技术的文化经济(A Cultural Economy of Audio and Radio Technologies)
空间与地点 (Space and Place)	文化与城市(Culture and the City)
	消费与地点(Consumption and Place)
	农舍经济:农村文化产业的"乡村性"(Cottage Economy: The "Ruralness" of Rural Cultural Industries)
	以"印度"为研究地点(Producing "India" as Location)
	上海文化经济与城市发展(Cultural Economy and Urban Development in Shanghai)
	转型经济中的文化产业(Cultural Industries in Transition Economies)
	将后工业城市转变为文化城市:多伦多滨水区案例(Turning the Post-industrial City into the Cultural City: The Case Toronto's Waterfront)

(续表)

文化产业与劳动 (Cultural Industries and Labor)	文化产业中的管理(Management in the Cultural Industries)
	创意职业与文化价值(Creative Vocations and Cultural Value)
	创意产业中新兴的劳动政治(Emerging Labor Politics in Creative Industries)
	好莱坞认知论者(Hollywood Cognitarians)
	工作中的阶级与排斥：英国电影和电视的案例(Class and Exclusion at Work: The Case of UK Film and Television)
观众、中介与市场 (Audiences, Intermediaries and Markets)	想象文化消费者：阶级、酷和鉴赏力(Imagining the Cultural Consumer: Class, Cool and Connoisseurship)
	挑战界限：粉丝与文化产业(Challenging Boundaries: Fans and Cultural Industries)
	将公共关系视为文化产业(Understanding Public Relations as a Cultural Industry)
	数据是一种文化吗？数据分析与文化产业(Is Data a Culture? Data Analytics and the Cultural Industries)
	数字化文化机构的社会责任：环境、劳动、废弃(Social Liabilities of Digitizing Cultural Institutions: Environment, Labor, Waste)
	"新"音乐产业中的流行音乐制作和宣传工作(Popular Music Making and Promotional Work Inside the "New" Music Industry)
政策与文化产业 (Policy and the Cultural Industries)	体育、媒体与观众(Sport, Media and Audiences)
	文化劳动框架：支持良好的工作(A Framework for Cultural Labor: Shoring Up the Good Jobs, Well Done)
	构建创造力：高等教育与文化产业劳动力(Constructing Creativities: Higher Education and the Cultural Industries Workforce)

(续表)

政策与文化产业 (Policy and the Cultural Industries)	一如既往的业务：创意产业与英国国家的特殊性（Business as Usual: Creative Industries and the Specificity of the British State）
	英国电影委员会的创建与销毁（The Creation and Destruction of the UK Film Council）
	拓宽地方发展路径：文化经济的变革性愿景（Widening Local Development Pathways: Transformative Visions of Cultural Economy）
文化产业的政治 (The Politics of the Cultural Industries)	在文化自信与意识形态不安之间：中国文化产业的软实力策略（Between Cultural Confidence and Ideological Insecurity: China's Soft Power Strategy for the Cultural Industries）
	性别与文化产业（Gender and the Cultural Industries）
	文化生产中的种族营销（The Marketing of Race in Cultural Production）
	文化产业与大众传播研究：栽培分析视角（Cultural Industries and a Mass Communication Research: A Cultivation Analysis View）
	文化、政治与文化产业：重振批判议程（Culture, Politics and the Cultural Industries: Reviving a Critical Agenda）

二、主题设计的中国实践与展望

通过扎根研究可知我国文化产业管理专业的培养目标和现行课程情况（详见表8-11）：现行的课程主要分为文化艺术类课程、产业管理类课程和工具应用类课程三大类，基本上覆盖了业界和学界专家所提的文化、产业、管理和创意的知识内容，但在技术学习上,目前则局限于计算机技能学习、语言技术和数理分析技术的学习,落后于文化产业行业实践中的技术需求,甚至部分高校仍存在技术教学缺失的问题。

表8-11 我国文化产业管理课程主题

课程大类	课程小类	开设课程
文化艺术 (对应竞争力模型中的 "陈述性知识")	文化	文化学
		文化史
		文化资源
		文学
		"文化+"
		文化产业
		哲学
	艺术审美	美学
		艺术
		艺术史
产业管理 (对应竞争力模型中的 "程序性知识")	经济贸易	金融
		经济
		贸易
		消费
	产业管理	传播营销
		创意策划
		经营管理
	政策法规	法学
		行政政策

(续表)

课程大类	课程小类	开设课程
工具应用 （对应竞争力模型中的"策略性知识"）	专业技能	计算机
		设计
		图像摄影
		文本写作
		语言
	数理分析	逻辑思维
		数学
		统计学
	学术研究	学术史
		研究方法

在考虑文化产业管理专业课程主题时，不仅要有广阔的国际视野，更要有长远的眼光。展望2035年，"我国将基本实现社会主义现代化。经济实力、科技实力、综合国力将大幅跃升，经济总量和城乡居民人均收入将再迈上新的台阶，关键核心技术实现重大突破，进入创新型国家前列""将建成文化强国、教育强国、人才强国、体育强国、健康中国，国民素质和社会文明程度达到新高度，国家文化软实力显著增强""提高社会文明程度""提升公共文化服务水平""健全现代文化产业体系"[1]等是未来文化建设的重点任务。因此，本书基于在知识体系中具有承上启下的重要作用的程序性知识课程中提出的产业管理、文化经济、文化传播、艺术管理、文化空间五类课程，结合价值性知识课程中

---

[1] 中华人民共和国中央人民政府：《中华人民共和国国民经济和社会发展第十四个五年规划和2035年远景目标纲要》，2021年3月13日，https://www.gov.cn/xinwen/2021-03/13/content_5592681.htm。

"中国文化国情"课程的重要启示,将数字文化产业这一最新产业形态作为重要落脚点,推出"数字文化产业管理主题课程",将文化产业中最重要的一环自主创新放在突出位置,推出"创意产业管理主题课程",将综合商业与艺术管理作为广泛意义上的文化,推出"艺术管理主题课程",将文化城市和美丽乡村作为美好生活的环境保障,推出"文化空间主题课程",将讲好中国故事、增强文化认同、增强中华文明影响力作为抵抗文化霸权和展示中国形象的重要手段,推出"文化传播主题课程"。

三、五大主题的竞争力课程设计

(一) 数字文化产业管理主题

数字文化产业的形成和发展得益于数字网络技术的发展和国家政策的推动。2015 年,"互联网+"风起云涌,信息传输服务业蓬勃发展,文化产业的新业态、新模式大量涌现。《中华人民共和国国民经济和社会发展第十三个五年规划纲要》正式将数字创意产业列为战略性新兴产业之一,随后又在《"十三五"国家战略性新兴产业发展规划》(2016 年)中明确了"数字创意产业"在载体、形式和内容三个方面的发展路径。《文化部关于推动数字文化产业创新发展的指导意见》(2017 年)作为国家层面关于数字文化产业发展的第一份宏观指导性文件,首次提出了"数字文化产业"概念。《完善促进消费体制机制实施方案(2018—2020 年)》(2018 年)提出拓展数字影音、动漫游戏、网络文学等数字内容。《文化和旅游部关于推动数字文化产业高质量发展的意见》(2020 年)则进一步提出实施文化产业数字化战略,推动数字文化产业高质量发展,并紧接着将这一战略写入《中华人民共和国国民经济和社会发展第十四个五年规划和 2035 年远景目标纲要》(2021 年)。同时,数字文化产业专业硕士试点工作也在北京大学、清华大学、上海交通大学、中山大学、吉林大学、兰州大学、重庆大学等 11 家院校展开,国家层面推动数字文化产业相关专业进入国民教育体系,对于实施国家文化数字化战略、促进创新链与产业链精准对接意义重大。因此,在本科阶段专业授课上,进行数字文化产业管理相关内容的学习和实践,可以更好地与硕士、博士阶段文化产业人才培养实现对接。

从硕士阶段的课程设计经验来看,以复合型课程为设计主线,突出强化信息技术类课程和跨学院设课。吉林大学张公一认为,数字文化产业专业硕士具备明显的学科交叉融合特征,涉及经济、管理、信息技术、文化传播等多学科知识,课程体系应涵盖数字文化产业组织与管理、数字内容与数字创意、文化与科技融合三个领域。[1] 清华大学陈慧敏指出,专业通过与计算机系、美术学院等相关院系合作,推出媒介编程、计算方法等特色课程。兰州大学李志远则强调加入文化类及哲学类课程,引导学生对行业属性及人生价值进行思考。中山大学徐红罡指出,该校课程主要围绕数字文旅产品生成及内容设置。[2] 重庆大学雒三桂提出专业课程应主要涉及数字技术、文化创意和经济管理三大板块,尤其要注重中华优秀传统文化和历史文化资源的数字化转化与创新。[3] 此外,数据开发和应用、深度分析和挖掘数据价值、创造和实现数据应用场景、创造和使用数字工具、管理数字项目等也是用人单位

---

[1] 吉林大学工商管理硕士教育中心:《吉林大学 MBA 教育中心参加全国数字文化产业硕士课程体系建设推进会》,https://mba.jlu.edu.cn/info/1035/1566.htm。
[2] 杨丽敏:《汇聚数字文化产业人才发展新动能》,http://www.ctnews.com.cn/paper/att/202311/29/42b40b0c-62c6-401a-b52c-ddc6cfa645df.pdf。
[3] 李刚:《艺术学院参加全国数字文化产业专业硕士课程体系建设研讨会》,http://www.arts.cqu.edu.cn/info/1053/3788.htm。

希望文化产业管理专业教授的内容。

基于此,本书提出数字文化产业管理专题课程(详见表8-12)围绕"如何提供高质量的数字文化体验"设计的陈述性知识课程可包括文化产业、文化产业管理概论、管理学、工商管理导论、数字文化产业理论与实务、数字文化精粹和知识产权法等,在夯实管理学和文化产业专业知识的基础上,掌握数字文化及数字文化产业的特殊概念和知识体系。程序性知识课程为面向应用场景的课程,如数字媒体产业、动漫及衍生品产业、数字电竞产业、数字营销产业、网络文学产业、数字创意设计产业、虚拟现实产业、数字教育产业、数字出版产业、数字音乐产业、数字文旅产业、数字直播产业、沉浸式产业的运营和管理专题。策略性课程聚焦语言、数字技能和创意的培养,可设数字文化产业英语/西班牙语/法语/日语等、大学文科数学、数据管理、人文与社会科学计算、创意思维训练、创业赛/挑战赛培训。价值性知识课程主要以研究和探讨各国文化数字化战略研究、数字技术与数字伦理、重点行业经典案例赏析(策展与数字文博/影视与数字媒体/数字音乐与管理/人工智能与创新设计)为主。

表8-12 数字文化产业管理主题课程

知识维度	具体课程	认知程度
陈述性知识课程	文化产业	记忆、理解
	文化产业管理概论	记忆、理解
	管理学	记忆、理解
	工商管理导论	记忆、理解
	数字文化产业理论与实务	记忆、理解
	数字文化精粹	记忆、理解
	知识产权法	记忆、理解

(续表)

知识维度	具体课程	认知程度
程序性知识课程	数字媒体产业运营与管理	理解、运用
	动漫及衍生品产业运营与管理	理解、运用
	数字电竞产业运营与管理	理解、运用
	数字营销产业运营与管理	理解、运用
	网络文学产业运营与管理	理解、运用
	数字创意设计产业运营与管理	理解、运用
	虚拟现实产业运营与管理	理解、运用
	数字教育产业运营与管理	理解、运用
	数字出版产业运营与管理	理解、运用
	数字音乐产业运营与管理	理解、运用
	数字文旅产业运营与管理	理解、运用
	数字直播产业运营与管理	理解、运用
	沉浸式产业运营与管理	理解、运用
策略性知识课程	数字文化产业英语/西班牙语/法语/日语等	运用
	大学文科数学	运用
	人文与社会科学计算	运用、分析
	数据管理	运用、分析
	数据库搭建与应用	运用、分析
	创意思维训练	运用、分析
	创业赛/挑战赛培训	运用、分析
价值性知识课程	各国文化数字化战略研究	评价
	数字技术与数字伦理	评价、创造
	重点行业经典案例赏析 （策展与数字文博/影视与数字媒体/ 数字音乐与管理/人工智能与创新设计）	评价、创造

(二) 创意产业管理主题

国际上对创意产业、创意经济、创意城市和创意生态的讨论已经从理念研究、学术讨论发展到全球实践的新领域、新阶段。[①] 发展创意产业是发达国家可持续发展的重要国策,也是发展中国家和欠发达国家、地区转型发展的重要依托。创意产业被视为是超越文化产业的一种新型产业业态,脱胎于文化产业政策,实现了软驱动取代硬驱动、价值链取代产业链、消费导向取代产品导向产业发展模式的创新。[②] 在文化产业管理专业课程设计的语境下,创意产业更多地指向新的经济环境,以创意为文化产品内容,利用符号意义创造文化产品的价值,知识产权成为产品价值的核心构成。虽然在我国政策环境中将"文化产业"作为统一术语和统计标准,但随着文化与科技、金融、农业、工业等的融合和发展,创意新行业新业态已成为文化产业的重要领域,全国一线文创城市早已将重心转移到创意发展,相关专业授课也在积极进行中。北京、上海、成都、杭州等城市均以文化创意产业作为发展规划对象和实践重点(详见表8-13)。多项关于文化创意产业的规划和政策,为搭建国际综合创意平台和人才高地提供了良好的基础,既带动了优秀传统文化的创意转化,引领了文化消费新潮流,又有效赋能了创意城市建设和美丽乡村的振兴发展。

[①] 金元浦:《我国当前文化创意产业发展的新形态、新趋势与新问题》,《中国人民大学学报》2016年第4期,第2—10页。
[②] 厉无畏、王慧敏:《创意产业促进经济增长方式转变——机理·模式·路径》,《中国工业经济》2006年第11期,第5—13页。

表 8-13 代表城市文化创意产业规划政策

城市	政策	年份
北京	《北京市文化创意产业发展指导目录》	2016
	《关于推进文化创意产业创新发展的意见》	2018
上海	《关于加快本市文化创意产业创新发展的若干意见》	2017
	《上海市文化创意产业分类目录》	2022
	《上海市促进文化创意产业发展财政扶持资金管理办法》	2023
成都	《成都市文化创意产业分类目录》	2019
	《成都市数字文化创意产业发展"十四五"规划》	2022
	《成都市"十四五"世界文创名城建设规划》	2022
杭州	《杭州市文化创意产业发展"十三五"规划》	2021
	《杭州市加快国际文化创意中心建设行动计划（2023—2025年)》	2023

在创意主题授课方面,主要聚焦点有创意组织管理、创意产业生产与管理、创意产业生产核心技术、创新产业核心特征、创意产业不同界别、创意产业商业和法治环境、地方营建与文化政策。创意组织管理课程提供扎实的创意组织基础管理课程和针对具体创意行业的多元丰富的选修课程,注重帮助学生成为创意产业的领导者和管理者。创意产业生产与管理课程注重培养文科功底以创作文化产品的内容,训练图像设计及数码技术应用能力以推动文化作品转化为文化产品,培养创意产业组织的管理能力以推动文化产品在市场中顺利流通。创意产业生产核心技术课程致力于培训文化生产技术,包括文化内容的创作、设计制作、传媒产品的制作、文化旅游景点的开发与保护等。创意产业核心特征课程围绕产业的创新、创业、市场活力、全球化、新技术等关键特征进行内容设计。针对创意产业不同界别的课程是针对各个行业(如

设计、时尚、游戏、数码媒体、媒体、娱乐、广告、视觉与表演艺术等)设计不同的培训模式。创意产业商业和法治环境课程涉及法治环境、组织管理、项目管理、研究、创业等五个方面,对产业运营环境关注较多。地方创意营建与文化政策课程焦点在于创意地方营建、文化旅游及文化政策,城市、社区、文化规划、集聚区等关键内容(详见表8-14)。

表8-14 创意主题课程

知识维度	具体课程	认知程度
陈述性知识课程	创意产业学/文化创意原理与方法	记忆、理解
	管理学	记忆、理解
	工商管理导论	记忆、理解
	人力资源管理	记忆、理解
	创业学	记忆、理解
	创意经济概要	记忆、理解
	创意企业的商业原理	记忆、理解
	文化经济	记忆、理解
	创意企业与创业	记忆、理解
	中国传统文化概论	记忆、理解
	西方文化通论	记忆、理解
	文化产业政策与法规	记忆、理解
	知识产权法	记忆、理解
程序性知识课程	创意市场营销	理解、运用
	创意项目管理技巧	理解、运用
	知识产权运营与管理	理解、运用
	财务和会计	理解、运用
	品牌创建与管理	理解、运用

(续表)

知识维度	具体课程	认知程度
程序性知识课程	创意经济与文化规划	理解、运用
	文化创意产品设计与开发（文博/文物、行业界别）	理解、运用
	不同界别的产业管理（广告/建筑设计/时尚设计/表演艺术/工艺/数码娱乐/电影/音乐/出版）	理解、运用
策略性知识课程	行业英语/西班牙语/法语/日语……	运用
	图像设计/图像处理技术	运用
	统计软件与数据分析	运用、分析
	研究方法	运用、分析
	管理决策工具	运用、分析
	网页策划与编辑	运用、分析
	视频制作技术	运用
	创意思维与视觉表现	运用、分析
	创意与批判思维训练	运用、分析
	创意写作	运用、分析
	创意与文化创业	运用、分析
	创业赛/挑战赛培训	运用、分析
	创意工作坊：写作类/非遗类/技术类	运用、分析
价值性知识课程	创意城市/未来城市/城市创新	评价、创造
	新兴文化旅游趋势和实践	评价、创造
	创意社区营建	评价、创造
	文化和可持续发展	评价、创造
	创意合作	评价、创造
	重点行业经典案例赏析	评价、创造

(三) 艺术管理主题

艺术管理作为国外文化产业管理专业发展的第一阶段,是该阶段文化产业管理的核心内容,是将计划、组织、领导、控制等管理职能创新应用于艺术创作与生产、艺术展示与传播,以达到艺术行为预设目标的"年轻专业"。在当今时代文化产业已将艺术产业与市场、艺术策划、艺术传播、艺术创意等内容作为重要分支,涉及可持续发展、国际交流、社区联系、社会创新、新型创业、数字化与人工智能、跨文化交流、艺术领导力等多元议题,展现出极强的跨学科特性。诞生于20世纪60年代欧美艺术机构运作经验的艺术管理,其应用场景一般分为非营利性机构和营利性机构两个方面。非营利性机构为国家或社区设立的满足群众文化艺术生活需求的服务机构,如博物馆、公立剧院、歌舞团、艺术馆、文化基金会、美术馆、高校艺术组织等。营利性机构为具有营利性和商业性的机构,如拍卖行、画廊、营利性剧团、艺术公司、传媒公司、奢侈品公司等。

从广义上讲,我国从艺术诞生和传播的开始就有了艺术管理。上海戏剧学院党委副书记、院长黄昌勇指出,上海作为演艺行业的"东方百老汇",在20世纪20—30年代,传统戏剧市场化程度非常高,蕴含着流传至今的管理思想。中央美术学院艺术管理与教育学院院长余丁认为,艺术管理所要解决的核心问题是关系中国未来发展的文化问题,尤其要转变西方语境下强调"艺术管理本质是提高运营机构效率"的思路,倡导艺术管理的美育本质,满足社会大众的美育需求。中央财经大学文化与传媒学院院长刘双舟表示,艺术管理应在文化背景、科技背景下圈定范围,数字信息化发展可能会对艺术管理产生颠覆性改变。齐悦和中国人民大学艺术学院副院长顾亚奇也强调文化科技融合催生了新的研究对象和管理对象,涌现出门类艺术融通互动、数字艺术引领前沿的浪潮。在课程设计上,传统艺术管理(视觉艺术管理和表演艺术管理)、艺术和商业结合、艺术创作实践课程类型较为多见,理论与实践结合、知识与技术兼顾、课内与课外统一的课程体系逻辑较为通用,跨学科研讨、跨院系教学、跨地区实践授课模式较为成熟。北京师范大学教授郭必恒尤其强调艺术管理的人文课程,包括审美感知类、历史人文类和社会效益类,其中,审美感知课程可围绕艺术实践、鉴赏和批评展开,历史人文课程可围绕艺术史和文化遗产展开。清华大学美术学院艺术管理学科负责人章锐亦指出,通识性文科教育和跨学院交叉授课的"少而精"清华模式具有较强的实践性。① 因此,各高校需要回应时代需求、响应学科使命,设计出具有中国气派和中国精神的课程体系(详见表8-15)。

表8-15 艺术管理主题课程

课程类型	具体课程	认知维度
陈述性知识课程	文化产业管理概论	记忆、理解
	工商管理导论	记忆、理解
	管理学	记忆、理解
	艺术概论	记忆、理解
	艺术心理学	记忆、理解
	艺术社会学	记忆、理解
	艺术哲学	记忆、理解
	艺术管理概论	记忆、理解
	美学原理	记忆、理解

---

① 顾亚奇、王立锐:《新文科建设背景下艺术管理学科发展的新趋向——2020年中国人民大学首届"明德艺术论坛"综述》,《艺术管理(中英文)》2021年第1期,第154—158页。

(续表)

课程类型	具体课程	认知维度
陈述性知识课程	中国艺术史	记忆、理解
	西方艺术史	记忆、理解
	中国古典艺术理论	记忆、理解
	外国经典艺术理论	记忆、理解
	当代艺术流派与思潮	记忆、理解
	艺术政策与法规	记忆、理解
	演艺管理概论	记忆、理解
	视听语言基础	记忆、理解
程序性知识课程	艺术项目策划与制作	理解、运用
	艺术机构运营	理解、运用
	艺术推广与营销	理解、运用
	艺术筹资与赞助	理解、运用
	影视节目策划	理解、运用
	视觉艺术运营与管理	理解、运用
	表演艺术运营与管理	理解、运用
	艺术市场	理解、运用
	数字制片管理	理解、运用
	剧院管理	理解、运用
	博物馆管理	理解、运用
	画廊管理	理解、运用
	NFT艺术产业经营与管理	理解、运用
	艺术教育	理解、运用
策略性知识课程	艺术行业英语/西班牙语/法语/日语……	运用
	Photoshop图像处理	运用

(续表)

课程类型	具体课程	认知维度
策略性知识课程	摄像技术与艺术	运用、分析
	图像处理	运用
	三维建模	运用
	数据可视化传播与应用	运用、分析
	社会调查研究方法	运用、分析
	管理决策工具	运用、分析
	艺术项目实习	运用、分析
	艺术行业讲座	运用、分析
	艺术教育实验	运用、分析
	就业创业	运用、分析
	创业赛/挑战赛培训	运用、分析
价值性知识课程	全球艺术世界	评价、创造
	城市发展与视觉艺术	评价、创造
	乡村艺术与乡村建设	评价、创造
	艺术与社区参与	评价、创造
	艺术批评	评价、创造
	艺术与节庆管理	评价、创造
	艺术管理案例赏析（全景型案例、决策型案例）	评价、创造

（四）文化空间主题

文化空间是文化产业管理的重要对象,亦是人类学、社会学、文化学、地理学、城市学、计算机科学等学科重要的研究对象。在经济发展和区域建设的实践中,文化空间具有多层表征含义和现实价值。在人类学视角下,文化空间多用于指非物质文化遗产的类型、表现形式及生存环境。在社会学视角下,文化空间指各种形式的人类活动赖以实现的物质空间和社会空间,具有结构性、内聚性、时空性、流动性、竞争性特征。在文化学视角下,文化空间指文化得以习得并传承的框架,是一种由意义符号、价值载体构成的场所、场景和景观。在地理学视角下,文化空间指具有相似的人类活动、传统和文化属性的空间地理区域,具有构建和解构的现实意义。在城市学视角下,文化空间探讨了城市创新、城市文化、亚文化空间、乡村文化空间、民族文化空间等。[1] 在计算机科学视角下,基于互联网等计算机技术产生的虚拟空间大大拓展了文化空间的时空维度,革新了文化的表现形式和互动体验。

文化产业管理专业下的文化空间则是集结各类视角研究和实践成果的复杂有机体,关注城市文化空间、乡村文化空间、商业文化空间、公共文化空间等多样化的空间类型,关切空间中人或群体的行为表现和互动关系,注重非物质文化遗产等代表性文化资源的传承保护和开发利用,推崇在地化空间营建的思路,将物质性、精神性和社会性的统一作为最终追求。无论是"长三角及全国部分城市最美公共文化空间大赛"中的基层文化空间、公共阅读空间、美丽乡村文化空间、商圈文化空间、文博艺术空间、跨界文化空间,还是博客空间、社交空间、游戏空间、论坛空间,抑或文化元宇宙等,都是文化空间主题可教学的范畴。例如,中国传媒大学"创意营造"慕课主要讲授了公共空间、文化产业园区、社区、乡村、特色小镇、城市综合体、众创空间等文化空间创意营造的方法。再如,中国传媒大学开创性地设置虚拟空间文化生产与管理微专业,围绕虚拟空间的特点开展文化创意生产与管理的策划、创

---

[1] 伍乐平、张晓萍:《国内外"文化空间"研究的多维视角》,《西南民族大学学报(人文社科版)》2016年第3期,第7—12页。

意、传播和运营教学(课程详见表8-16)。

表8-16 中国传媒大学虚拟空间文化生产与管理微专业课程

课程	课程内容
虚拟科技与文化创意	讲授虚拟技术给文化创意模式、内容生产与消费模式、内容传播方式、知识产权、数字伦理、文化生产与再生产规律以及人类价值观念等带来的深刻影响和变革
虚拟现实叙事与传播	讲授在虚拟现实空间里如何掌握"讲故事"的技巧,加强全景叙事、互动叙事效果,引导学生从传播的角度学习加强文化传播、创造文化新景观的方式与方法
虚拟空间的文化拓展策略	围绕虚拟空间的文化拓展,云博物馆、网络游戏、虚拟社群等虚拟空间文化生产与消费的案例研究
虚拟文化空间规划与运营	重点介绍国内外展览空间、阅读空间、观演空间、旅游空间及各类创新空间的虚拟化设计实践和数字化运营
数字空间的消费场景与行为研究	把握数字消费空间的新特征和新规律,聚焦数字博物馆、数字演艺娱乐、数字展会、数字艺术及艺术品数字化、数字旅游、直播等为代表的新兴业态的消费行为和动机
虚拟空间的文化法治	重点讲授新时代网络虚拟空间建设与规制的相关法律法规以及政府政策,并结合国家文化数字化战略,重点探讨虚拟空间文化安全、知识产权认定与保护、人工智能等法律问题
虚实共生空间沉浸营造方法	讲授虚拟偶像的发展史、应用逻辑、商业模式、经纪管理、市场运营、法治监管等文化经济理论和实务操作的内容
虚拟数字人实践与应用	讲授虚拟数字人概念特征、发展历程、关键技术、应用场景、产业趋向,思考并探讨虚拟数字人的未来发展方向
虚拟偶像经济	讲授虚拟偶像的发展史、应用逻辑、商业模式、经纪管理、市场运营、法治监管等文化经济理论和实务操作等内容

(续表)

课程	课程内容
虚拟制片实战应用	系统地介绍数字内容和影视虚拟制片相关的实践和理论,对虚拟制片涉及的可视化创作、多元化融资、生产链路重组、精细化成本控制及宣发手段、智能覆盖等方面进行讲解与实操练习

资料来源:整理自中国传媒大学"2023年春季虚拟空间文化生产与管理微专业招生简章",https://scim.cuc.edu.cn/2022/1104/c2673a200913/page.htm。

文化产业管理专业文化空间主题课程(详见表8-17),在文化产业管理专业课程的基础上,适当交叉了人文地理与城乡规划专业、景观设计专业、城市规划与设计专业课程,尤其是策略性知识课程,设定了专业摄影、城乡规划CAD、Photoshop图像处理、遥感原理与应用、计算机辅助规划设计、建筑工程制图、地理信息系统技术、效果图制作、空间数据分析等规划设计技术类课程,更有助于学生学习如何将文化空间的创意设计和氛围营造落实到可体验的现实环境中。

表8-17 文化产业管理专业文化空间主题课程

知识维度	具体课程	认知程度
陈述性知识课程	文化产业学	记忆、理解
	文化产业管理概论	记忆、理解
	工商管理导论	记忆、理解
	公共管理概论	记忆、理解
	美学经济	记忆、理解
	市场营销学	记忆、理解
	文化学概论	记忆、理解
	中国传统文化概论	记忆、理解
	西方文化通论	记忆、理解

(续表)

知识维度	具体课程	认知程度
陈述性知识课程	文化研究概论	记忆、理解
	文化资源概论	记忆、理解
	数字文化精粹	记忆、理解
	艺术概论	记忆、理解
	文化产业政策与法规	记忆、理解
	人文地理学	记忆、理解
	城市规划原理	记忆、理解
	旅游地理学	记忆、理解
	经济地理学	记忆、理解
程序性知识课程	区域分析与规划	理解、运用
	视觉设计基础	理解、运用
	会展产业经营与管理	理解、运用
	文化娱乐产业经营与管理	理解、运用
	城市规划设计	理解、运用
	村镇规划	理解、运用
	旅游规划与开发	理解、运用
	文化景观规划与设计	理解、运用
	乡村文化空间营造	理解、运用
	城市文化空间塑造	理解、运用
	虚拟文化空间构建	理解、运用
	商圈文化空间营造与管理	理解、运用
	文博艺术空间营造与管理	理解、运用
	城乡规划管理与法规	理解、运用

(续表)

知识维度	具体课程	认知程度
策略性知识课程	行业英语/西班牙语/法语/日语……	运用
	专业摄影	运用
	城乡规划 CAD	运用
	Photoshop 图像处理	运用
	遥感原理与应用	运用、分析
	计算机辅助规划设计	运用
	建筑工程制图	运用
	地理信息系统技术	运用
	效果图制作	运用
	空间数据分析	运用、分析
	社会调查研究方法	运用、分析
	管理决策工具	运用、分析
	文化项目实习	运用、分析
	创意思维训练	运用、分析
	行业讲座	运用、分析
	就业创业	运用、分析
	创业赛、挑战赛培训	运用、分析
价值性知识课程	全球化的文化和文化认同	评价
	文化样性和在地文化	评价
	文化软实力和文化霸权	评价
	城市文化研究	评价、创造
	乡村文化研究	评价、创造
	民族文化研究	评价、创造
	民俗文化研究	评价、创造

(续表)

知识维度	具体课程	认知程度
价值性知识课程	发展与环境的矛盾	评价
	文化空间营建经典案例赏析(书店/文化综合体/国家文化公园/博物馆/文化元宇宙/传统村落/旅游目的地)	评价、创造

(五) 文化传播主题

文化传播主题课程的特色在于传播,所以明确文化语境下的传播至关重要。针对传播的传递观、权力观、控制观的讨论此起彼伏,直到20世纪60年代开始,传播研究才从"信息传递"转向"文化意义生产",出现"文化即传播,传播即文化"①"传播实践是文化动态性的核心机制"②"媒介不再是外部的'工具',而是构成社会行动和文化意义的根本条件"③等新观点。文化是以文"化"人的过程,是传播与交流的过程,传播存在于文化传承与发展的过程中,甚至构成文化本身。文化传播是一种沟通人与人、人与群体、人与社会之共存关系的交往、交流,是人类信息、知识、价值和意义的传播,④文化产业视角下的文化传播,侧重于文化产品的生产、交换、流通和消费过程中文化的传递、交流与互动。

全球化语境下,国家发展须置于文明互鉴的全球坐标体系中审视。当代国家战略普遍遵循"对内构建文明叙事,对外实施文化传播"双重

---

① 詹姆斯·凯瑞:《作为文化的传播——媒介与社会文集》,丁未译,华夏出版社2005年版,第23页。
② 雷蒙德·威廉斯:《文化与社会》,吴松江、张文定译,北京大学出版社1991年版,第55页。
③ Nick Couldry, *Media, Society, World: Social Theory and Digital Media Practice*, Cambridge: Polity Press, 2012.
④ 殷晓蓉:《关于传播的文化学意义——从三个基本问题入手》,《新闻大学》2005年第1期,第14—18、37页。

逻辑。文化传播既塑造国际认知图式,又重构全球治理的价值博弈,成为构建人类命运共同体的深层互动机制。在中国,文化传播更是带有文化自信自强和文明交流互鉴的战略性意义。党的十八大以来,以习近平同志为核心的党中央高度重视文化传播工作和国际话语能力建设,党的二十大报告中明确提出"增强中华文明传播力影响力",对坚守中华文化立场,讲好中国故事、传播好中国声音,加强国际传播能力建设,深化文明交流互鉴等做出了全面部署。而提高文化传播效能的重要前提是拥有共同的价值观,价值观是文化传播的内在灵魂,文化传播是价值观的现实载体。在我国,文化传播是社会主义核心价值观形塑群体共识的重要方式,是达成价值认同、制度认同与文化认同的有效手段。

综上所述,文化传播主题课程通过帮助学生掌握自我、人际、组织、大众、文艺、跨文化等文化传播的模式与规律,了解物质文化传播、精神文化传播、媒介文化传播、形象文化传播等多样化文化传播的途径与方式,对传播的主体、受众、媒介和内容进行多维度的考察,尤其是在全球化背景下,课程将重点学习跨文化传播带来的新挑战,深入探讨价值与范式、文化与认同、冲突与合作等国际议题,掌握媒介经营管理、文化品牌管理、国家形象管理的策略和方法。所以在具体课程设置上(详见表 8-18),综合了传播学、网络与新媒体、新闻学、广告学等专业课程,以兼顾文化和传播的教学培养需要。

表 8-18　文化传播主题课程

知识维度	具体课程	认知程度
陈述性知识课程	文化产业学	记忆、理解
	文化产业管理概论	记忆、理解
	管理学	记忆、理解
	工商管理导论	记忆、理解
	中国传统文化概论	记忆、理解

(续表)

知识维度	具体课程	认知程度
陈述性知识课程	西方文化通论	记忆、理解
	文化传播学	记忆、理解
	跨文化传播	记忆、理解
	文化安全学	记忆、理解
	传播学概论	记忆、理解
	网络与新媒体概论	记忆、理解
	大众传播史	记忆、理解
	传播政治经济学	记忆、理解
	媒介文化研究	记忆、理解
	公共关系学概论	记忆、理解
	舆论学	记忆、理解
程序性知识课程	新闻信息产业经营与管理	理解、运用
	出版产业经营与管理	理解、运用
	传媒产业经营与管理	理解、运用
	媒介经营与管理	理解、运用
	品牌创建与管理	理解、运用
	新媒体运营与管理	理解、运用
	社交媒体与客户管理	理解、运用
	跨文化传播实务	理解、运用
	媒介市场分析	理解、运用
	公共关系管理	理解、运用
	公共外交与对外文化传播	理解、运用
	文化沟通心理学	理解、运用
	数字传播技术应用	理解、运用
	舆情监测	理解、运用

(续表)

知识维度	具体课程	认知程度
策略性知识课程	传播行业英语/西班牙语/法语/日语……	运用
	量化传播研究方法	运用、分析
	质性传播研究方法	运用、分析
	数字多媒体作品创作	运用、分析
	新媒体数据分析与应用	运用、分析
	摄像技术与艺术	运用、分析
	调查软件与应用	运用、分析
	传播调查与统计	运用、分析
	传播效果与测量	运用、分析
	受众与视听率分析	运用、分析
	数据可视化传播与应用	运用、分析
	跨媒体传播实验	运用、分析
	就业创业	运用
	创业赛/挑战赛培训	运用
价值性知识课程	全球化世界中的中国传播	评价、创造
	文化软实力与文化霸权	评价、创造
	中国媒体融合理论与实践研究	评价、创造
	媒介伦理	评价、创造
	传播理论前沿	评价、创造
	传播伦理与法规	评价、创造
	文化传播经典案例赏析("一带一路"传播、影视作品传播、网络文学作品传播)	评价、创造

附录
2003—2023年度我国文化产业管理专业名单*

年份	编号	院校名称	学位授予门类	备注
2003	1	山东大学	管理学	
	2	北京广播学院	管理学	
	3	中国海洋大学	管理学	
	4	云南大学	管理学	
2004	1	中央财经大学	管理学	
	2	华东政法学院	管理学	
	3	山东艺术学院	管理学	
	4	江西财经大学	管理学	
	5	湖南师范大学	管理学	
2005	1	复旦大学上海视觉艺术学院	管理学	
	2	浙江传媒学院	管理学	
	3	北京师范大学珠海分校	管理学	
	4	信阳师范学院	管理学	
	5	广西师范学院	管理学	
	6	湘潭大学	管理学	

* 经教育部备案或批准设置的高等学校文化产业管理专业。

(续表)

年份	编号	院校名称	学位授予门类	备注
2006	1	同济大学	管理学或艺术学	
	2	长春大学	管理学	
	3	山东经济学院	管理学	
	4	石家庄学院	管理学	
	5	北京印刷学院	管理学	
	6	徐州师范大学	管理学	
	7	浙江林学院	管理学	
	8	浙江工商大学	管理学	
	9	安徽师范大学	管理学	
	10	厦门理工学院	管理学	
	11	广东商学院	管理学	
	12	贵州大学	管理学	
	13	咸阳师范学院	管理学	
2007	1	河北经贸大学	管理学	
	2	上海师范大学	管理学	
	3	常熟理工学院	管理学	
	4	临沂师范学院	管理学	
	5	广西师范学院	管理学	
2008	1	西南大学	管理学	
	2	中华女子学院	管理学	
	3	内蒙古师范大学	管理学	
	4	上海应用技术学院	管理学	
	5	三江学院	管理学	

(续表)

年份	编号	院校名称	学位授予门类	备注
2008	6	浙江师范大学	管理学	
	7	福建农林大学	管理学	
	8	山东轻工业学院	管理学	
	9	洛阳师范学院	管理学	
	10	吉首大学	管理学	
	11	湖南商学院	管理学	
	12	四川文理学院	文学	后期调整为管理学
	13	云南艺术学院	文学	后期调整为管理学
2009	1	首都师范大学	管理学	
	2	天津音乐学院	文学	后期调整为艺术学
	3	太原理工大学	管理学	
	4	山西大学商务学院	管理学	
	5	黄山学院	管理学	
	6	安徽财经大学	文学	后期调整为管理学
	7	仰恩大学	文学	后期调整为管理学
	8	江西师范大学	管理学	
	9	武汉工业学院	管理学	
	10	西安理工大学	文学	后期调整为管理学
	11	西安建筑科技大学	文学	后期调整为管理学
	12	广西艺术学院	文学	后期调整为管理学或艺术学

(续表)

年份	编号	院校名称	学位授予门类	备注
2010	1	西南民族大学	管理学	
	2	邯郸学院	管理学	
	3	内蒙古大学	文学	后期调整为管理学
	4	牡丹江师范大学	管理学	
	5	上海外国语大学贤达经济人文学院	管理学	
	6	南京艺术学院	文学	后期调整为艺术学
	7	宿州学院	管理学	
	8	池州学院	管理学	
	9	福州大学阳光学院	管理学	
	10	江西师范大学科学技术学院	管理学	
	11	曲阜师范大学	管理学	
	12	济宁学院	管理学	
	13	河南大学	管理学	
	14	河南中医学院	管理学	
	15	黄冈师范学院	文学	后期调整为艺术学
	16	华中师范大学武汉传媒学院	管理学	
	17	湖南涉外经济学院	管理学	
	18	重庆三峡学院	管理学	
	19	电子科技大学成都学院	管理学	
	20	四川音乐学院绵阳艺术学院	管理学	
	21	贵州师范大学	管理学	
	22	贵州民族学院	管理学	
	23	云南大学旅游文化学院	管理学	

(续表)

年份	编号	院校名称	学位授予门类	备注
2011	1	暨南大学	管理学	
	2	唐山师范学院	管理学	
	3	内蒙古财经学院	管理学	
	4	呼和浩特民族学院	管理学	
	5	吉林动画学院	管理学	
	6	黑龙江工程学院昆仑旅游学院	管理学	
	7	宁波工程学院	管理学	
	8	巢湖学院	管理学	
	9	厦门理工学院	文学	后期调整为管理学
	10	福建师范大学	管理学	
	11	漳州师范学院	管理学	
	12	成都理工大学广播影视学院	文学	后期调整为管理学
	13	西藏民族学院	管理学	
	14	西安音乐学院	文学	后期调整为管理学或艺术学
	15	新疆艺术学院	管理学	
2012	1	北京电影学院	艺术学	
	2	北京工商大学嘉华学院	艺术学	
	3	河北传媒学院	艺术学	
	4	陕西财经大学	管理学	
	5	大连工业大学	艺术学	
	6	大连艺术学院	管理学	
	7	大连工业大学艺术与信息工程学院	艺术学	

(续表)

年份	编号	院校名称	学位授予门类	备注
2012	8	吉林艺术学院	艺术学	
	9	长春建筑学院	管理学	
	10	淮南师范学院	管理学	
	11	厦门大学嘉庚学院	管理学	
	12	赣南师范学院	管理学	
	13	南昌大学	管理学	
	14	南昌理工学院	艺术学	
	15	济南大学	管理学	
	16	山东工艺美术学院	管理学	
	17	山东女子学院	艺术学或管理学	
	18	山东大学泉城学院	管理学	
	19	北京电影学院现代创意媒体学	艺术学	
	20	河南师范大学	管理学	
	21	南阳师范学院	管理学	
	22	商丘师范学院	管理学	
	23	南阳师范学院人文管理学院	管理学	
	24	信阳师范学院华锐学院	管理学	
	25	武汉长江工商学院	管理学	
	26	华南师范大学	管理学	
	27	广西财经学院	艺术学	
	28	广西民族大学相思湖学院	管理学	
	29	成都学院	管理学	

(续表)

年份	编号	院校名称	学位授予门类	备注
2012	30	安顺学院	管理学	
	31	贵州师范学院	管理学	
	32	云南师范大学	管理学	
	33	昆明理工大学津桥学院	管理学	
	34	西安美术学院	艺术学	
	35	商洛学院	管理学	
	36	宝鸡文理学院	管理学	
	37	西安外事学院	艺术学	
	38	陇东学院	管理学	
	39	兰州商学院长青学院	管理学	
2013	1	中央美术学院	管理学	
	2	北京城市学院	艺术学	
	3	天津农学院	管理学	
	4	山西传媒学院	管理学	
	5	白城师范学院	管理学	
	6	宁波大红鹰学院	管理学	
	7	武夷学院	管理学	
	8	泉州师范学院	管理学	
	9	平顶山学院	管理学	
	10	湖北美术学院	管理学	
	11	江汉大学	管理学	
	12	武汉体育学院体育科技学院	管理学	
	13	广西师范学院师园学院	管理学	

(续表)

年份	编号	院校名称	学位授予门类	备注
2013	14	西华大学	管理学	
	15	四川农业大学	管理学	
	16	四川音乐学院	管理学	
	17	成都信息工程学院银杏酒店管理学院	管理学	
	18	黔南民族师范学院	管理学	
	19	天水师范学院	艺术学	
2014	1	北京工业大学	管理学	
	2	北京舞蹈学院	管理学	
	3	天津体育学院运动与文化艺术学院	管理学	
	4	晋中学院	管理学	
	5	上海对外经贸大学	管理学	
	6	南京师范大学	管理学	
	7	福建江夏学院	管理学	
	8	山东农业大学	管理学	
	9	新乡学院	管理学	
	10	郑州师范学院	管理学	
	11	河南师范大学新联学院	管理学	
	12	武汉生物工程学院	管理学	
	13	广东培正学院	管理学	
	14	贵州民族大学人文科技学院	管理学	
	15	云南艺术学院文华学院	管理学	
	16	西安欧亚学院	管理学	
	17	西北师范大学	管理学	

(续表)

年份	编号	院校名称	学位授予门类	备注
2015	1	中国戏曲学院	艺术学	
	2	河北民族师范学院	管理学	
	3	内蒙古艺术学院	艺术学	
	4	辽宁财贸学院	艺术学	
	5	杭州师范大学	艺术学	
	6	安庆师范学院	管理学	
	7	河南大学民生学院	管理学	
	8	东莞理工学院	艺术学	
	9	中山大学南方学院	管理学	
	10	四川电影电视学院	管理学	
	11	陕西学前师范学院	管理学	
2016	1	上海交通大学	管理学	
	2	沈阳音乐学院	艺术学	
	3	湖北师范大学文理学院	管理学	
	4	广东金融学院	管理学	
	5	星海音乐学院	艺术学	
	6	北京师范大学—香港浸会大学联合国际学院	管理学	
	7	四川外国语大学重庆南方翻译学院	管理学	
	8	四川旅游学院	管理学	
	9	大连工业大学艺术与信息工程学院	管理学	由艺术学调整为管理学
	10	南昌理工学院	管理学	由艺术学调整为管理学

(续表)

年份	编号	院校名称	学位授予门类	备注
2017	1	吕梁学院	管理学	
	2	闽江学院	艺术学	
	3	武汉设计工程学院	管理学	
	4	湖南财政经济学院	艺术学	
	5	四川大学锦江学院	管理学	
	6	成都师范学院	管理学	
	7	云南财经大学	管理学	
	8	西北大学现代学院	艺术学	
	9	甘肃民族师范学院	管理学	
2018	1	河北金融学院	管理学	
	2	长春大学旅游学院	管理学	
	3	南京工业大学浦江学院	管理学	
	4	同济大学浙江学院	管理学	
	5	湖南科技学院	管理学	
	6	兰州文理学院	管理学	
	7	西北大学现代学院	管理学	由艺术学调整为管理学
	8	湖南工商大学	艺术学	
2019	1	对外经济贸易大学	管理学	
	2	北京服装学院	管理学	
	3	山西应用科技学院	管理学	
	4	湖南应用技术学院	管理学	
	5	仲恺农业工程学院	管理学	

(续表)

年份	编号	院校名称	学位授予门类	备注
2020	1	上海海洋大学	管理学	
	2	广西民族大学	管理学	
	3	成都大学	管理学	
2021	1	景德镇陶瓷大学	管理学	
2022	1	山西工商学院	管理学	
	2	南京艺术学院	管理学	
	3	杭州师范大学	艺术学	
	4	四川师范大学	管理学	
2023	1	北京联合大学	管理学	
	2	苏州城市学院	管理学	

参考文献

一、中文文献

习近平:《在哲学社会科学工作座谈会上的讲话》,《人民日报》2016年5月19日,第2版。

习近平:《为建设世界科技强国而奋斗》,《人民日报》2016年6月1日,第2版。

习近平:《在北京大学师生座谈会上的讲话》,《人民日报》2018年5月3日,第2版。

习近平:《深入实施新时代人才强国战略 加快建设世界重要人才中心和创新高地》,《人民日报》2021年9月29日,第1版。

习近平:《全党必须完整、准确、全面贯彻新发展理念》,《新长征》2022年第10期。

习近平:《深化党和国家机构改革 推进国家治理体系和治理能力现代化》,《奋斗》2023年第14期。

《习近平在全国教育大会上强调 坚持中国特色社会主义教育发展道路 培养德智体美劳全面发展的社会主义建设者和接班人》,《党建》2018年第10期。

《习近平主持召开中央外事工作委员会第一次会议强调 加强党中央对外事工作的集中统一领导 努力开创中国特色大国外交新局面》,《中国纪检监察》2018年第14期。

《文化创新为地区发展注入活力——中欧文化产业发展研讨会综述》,《中国文化报》2013年7月9日,第9版。

《"创意加拿大":提高文化产业国际竞争力》,《中国文化报》2018年4月23日,第6版。

《以科技创新开启国家发展新征程》,《光明日报》2020年9月12日,第1版。

《高等教育评估发展史》,《光明日报》2021年2月8日,第9版。

《河南启动"文化产业特派员"制度试点》,《中国旅游报》2022年8月5日,第2版。

阿芒·马特拉:《世界传播与文化霸权:思想与战略的历史》,陈卫星译,中央编译出版社2001年版。

埃贡·G.古贝、伊冯娜·S.林肯:《第四代评估》,秦霖、蒋燕玲等译,中国人民大学出版社2008年版。

白彦茹:《国外课程理论流派述评》,《黑龙江教育学院学报》2000年第6期。

B.S.布卢姆等编:《教育目标分类学·第一分册:认知领域》,罗黎辉、丁证霖、石伟平、顾建明译,华东师范大学出版社1986年版。

别敦荣:《高等教育普及化的动力、特征和发展路径》,《高等教育评论》2021年第1期。

操太圣:《"五唯"问题:高校教师评价的后果、根源及解困路向》,《大学教育科学》2019年第1期。

陈柏福、张喜艳:《新文科背景下文化产业管理专业设置及其优化发展研究》,《艺术管理(中英文)》2021年第2期。

陈春花、杨忠、曹洲涛等编著:《组织行为学》(第3版),机械工业出版社2016年版。

陈辉吾、孙志森:《习近平总书记关于国家文化安全重要论述探析》,《世纪桥》2021年第6期。

陈鸣:《西方文化管理概论》(第2版),清华大学出版社2014年版。

陈迎明:《影响大学生就业因素研究十年回顾:2003—2013——基于CNKI核心期刊文献的分析》,《现代大学教育》2013年第4期。

杜燕锋、于小艳:《大学知识生产模式转型与人才培养模式变革》,《高教探索》2019 年第 8 期。

杜燕锋、于小艳:《知识生产模式转型与大学科研评价的变革》,《高教发展与评估》2022 年第 4 期。

范周等:《言之有范——新消费时代的文化思考》,知识产权出版社 2021 年版。

冯向东:《学科、专业建设与人才培养》,《高等教育研究》2002 年第 3 期。

高晗、闫理坦:《中日文化创意产业国际竞争力比较分析——基于创意产品及服务贸易变化的新测度》,《现代日本经济》2017 年第 1 期。

高宏存:《改革开放 40 年文化体制改革的主要成就与趋势展望》,《行政管理改革》2018 年第 12 期。

顾亚奇、王立锐:《新文科建设背景下艺术管理学科发展的新趋向——2020 年中国人民大学首届"明德艺术论坛"综述》,《艺术管理(中英文)》2021 年第 1 期。

顾严、张欣欣、马小腾:《高质量发展的体系化阐释》,《北京行政学院学报》2024 年第 1 期。

胡鞍钢、王洪川:《中国式教育现代化与教育强国之路》,《新疆师范大学学报(哲学社会科学版)》2023 年第 1 期。

胡惠林:《国家文化安全学》,清华大学出版社 2016 年版。

胡惠林:《论文化产业的本质——重建文化产业的认知维度》,《山东大学学报(哲学社会科学版)》2017 年第 3 期。

华东师范大学教育系、杭州大学教育系编译:《现代西方资产阶级教育思想流派论著选》,人民教育出版社 1980 年版。

黄莺:《"中国文化产业学派":一个值得研究的议题》,《中国文化产业评论》2021 年第 1 期。

江小涓:《数字时代的技术与文化》,《中国社会科学》2021 年第 8 期。

教育部高等教育教学评估中心编:《中国高校本科教育质量报告(2016 年度):离一流本科教育有多远》,教育科学出版社 2017 年版。

金元浦:《当代世界创意产业的概念及其特征》,《电影艺术》2006 年第 3 期。

金元浦:《我国当前文化创意产业发展的新形态、新趋势与新问题》,《中国人民大学学报》2016年第4期。

李金昌、史龙梅、徐蔼婷:《高质量发展评价指标体系探讨》,《统计研究》2019年第1期。

李军、林梦泉、朱金明、王耀荣:《教育认证发展现状及对我国教育认证构想》,《中国高等教育》2013年第19期。

李梦欣、任保平:《新时代中国高质量发展的综合评价及其路径选择》,《财经科学》2019年第5期。

李明磊、王战军:《新时代一流专业建设应转向成效式评价》,《江苏高教》2020年第9期。

理查德·惠特利:《科学的智力组织和社会组织》(第2版),赵万里、陈玉林、薛晓斌译,北京大学出版社2011年版。

厉无畏、王慧敏:《创意产业促进经济增长方式转变——机理·模式·路径》,《中国工业经济》2006年第11期。

廖哲勋:《课程学》,华中师范大学出版社1991年版。

林梦泉、陈燕、李勇、张瑾:《新时代大学学科成效评价理论框架与应用探索》,《中国高教研究》2021年第3期。

林梦泉、任超、陈燕、吕睿鑫:《破解教育评价难题 探索"融合评价"新方法》,《学位与研究生教育》2019年第12期。

刘海峰、韦骅峰:《高瞻远瞩:中国高教2035与世界高教2050》,《高等教育研究》2021年第7期。

刘景江、郑畅然、洪永淼:《机器学习如何赋能管理学研究?——国内外前沿综述和未来展望》,《管理世界》2023年第9期。

刘少军、王晶晶、蒋艳:《高等教育内涵式发展背景下高等教育评估的困境与应对》,《研究生教育研究》2024年第1期。

刘云生主编:《教育评价研究》第1期,社会科学文献出版社2023年版。

刘志华、陈亚民:《文化产业管理学科建设及人才培养模式初探》,《中国成人教育》2011年第10期。

柳友荣、张蕊:《历史制度主义视角下我国本科教学评估政策研究》,《高校教育管理》2020年第5期。

陆有铨:《现代西方教育哲学》(第二版),北京大学出版社2021年版。

罗伯特·J.马扎诺、约翰·S.肯德尔:《教育目标的新分类学》,高凌飚、吴有昌、苏峻译,教育科学出版社2012年版。

吕林海:《"深度学习"视域下的大学"金课"——历史逻辑、考量标准与实现路径之审思》,《高校教育管理》2020年第1期。

马健:《从"文化产业管理"到"文化经济管理"——文化产业管理专业设置的演变、问题与建议》,《中国文化产业评论》2020年第2期。

马晓丹、张春莉:《两种教育目标分类系统的比较研究及其启示》,《教育研究与实验》2018年第2期。

麦可思研究院主编:《2024年中国本科生就业报告》,社会科学文献出版社2024年版。

尼古拉·尼葛洛庞帝:《数字化生存》,胡泳、范海燕译,电子工业出版社2017年版。

朴京花:《生命周期理论视阈下韩国文化产业人才培养体系研究》,《中国文化产业评论》2020年第2期。

桥本重治:《教育评价的意义与特点》,载瞿葆奎主编:《教育学文集·教育评价》,人民教育出版社1989年版。

邱均平、马力、杨强、柴雯:《2016年中国大学本科专业建设质量分析》,《重庆大学学报(社会科学版)》2016年第4期。

瞿振元:《刍议学科建设历史、现状与发展思路》,《中国高教研究》2020年第11期。

师博、张冰瑶:《全国地级以上城市经济高质量发展测度与分析》,《社会科学研究》2019年第3期。

石雪怡、杨颉:《何以实现多元的高校教学卓越——第四代评价理论视角下英国"教学卓越框架"(TEF)改革探析》,《外国教育研究》2023年第10期。

斯科特·佩奇:《模型思维》,贾拥民译,浙江人民出版社2019年版。

宋海生:《普及化阶段我国高等教育质量保障体系的现状、问题与优化路径》,《当代教育论坛》2023年第2期。

孙阳春、王富荣:《专业学位研究生教育质量评估的指标选取维度述评》,《现代教育管理》2010年第12期。

滕长利、邓瑞平:《从数字依附到高质量评估:高等教育质量评估的范式转换》,《江苏高教》2023年第1期。

汪霞:《建构课程的新理念——派纳课程思想研究》,《全球教育展望》2003年第8期。

王建华:《关于一流本科专业建设的思考——兼评"双万计划"》,《重庆高教研究》2019年第4期。

王小青:《高等教育增值评价方法的比较与应用》,《高教发展与评估》2018年第5期。

王战军、杨旭婷:《世界一流学科建设评价的理念变革与要素创新》,《中国高教研究》2019年第3期。

吴春秀:《后现代主义课程理论及其流派》,《开封教育学院学报》2015年第11期。

伍乐平、张晓萍:《国内外"文化空间"研究的多维视角》,《西南民族大学学报(人文社科版)》2016年第3期。

向勇:《创意创业家精神:文化产业管理专业人才培养的探索》,《中国大学教学》2017年第10期。

向勇:《阐释、批判与建构主义:中国文化产业研究范式的立场解释》,《探索与争鸣》2020年第6期。

邢丽菊:《韩国义化"走出去"的制度机制研究》,《人民论坛》2021年第23期。

邢志颖:《日本艺术管理教育发展现状及启示》,《浙江艺术职业学院学报》2021年第1期。

熊和平:《课程与教学的关系:七十年的回顾与展望》,《高等教育研究》2019

年第 6 期。

杨捷、闫羽:《当前我国一流本科课程建设研究的计量分析与展望》,《中国大学教学》2022 年第 5 期。

叶泽滨:《专业文化:本科专业建设的一项内容》,《江苏高教》2010 年第 6 期。

易凌云:《"五唯"问题:实质与出路》,《教育研究》2021 年第 1 期。

殷晓蓉:《关于传播的文化学意义——从三个基本问题入手》,《新闻大学》2005 年第 1 期。

尹鸿、孙俨斌、洪宜:《"文化产业学"的学科体系研究》,《民族艺术研究》2018 年第 5 期。

郁建兴:《以系统思维推进新文科建设》,《探索与争鸣》2021 年第 4 期。

张东娇:《论当代高等学校管理的目的、取向和手段》,《北京师范大学学报(社会科学版)》2020 年第 4 期。

张国祚:《中国文化软实力理论创新——兼析约瑟夫·奈的"软实力"思想》,《中国社会科学》2023 年第 5 期。

张金昌:《国际竞争力评价的理论和方法研究》,中国社会科学院研究生院博士论文,2001 年。

张京成主编:《中国创意产业发展报告(2006)》,中国经济出版社 2006 年版。

张涛:《高质量发展的理论阐释及测度方法研究》,《数量经济技术经济研究》2020 年第 5 期。

张严、邵云:《"00 后"大学生对中华优秀传统文化认知的现状调查及对策分析》,《北京教育(高教)》2021 年第 5 期。

赵乐:《〈美国艺术管理本科课程标准〉述评》,《艺术教育》2021 年第 11 期。

赵曙明、李程骅:《创意人才培养战略研究》,《南京大学学报(哲学·人文科学·社会科学版)》2006 年第 6 期。

郑洁:《世界文化管理与教育》,中华书局(香港)2019 年版。

中共中央宣传部编:《习近平总书记系列重要讲话读本》,学习出版社、人民出版社 2016 年版。

钟秉林、方芳:《一流本科教育是"双一流"建设的重要内涵》,《中国大学教学》2016 年第 4 期。
钟秉林、王新凤:《我国"双一流"建设成效评价的若干思考》,《高校教育管理》2020 年第 4 期。
周光礼、马海泉:《教学学术能力:大学教师发展与评价的新框架》,《教育研究》2013 年第 8 期。
周光礼:《"双一流"建设中的学术突破——论大学学科、专业、课程一体化建设》,《教育研究》2016 年第 5 期。
周进:《共建"一带一路":发展历程、主要成果与重要经验》,《当代中国史研究》2023 年第 3 期。

二、外文文献

Ansoff, H. Igor, *Strategic Management*, London: Palgrave Macmillan, 1979.

Astin, A. W., "Effect of Different College Environments on the Vocational Choices of High Aptitude Students", *Journal of Counseling Psychology*, Vol. 12, No. 1(April, 1965).

Astin, A. W., *Achieving Educational Excellence*, San Francisco: Jossey-Bass Publishers, 1985.

Astin, A. W., "Student Involvement: A Developmental Theory for Higher Education", *Journal of College Student Development*, Vol. 25, No. 4(September, 1984).

Astin, A. W., "The Methodology of Research on College Impact, Part One", *Sociology of Education*, Vol. 43, No. 3(January, 1970).

Barney, Jay B., "Firm Resources and Sustained Competitive Advantage", *Journal of Management*, Vol. 17, No. 1(March, 1991).

Brkić, A., "Teaching Arts Management: Where Did We Lose the Core Ideas?", *The Jounal of Arts Management, Law, and Society*, Vol. 38, No. 4(December, 2009).

Cano, Francisco, Martin, Andrew J. , Ginns, Paul, et al., "Students' Self-worth Protection and Approaches to Learning in Higher Education: Predictors and Consequences", *Higher Education*, Vol. 76, No. 1 (December, 2017).

Dewey, P. , "From Arts Management to Cultural Administration", *International Journal of Arts Management*, Vol. 6, No. 3 (June, 2004).

Dewey, P. , "Systemic Capacity Building in Cultural Administration", *International Journal of Arts Management*, Vol. 8, No. 1 (September, 2005).

Ezeala-Harrison, *Fidelis Theory and Policy of International Competitiveness*, London: Praeger Publishers, 1999.

Fajnzylber, F. , "International Competitiveness: Agreed Goal, Hard Task", *CEPAL Review*, No. 36 (1988).

Fugate, M. , Kinicki, A. J. , Ashforth, B. E. , "Employability: A Psycho-social Construct, Its Dimensions, and Applications", *Journal of Vocational Behavior*, Vol. 65, No. 1 (August, 2004).

Hofer, Charles W. , Schendel, D. E. , *Strategy Formulation: Analytical Concepts*, Berkeley: West Group, 1978.

ISO 9001: 2000: "Quality Management Systems—Requirements", Geneva: International Organization for Standardization, 2000.

Joseph, M. Juran, *Quality Control Handbook*, New York: McGraw-Hill, 1951.

Laughlin, S. , "Defining and Transforming Education: Association of Arts Administration Educators", *The Journal of Arts Management, Law, and Society*, Vol. 47, No. 1 (March, 2017).

McClelland, David C. , "Testing for Competence Rather than for 'Intelligence'", *The American Psychologist*, Vol. 28, No. 11 (January, 1973).

Oakley, Kate, O'Connor, Justin, *The Routledge Companion to the Cultural Industries*, Abingdo: Routledge, 2015.

Peteraf, Margaret A., "The Cornerstones of Competitive Advantage: A Resource-based View", *Southern Medical Journal*, Vol. 14, No. 3(March, 1993).

Porter, Michael E., *Competitive Strategye: Techniques for Analyzing Industries and Competitors*, New York: The Free Press, 1980.

Porter, Michael E., *Competitive Advantage*, New York: The Free Press, 1985.

Porter, Michael E., "The Competitive Advantage of Nations", *Harvard Business Review*, Vol. 37, No. 2(March, 1990).

Postareff, Liisa, Mattsson, Markus, Lindblom-Ylänne, Sari, et al., "The Complex Relationship Between Emotions, Approaches to Learning, Study Success and Study Progress During the Transition to University", *Higher Education*, Vol. 73, No. 3(December, 2017).

Prahalad, C. K., Hamel, G., "The Core Competence of the Corporation", *Harvard Business Review*, Vol. 68, No. 3(May, 1990).

Shewhart, W. A., "Economic Quality Control of Manufactured Product", *System Technical Journal*, Vol. 9, No. 2(April 1930).

Stalk, George, Evans, Philip B., Shulman, Lawrence, "Competing on Capabilities: The New Rules of Corporate Strategy", *Harvard Business Review*, Vol. 70, No. 2(March, 1992).

Yorke M., Knight P. T., *Embedding Employability into the Curriculum*, York, UK: Higher Education Academy Press, 2004.

后　记

　　文化产业作为现代文明演进的重要载体,其学科建设始终与国家文化战略同频共振。自2012年文化产业管理专业正式列入《普通高等学校本科专业目录》以来,这一交叉学科始终肩负着破解文化资源转化效能、构建现代文化产业体系、提升中华文明传播力等时代命题的发展使命。《2035文化产业管理竞争力模型构建》的撰著,正是基于对学科发展逻辑的持续追问,试图从理论与实践的双向维度构建专业竞争力模型。

　　本书的学术基因可追溯至2012年,从那时开始,我依托华中师范大学国家文化产业研究中心这一国家级文化产业研究平台、文化和旅游研究基地,积极联动高校、科研院所、政府、企业等多元主体,开展"文化产业本硕博学科一体化建设"系列研究,出版《荆楚文化遗产创新人才培养探索与实践》《文化产业管理概论》《新时代文化遗产硕士专业学位破局与创新》等著作,主办"2017大数据与文化产业管理学科体系研讨会""2018大数据与文化遗产硕士专业学位建设研讨会""文化科技创新与文化产业发展高峰论坛"等全国性学术会议,参与全国高校文化管理类学科建设联席会议主旨分析,与学术界及产业界专家保持常态化交流协作,持续深化对学科体系优化与创新型人才培养策略的研讨。从国家级平台的科研创新到系列专著的理论沉淀,从全国性学术会议的思潮激荡到产教融合实践的持续探索,十余载的学术深耕最终凝练为本书的研究基底。

本书突破性地将教育评价理论与管理竞争力模型进行有机融合。通过构建"三维九力"竞争力模型，考量课程体系、师资结构等显性指标，深入剖析学科范式、文化认同等隐性要素。本书的局限性与学术生长点同样值得关注。首先，模型指标体系尚未完全覆盖人工智能、元宇宙、量子计算等新兴业态对专业建设的冲击；其次，国际比较研究多集中于课程体系研究，对整体教学模式的考察有待深化；最后，量化分析难以完全捕捉文化价值的不可通约性。这些缺憾恰为后续研究指明了方向：如何构建更具文化主体性的竞争力模型？怎样平衡学科标准化与特色化诉求？此类问题仍需继续探讨。

成书过程本质上是学术共同体的智慧结晶。特别需要说明的是，我的博士生陈鹤，作为本书的另一作者，其学习轨迹本身即构成研究样本：从西南大学文化产业管理本科到华中师范大学文化产业管理与工程博士，完整经历了文化产业管理专业培养链条。加之她在硕士、博士研究生学习期间专研文化产业学科建设和人才培养，已具备较强的分析问题和解决问题能力，为本书的理论与实践提供了丰富的素材和见解。此外，要特别感谢龙婷、方达、鲁佳艺、王逸思、徐小丰积极参与写作内容的讨论，感谢谭婷在"中国文化产业管理专业建设现状多维解析"部分的数据搜集和文本整理，感谢赵禹晨在全球课程数据梳理和分析的写作帮助，感谢杨和悦和黄昱晶对本书内容和格式的基础校对，感谢商务印书馆编辑团队的严谨审校。

值此书稿付梓之际，尤需铭记学术传承的深层意涵。从费孝通先生的"文化自觉"论到当下新文科建设，本书始终尝试在历史纵深中寻找学科定位。特别感谢胡惠林、厉无畏、熊澄宇、金元浦等前辈学者的理论启蒙，感谢那些为我们提供宝贵意见和建议的专家学者，他们的真知灼见使得本书内容更加充实和精准。当然,任何理论模型都是特定历史条件的产物,我们期待学界同仁的批判性对话——正如布迪厄所言:"学术的真正进步始于对既有范式的质疑。"

展望2035,文化产业管理学科必将面临更复杂的知识图景:文明互鉴需求催生新型话语体系,数字孪生技术重构文化生产链条,人工智能挑战传统人才培养模式。本书若能引发学界对专业建设底层逻辑的再思考,便是对我多年求索的最佳回馈。学术之路漫漫,唯以敬畏之心继续前行。

詹一虹 谨识
2024年秋于桂子山

图书在版编目（CIP）数据

2035文化产业管理竞争力模型构建 / 詹一虹，陈鹤著. -- 北京：商务印书馆，2025. -- ISBN 978-7-100-24334-6

I. G114

中国国家版本馆 CIP 数据核字第 2024P3D520 号

权利保留，侵权必究。

2035文化产业管理竞争力模型构建
詹一虹　陈鹤　著

商　务　印　书　馆　出　版
（北京王府井大街36号　邮政编码100710）
商　务　印　书　馆　发　行
北京虎彩文化传播有限公司印刷
ISBN 978-7-100-24334-6

2025年5月第1版	开本 880×1240 1/32
2025年5月第1次印刷	印张 13⅛

定价：78.00元